ESPASA HOY

Amando de Miguel
La España de nuestros abuelos

Historia íntima de una época

Amando de Miguel

La España de nuestros abuelos

Historia íntima de una época

ESPASA CALPE

ESPASA HOY

Director Editorial: Javier de Juan y Peñalosa
Editora: Pilar Cortés

Primera edición: abril, 1995
Segunda edición: abril, 1995
Tercera edición: mayo, 1995

Diseño de cubierta: Hans Romberg

Depósito legal: M. 16.924-1995
ISBN: 84-239-7725-0

Impreso en España/Printed in Spain
Impresión: UNIGRAF, S. L.

Editorial Espasa Calpe, S. A.
Carretera de Irún, km 12,200. 28049 Madrid

A mis abuelos Amando, Ángela, Eladio y Gumersinda, que tanto me impresionaron cuando niño.

Índice

Nota de agradecimientos.—Este ensayo es el resultado de algunas lecciones dictadas en el curso de doctorado de la Facultad de Ciencias Políticas y Sociología de la Universidad Complutense. Agradezco el estímulo de los estudiantes de ese curso. Me siento obligado a reconocer la provisión de material impreso por parte de mis amigos libreros, Carlos Pascual y Luis Domínguez (Marcial Pons) y Jesús Ayuso (Fuentetaja). A los cuales añado los libreros de lance, Librería J. Cintas, Librería Jiménez, Miguel Miranda y Librería El Renacimiento. Mi reconocimiento más emotivo a la exuberante colaboración de José-Carlos Mainer y Andrés Amorós. Ambos leyeron un primer borrador de este libro y literalmente me abrumaron con sus notas, sugerencias, comentarios y escolios. De seguir todos sus consejos, hubiera tenido que publicar dos tomos. He añadido y corregido lo más fundamental de las indicaciones de esos dos maestros. Gracias mil. Se extienden a la inestimable colaboración de Teresa Piedrafita en la elaboración de este manuscrito. Gracias también a la información biográfica que amablemente me proporcionaron Alfonso, Carmen y Jaime de la Serna, Paloma Sáenz de la Maza y Alberto Francés. Si con tantas ayudas hay todavía errores, estos sólo a mí mismo se deben.

Introducción

Antes que autor, uno sería lector. Los libros se escriben porque los autores no encuentran esos textos en los anaqueles de las librerías. Tanto acucia esa falta, que no hay más remedio que disponerse a escribirlos. Hay, sí, muchos y buenos títulos de ciencia literaria. Me asalta el recuerdo de los de Mainer o los de Amorós, que tanto me han estimulado. Suelen dictaminar la significación de un novelista, de un género, de una época, siempre de una manera correlativa, al uso de los historiadores. No es así como yo veo el empeño que puede satisfacer mi curiosidad. Yo deseo dar cuenta de la sociedad que reflejan las novelas, el mundo mínimo de sus personajes. Inevitablemente este método premia los aspectos de vida cotidiana, pero son los que menos tratan los manuales de Historia. Encuentro que hay también excelentes textos de historia de la vida cotidiana, pero suelen ser traducciones, con contadas alusiones a España. De todas formas, no se escriben a partir de ese método de las «historias» minúsculas (por imaginadas) que traen las novelas. El único que se acerca a esa fuente es el capítulo «La España de la Restauración», de la interesante obra de Bennassar. Con todo, se trata sólo de algunas pinceladas (Bennassar 89:226-277).

Nuestros próximos antepasados nos dejaron una herencia valiosísima, la misma sociedad que ellos levantaron sobre los legados anteriores. Es menester pasar por la notaría para comprobar el estado de esa herencia. Ese conocimiento es el que nos hace verdaderamente humanos. La historia de la España contemporánea no es sólo la que figura con ese nombre. La verdadera historia es más bien un conjunto de *historias*. Una de ellas es la que se podría escribir con lenguaje narrativo.

Encuentro precedentes de esta empresa en mi misma lista de publicaciones, por alejada que pueda estar de la república literaria. Precisamente mi primer libro publicado fue una antología de Galdós. Era yo todavía un estudiante y, como sociólogo intonso, no podía hacer otra cosa que estampar un centón con las citas de don Benito. Lo curioso es que, andando el tiempo, me percaté de algo que fue tan sorprendente como agradable. Resulta que el índice del fichero que hice de las novelas galdosianas venía a coincidir con la lista de cuestiones que luego me habían de interesar como sociólogo, sólo que aplicadas a las circunstancias presentes. El ciclo de mi curiosidad retrospectiva se cerraba con un librito que iba a escribir mucho después, *Cien años de urbanidad*. Trataba de aproximarme a la vida cotidiana de nuestros abuelos, cuando ellos eran niños, a través de los manuales de urbanidad. Después de ese intento de crítica de costumbres, la operación del actual libro —sobre la sociedad de principios de siglo a través de la novela— estaba rodada. Tengo que anotar otros precedentes ajenos. El más próximo es el de Constantino Mínguez sobre la escuela y la familia a través de las novelas del último cuarto del siglo XIX (Mínguez 92). El período de observación para este estudio es más corto que el que yo me he señalado y, sobre todo, se concentra sobre un aspecto monográfico. De la misma manera, otro esfuerzo paralelo, el de Longares sobre la novela erótica, supone magnificar un capítulo de la sociedad (Longares 79). Esos dos precedentes, bien ameritados, no me resuelven el problema de cómo entender *la sociedad toda* a través de las novelas de la época correspondiente.

¿Por qué este ejercicio de nostalgia, cuando un sociólogo debe orientarse a la explicación del presente y aun a la anticipación del futuro? Confieso que la sociedad de principios de siglo es la época en la que me hubiera gustado vivir. La condición tendría que haber sido, desde luego, disfrutar de una posición acomodada. Tampoco se trata de idealizar demasiado una sociedad tan particularmente hipócrita como la de nuestros abuelos. Lo digo así para generalizar, puesto que para el lector más joven que quiero tener sería más bien la de sus bisabuelos.

¿Por qué será que todos los fines de siglo se parecen? Nos acercamos a la conclusión del siglo XX y saltará en seguida la curiosidad por compararnos con la despedida de la centuria anterior. En uno y otro caso cunde el pesimismo, entre otras razones, porque coincide casualmente con una situación de infortunio económico. En ninguna de las dos situaciones se piensa en lo más elemental: el comienzo del siglo entrante significará un cambio de ciclo. Es decir, vendrá otra vez la bonanza. De hecho, el campo cronológico de observación para este ensayo abarca todo lo que dura la Restauración de 1875 (la entrada de Alfonso XII en Madrid) a 1931 (la salida de Alfonso XIII) e incluso, como estrambote, los años de la II República.

Una pregunta que cabe hacerse es esta: ¿cómo es que un período tan dilatado, de 1875 a 1936, puede considerarse una unidad? Abarca, desde luego, dos generaciones, que son las dos grandes épocas que contiene. (La generación es el lapso que separa a la edad de los padres y la de los hijos, unos treinta años). La primera, 1875-1906, es de mayor infortunio económico e incluso más seca en términos climáticos. La fecha de 1906 merece ser un hemistiquio: cuando la boda del rey Alfonso XIII. La segunda generación, 1906-1936, se corresponde, en sus años centrales, con una extraordinaria bonanza económica. El «siglo de oro» lo fue por los caudales americanos y por la espléndida floración literaria. Así también la generación del primer tercio del siglo XX ha sido etiquetada con acierto como la «edad de plata» de la literatura española (Mainer 83). Dentro de cada una de las dos etapas generacionales, el cambio social es bastante lento, según estamos acostumbrados ahora a las transformaciones de la sociedad. Por eso mismo tiene sentido la referencia a períodos dilatados en el tiempo objetivo.

Este es un libro nostálgico, pero no sólo eso. Lo que sea la sociedad española actual necesita de la comprensión de lo que fue el tiempo de esos cercanos antepasados nuestros. A principios de nuestro siglo se produjo una inmensa acumulación de esfuerzo, de trabajo más o menos creador, que fue el fundamento del bienestar de hoy. Hay que recuperar eso que fue para saber lo que somos, aunque sea a través de un método tan mínimo como es la lectura de las novelas de la época. Un testigo de principios de siglo sintetiza un cúmulo de observaciones sobre la vida cotidiana de esta manera: en medio siglo España ha pasado de ser «casi primitiva» a «una nación europea» (Martínez Baselga 03:279). Por eso tiene sentido que dirijamos nuestra curiosidad a ese medio siglo ampliado que es la época de la Restauración.

El método es tan elemental como organizar bien las lecturas. Precisamente las novelas que se escribían durante el largo período de la Restauración tienen la ventaja de ser certeros testimonios de su tiempo. Baroja señala que «el valor o mérito [de sus novelas] no es precisamente literario ni filosófico; es más bien psicológico y documental» (Baroja 08:8). Cierto es que las novelas barojianas tampoco es que sean espejos fidedignos de la realidad, pero ¿qué fuente lo es? Hay una distinción común y académica que resulta por lo menos discutible. Es la que contrapone la realidad con la ficción, el mundo real y empírico, objeto de la observación científica con los mundos imaginarios de la literatura. Nada más insensato. Los grandes mitos literarios lo son precisamente por su carácter de universal realidad. Todos llevamos, más o menos, el ansia de una *ínsula* donde ser verdaderamente nosotros, no sólo el bueno de Sancho Panza. Cuántas parejas no se habrán percatado de que tenían que resistirse al enamoramiento mutuo, pero se enamoraban; no sólo Romeo y Julieta. Cuántos viejos no habrán sentido la necesidad de inventar a su Margarita, no sólo el irreal doctor Fausto. Así podríamos seguir con todo el repertorio de celebérrimos personajes literarios. El hecho se ha estudiado repetidas veces. Lo que falta, quizá, es el estudio de los mitos literarios más humildes, los que caracterizan a la miríada de novelas que fueron leídas por nuestros abuelos. Este es el objeto de curiosidad de estas páginas. Se despliega desde una atalaya poco usual, no la del escritor de ficciones o la del estudioso de la literatura. La observación la hace un sociólogo, habituado a tratar con datos empíricos, presuntamente objetivos y comparables. Pero ¿por qué no considerar también las novelas como campo de observación empírica?

Andrés Amorós propone que se realicen estudios «que aclaren el trasfondo sociológico de nuestras grandes novelas» (Amorós 81:211). ¿Por qué sólo las *grandes?* En todo caso, se podría aceptar que es más interesante investigar ese trasfondo de las novelas que se han difundido mucho, que han influido. Pero no debe ser el criterio estético lo que determine la elección del objeto de estudio. Como no lo fue, por cierto, cuando Amorós se dispuso a averiguar el trasfondo de la realidad que tenían las novelas de Corín Tellado. De todas formas, lo que sigue es una modesta contribución para realizar la propuesta de Amorós. No se centra en un texto, sino en el conjunto de los que nos ayudan a comprender el espacio social de las dos generaciones mencionadas.

La verdad es que este volumen se puede clasificar como «sociología de la literatura» sólo por dos motivos: porque el autor es sociólogo y porque se ha propuesto leer novelas. Por lo demás, no acaba de cumplir las especificaciones que marcan los expertos en literatura cuando componen el correspondiente capítulo sobre «novela (o literatura) y sociedad» (Amorós 81, Mainer 88). Ni que decir tiene que los expertos en sociedad tampoco tienen previsto que la sociología pueda resultar de una lectura múltiple de novelas.

De todas formas, este libro es más sociología que literatura, por una razón de método. La unidad de análisis no es el novelista o sus obras, sino la materia que estas últimas contienen. Hasta cierto punto da igual que un determinado aspecto de la realidad social lo trate esta o la otra novela; basta con que aparezca en alguna de ellas. Lo que se busca es que la interpretación de lo que fuera la sociedad del tiempo indicado se perciba a través de los textos literarios. Estos son aquí *datos* para el sociólogo. No es quitarles mérito, sino agrandárselo. El método sería el complementario de una indagación literaria sobre los autores y sus obras, siguiendo una secuencia cronológica de escuelas e influencias, para concluir con un juicio estético. Esto es lo que realiza, por ejemplo, un reciente aporte de Mainer sobre la novela desde el 98 a la Guerra Civil (Mainer 94).

Los sociólogos pertenecemos a un extravagante conjunto de profesionales tales como sacerdotes, médicos, policías, jueces o inspectores de Hacienda. Una cosa tienen en común todos ellos: tratan de aproximarse a la verdad de los hechos sobre la base de la versión que de los mismos dan los interesados. Es decir, deben saber separar el grano de la realidad de la paja retórica, cuando no de las ocultaciones o las simples mentiras. Todos ellos tienen sus técnicas, que parcialmente también se asemejan. Por ejemplo, el interesado suele contar «su» versión de los hechos con el ánimo de exponerse lo menos posible, de salir bien parado. Aunque sea un perfecto simulador y hasta un mendaz, la paciencia y el ojo clínico del profesional sabrán detectar mil pequeños detalles sobre los que no es posible reparar del todo. Son esos insignificantes datos lo que llevan al psicoanalista o al detective a reconstruir la verdadera historia. Pues bien, el sociólogo hace algo parecido cuando analiza las entrevistas, los textos como testimonios de su observación. Para concretar el caso del análisis literario, el argumento de la novela podrá ser retórico, fantasioso, convencional y hasta adocenado. El sociólogo no se interesa tanto por esa trama, digamos, intencionada, como por los detalles aparentemente insignificantes. Es a través de esos pequeños datos como se puede reconstruir la vida real que está detrás del argumento dramático. Una vez más, el método condiciona el resultado y aun el objeto de observación. El rastreo de los detalles a través de las historias noveladas nos permite reconstruir la sociedad, pero más bien su parte minúscula y cotidiana. Esta reducción no deja de ser también una ventaja. Resulta que esos aspectos mínimos, de vida cotidiana, son los que los historiadores suelen dejar a un lado, al preocuparse más bien de los sujetos epónimos de la época estudiada. El sociólogo acude a rellenar ese hueco con los materiales que resultan de su peculiar lectura de las novelas.

Me adelanto a una objeción que va a recibir el método que aquí se sigue. Consiste en dudar de la *representatividad* de las observaciones que hacen los novelistas. Pero la noción de representatividad sólo puede valer para los métodos cuantitativos. La desconocen los antropólogos y muchas veces los psicólogos y otros científicos sociales. Claro es que los testimonios de los novelistas pueden ser caprichosos y parciales. Pero también lo son, de otra manera, los análisis de los sociólogos cuando siguen métodos cuantitativos.

Más base tendría otra objeción sobre el sesgo que imprime, por su naturaleza, el arte narrativo. Tiende a seleccionar de la realidad lo que provoca emoción. De ahí la natural deformación o exageración para presentar lo que resulte dramático, afectivo, colorista, extravagante incluso. Bien, esta será una especie de *prima narrativa* que haya que pagar para transitar por el campo novelístico y sacar conclusiones sobre la realidad. El novelista puede exagerar el dramatismo de la acción para que el lector ingenuo pueda emocionarse. Pero en ese caso el sociólogo va más allá de la ingenuidad. Se pone más bien en el lugar del paciente psicoanalista (o del confesor, da igual), para quien son los detalles mínimos los que cuentan. Es decir, el argumento interesa menos, poco los personajes y casi nada el estilo. Ahí es donde difiere el método de lectura que sigue el sociólogo y el que distingue al científico de la literatura.

La fuente concreta de las páginas que siguen es un elenco de medio centenar de novelistas nacidos en la segunda mitad del siglo XIX, concretamente entre 1851 y 1901. Es decir, vamos a seleccionar los textos de las generaciones que siguen a la egregia de Valera (nacido en 1824), Alarcón y Pereda (nacidos en 1833) y Galdós (nacido en 1843). Sobre estos maestros se ha escrito mucho y, en todo caso, sus argumentos se refieren más bien a la sociedad isabelina, la de mediados de siglo. Nuestro interés se acerca más a la sociedad de la Restauración. El cuadro adjunto reseña la lista de autores y las fechas de las obras. Se han seleccionado los títulos que podían servir mejor como fuente de conocimiento. Para ello tenían que ser de índole realista, descriptivos de la sociedad española, con interés narrativo. La mayor parte de los títulos seleccionados se publicaron durante el régimen parlamentario de Alfonso XIII (1902-1923). Gobernaron entonces Maura, Canalejas, Dato y Romanones, entre otras figuras menores. Fue un período de extraordinaria libertad y de una notable vitalidad económica y cultural, para venir de donde veníamos.

Se ha intentado muchas veces organizar a los autores y novelas de esa época por generaciones, escuelas, géneros y orientaciones estéticas. Empeño vano. Los autores pertenecen a una generación por la fecha de nacimiento, pero este dato es el único fijo. Luego son precoces o tardanos, prolíficos o con retención literaria. Todavía es más caótico el hecho de que un mismo autor publique indistintamente novelas realistas, costumbristas, intelectuales, sicalípticas o galantes. Así que cualquier intento de clasificación sea una penosa reconstrucción de la historia de los lechos de Procusto.

Para no violentar demasiado a nuestros autores los vamos a agrupar del modo que sigue. Recurrimos a tres amplias *escuelas*, que coincidirían con lo que los textos más caracterizados llaman respectivamente el «naturalismo», el «98» y la «edad de plata». Los términos aquí empleados serían otros, los del tipo de novela característico de cada período. Nótese que autores y obras lo son de acuerdo con la especificación de los intereses que guían este trabajo.

Generaciones de novelistas

Tipo de novela característica	Epónimos (fecha de nacimiento)	Novela distintiva (fecha de edición)	Ambiente característico
Costumbrista	E. Pardo Bazán (51) L. Coloma (51) L. Alas (52) A. Palacio Valdés (53)	*Los pazos de Ulloa* (86) *Pequeñeces* (90) *La Regenta* (84) *La espuma* (90)	aristocracia y burguesía profesionales
Desgarrada	F. Trigo (64) V. Blasco Ibáñez (67) C. Espina (69) P. Baroja (72)	*Jarrapellejos* (14) *La horda* (05) *La esfinge maragata* (14) *El árbol de la ciencia* (11)	clases populares
Galante	P. Mata (75) E. Zamacois (76) J. Francés (83) A. Insúa (84)	*La catorce* (19) *Una vida extraordinaria* (23) *La mujer de nadie* (15) *Las flechas del amor* (12)	vida bohemia

Como puede verse, las tres «escuelas» no se corresponden, más que aproximadamente, con una secuencia temporal. La unidad generacional la proporciona más bien el género, el estilo, el ambiente que describen los epónimos de cada grupo. Los *costumbristas* relatan sobre todo el ambiente de la aristocracia y de las clases medias de la segunda mitad del siglo XIX, más bien unos años antes del comienzo de la Restauración. Por eso mismo, los tomaremos como referencia, pero sin centrar nuestro análisis en ellos. Los que se pueden considerar representativos de la novela *desgarrada* narran intensos dramas que afectan a las clases populares de los primeros años del siglo XX. Este es el núcleo central, de fechas y de género, que aquí nos va a interesar. La novela *galante* es sólo un poco posterior, pero se recrea con los ambientes mundanos y bohemios, por lo general madrileños. Nos interesa también si las referencias lo son a los dos primeros decenios del siglo.

El cuadro anterior se fija en una docena de epónimos, a los que cabría añadir otros muchos autores. La clasificación se basa sobre el dato de la novela más destacada. Esa es una decisión subjetiva y parcial. Algunos de los autores considerados escriben historias que muy bien podrían pertenecer a los otros grupos. Así, por ejemplo, el prolífico Armando Palacio Valdés, de vida tan dilatada, escribe novelas bucólicas (*Sinfonía pastoral,* 1931). Vicente Blasco Ibáñez tiene una primera serie de relatos costumbristas, por ejemplo, *Flor de mayo* (1897) o *La barraca* (1898), que son la traducción literaria de los cuadros de Sorolla. Felipe Trigo publica novelas de fuerte contenido, no ya galante, sino erótico, como *Las Evas del Paraíso* (1910 a). Concha Espina publica una novela *(El metal de los muertos,* 1920) que es el antecedente de lo que iba a ser pronto la «novela social». Por otro lado, son muchas las narraciones de la santanderina que pasarían por bucólicas o incluso líricas. José Francés tiene también alguna novela costumbrista, como *La raíz flotante* (1922). Definitivamente, los lechos de Procusto.

Para este trabajo, los textos considerados son sólo testimonios de un ambiente, de una época, unos tipos humanos característicos. Hay que suponer que acarrean muchos materiales autobiográficos o por lo menos «vividos». Predominan los argumentos que se desarrollan en Madrid. Muchos autores nacen en «provincias», pero acaban por recalar en Madrid, que es el crisol donde todo se cuece.

Como es natural, los personajes de las obras consultadas son imaginarios, pero a veces se escriben en clave, de tal suerte que los caracteres ficticios son un trasunto de figuras reales muy conocidas. Este es el caso de algunas novelas de Pérez de Ayala, como ha documentado Andrés Amorós (1973). Se podrían investigar otro tanto con las novelas en clave de Luis Araquistain *(Las columnas de Hércules,* 1921, ¿historia de *El Sol?)* o las de Manuel Bueno *(Los nietos de Dantón,* 1936). Esa labor investigadora se ha hecho ya con *Paz en la guerra* (1897) de Miguel de Unamuno, donde él mismo se retrata bajo los personajes de Pachico Zabalbide y a ratos de Ignacio Iturriondo. Este recurso de que un personaje de la historia sea la personificación del autor, su «otro yo», es muy socorrido. Pío Baroja se reencarna como Andrés Hurtado en *El árbol de la ciencia* (1911), un relato lleno de vivencias del autor. Vicente Blasco Ibáñez es el Luis Aresti en *El intruso* (1904). Manuel Bueno se proyecta sobre el Juan Herrera de *Poniente solar* (1931). Benjamín Jarnés no es otro que Julio Aznar, el protagonista de *Lo rojo y azul* (1932). Nuevamente Manuel Bueno es el solterón cosmopolita Fernando Leguizamón de *El sabor del pecado* (1935). Sería interminable el rastreo de estas identificaciones. Nos confirman nuestra pretensión primera de la novela como testimonio.

No hay que asombrarse de que las novelas se escriban parcialmente en clave, de tal forma que algún personaje pueda ser una especie de *alter ego* del autor. Si bien se mira, el género novelístico existe para que los autores puedan expresar lo que piensan y sienten a través de ese recurso de los personajes figurados. Dicho de un modo más extremoso y arriesgado, el género novelístico debe su existencia a la autocensura. Si los escritores hubieran podido expresar directamente sus pensamientos, habrían escrito solamente libros de pensamientos. No otra cosa son, por ejemplo, los libros de la Biblia, sólo que más bien palimpsestos. Cuando el escritor quiere *firmar* sus obras, necesita inventar personajes y situaciones de imaginación. De no hacerlo, se expondría a la sanción de sus contemporáneos, que puede ser cruenta o incruenta, exterior o interior. Es decir, la sanción puede ir desde la hoguera a la conciencia. Pues bien, si esto es así, si la novela es un texto codificado en forma de ficción, el análisis posterior lo que puede hacer es descodificarlo. Esto es lo que, modestamente, se ha intentado hacer con las páginas que siguen. Fallecidos que son todos los escritores, quedan vivos sus escritos. Podemos así descifrar lo que los autores hubieran dicho directamente de la sociedad que los nutría y los vigilaba. Esas impresiones, al ser tan variadas, componen una parte suficiente de esa misma sociedad a la que se refieren.

El carácter realista de las novelas seleccionadas hace que se puedan identificar bastante bien las circunstancias de tiempo y lugar donde se representa la acción. Estas coordenadas son básicas para interpretar algunos datos, como, por ejemplo, los precios y salarios. Hay veces en que el autor juega a inventarse una localidad ficticia, pero que es de fácil identificación. ¿Quién no va a desenmascarar la «Vetusta» de *La Regenta?* El cuadro y el mapa que siguen aportan otras varias ilustraciones de esos «lugares imaginarios» como sede de algunas novelas. El caso más extraordinario es el del pueblecito cántabro de Luzmela, que se llama así realmente en honor de la heroína de Concha Espina, superpuesto al administrativo de Mazcuerras.

Lugar imaginario	Lugar real	Autor
Alborada	Meirás	Pardo Bazán 05
Alcolea del Campo	Alcolea de Calatrava	Baroja 11
Alcoria	Almería	Acosta 20
Arenas del Mar	Adra	Acosta 22
Augusta	Zaragoza	Jarnés 32
Benalcázar	Lora del Río	López Pinillos 10
Escuarve	Barluenga	López Allué 00
Marineda	La Coruña	Pardo Bazán 91
Mazcuerras	Luzmela	Espina 09
Monleón	Mondragón	Baroja 36
Nautilia	La Coruña	Insúa 11
Negrales de Guadalcacir	Medina del Campo	Zamacois 25a
Oleza	Orihuela	Miró 21
Pilares	Oviedo	Pérez de Ayala 26
Portomayor	Corcubión	Insúa 11
Serosca	Alcoy	Miró 15
Vetusta	Oviedo	Alas 84
Villaclara	Villanueva de Arosa	Camba 18

Se podrá discutir que el método de los textos novelísticos sea suficientemente completo como para recomponer la estructura social. No se pretende tanto. Una sociedad respira por la literatura que produce, pero también a través de otros muchos datos y testimonios. Lo interesante es comprobar que las novelas interesan a muchas personas ajenas a la crítica o a la creación literarias. Son, por ello, exponentes de una época.

La exigencia de la sintaxis obliga a hablar del «lector» como el posible destinatario de las novelas analizadas. La verdad es que uno está tentado a decir más bien la «lectora». Efectivamente, sabemos que las novelas se dirigían más bien a un público femenino. Lo sabemos porque son abundantes las admoniciones de los moralistas de la época para que las mujeres no leyeran novelas; luego las leían. La misma insistencia en los argumentos «galantes» nos indica que eran ficciones pensadas para excitar la imaginación de las mujeres, demasiado reprimidas, las pobres. En uno de los argumentos sale precisamente una chica joven, lectora insaciable de novelas; razona así: «A falta de un novio que me hable de su cariño, me contento con leer lo que otros dicen a sus novias» (Díaz-Caneja 25:32). Hay alguna narración donde al autor se le escapa «las lectoras», en femenino, para señalar al destinatario del escrito (Martínez Sierra 06:200). Lo curioso es que puede que esa novela fuera escrita *realmente* por la mujer del escritor, María Lejárraga. Guillermo Díaz-Caneja, un autor madrileño, escribe *La novela sin título*. La llama así porque piensa que sería una traición titularla, puesto que se trata de «la novela de un infinito número de mujeres». La verdad es que es una hermosa novela, una epopeya del barrio de Chamberí y de un tipo muy madrileño: el de una viuda. Podría haber tenido un justo título, *La viudita de Chamberí*.

La tesis de que la sociedad se revela a través de la literatura no necesita muchas demostraciones. Como suele decirse, todo lo español está ya en *El Quijote*. Por lo menos esa novela seminal nos confirma dos grandes conclusiones sobre la vividura española. A saber, que las muchas lecturas no reportan nada bueno y que el hambre agudiza el ingenio. Sin llegar tan lejos, las novelas de principios de este siglo certifican la falsedad del estereotipo de «apasionada» que pudo colocarse sobre la sociedad española. Más bien se puede concluir que se trata de una sociedad refrenada, contenida, hipócrita incluso. El mundo de nuestros abuelos era el de la apariencia y el qué dirán. Cabe la duda de si esa sociedad que dejan traslucir las novelas es parecida a la actual u otra distinta. El lector dirá. Hay un mismo aire de familia entre los rasgos que caracterizaron a los españoles de la Restauración y a los de la Transición. (Por cierto, las dos palabras que indican esos sendos regímenes empezaron siendo un corte en el tiempo para dilatarse sobre el mismo.) No puede ser de otro modo, si hemos de creer en los genes. Pero, fuera de esa constancia, son tantas las diferencias que casi nos tientan a decir que nuestros abuelos o bisabuelos eran de otra raza, de otro planeta.

Imagino la posición del lector más pesimista, el que duda que con este método de las novelas se pueda sustituir la investigación histórica. Por lo menos convendrá conmigo en que, al exhumar estos textos, les habremos insuflado otro lapso de vida. Téngase en cuenta que muchas de estas narraciones no van a reeditarse. No me mueve su valor literario para traerlas aquí, sino el testimonial. Así que, impresas sobre un papel tan quebradizo, no pocas de esas novelas tienen sus años contados. Al menos este palimpsesto será una pieza arqueológica para nuestros nietos.

El libro no es propiamente un centón, aunque así lo parezca con tanta cita y con la disposición alfabética de sus entradas. Se organizan así para que el lector pueda encetarlo por cualquier página. Cada artículo le remitirá a otros, y así indefinidamente. Este artilugio de noria, de carrusel, es un reflejo de la noción circular que he querido transmitir. Así es la sociedad. Si lo he conseguido o no, el lector dirá.

Novelista (Fecha de nacimiento)	1875	1885	1895	1905	1915	1925	1935	
E. Pardo Bazán (51)			X X X	X	X			
L. Coloma (51)			X					
Clarín (52)		X						
A. Palacio Valdés (53)		X	X X X X	X	X	X X	X	
L. López Allué (60)				X				
F. Trigo (64)				X X	X XX X X	X XX	X	
M. de Unamuno (64)				X	X			
V. Blasco Ibáñez (67)				X XX X X X	X X			
C. Espina (69)					X X X	X	XX X	
A. Pérez Lugín (70)						X X	X	
P. Baroja (72)				X X X X	X X		XX	X
J. M. Salaverría						X		
Azorín (73)				X				
M. Ciges Aparicio (73)				X	X		X	
M. Bueno (74)						X	X	XX
J. Toral (74)						X		
Parmeno (75)					X	X		
P. Mata (75)					X	X XXXX XX	X X XX	
M. Aranaz (75)				X X		X		
E. Zamacois (76)				X X	X X X XX	XX	X X XX X	
R. López de Haro (76)					XXX X	XX X	X	
G. Díaz-Caneja (76)					X	X	X X	
F. Mora (78)						X X		
C. Juarros (79)							X X	

Fechas de publicación de las novelas consideradas

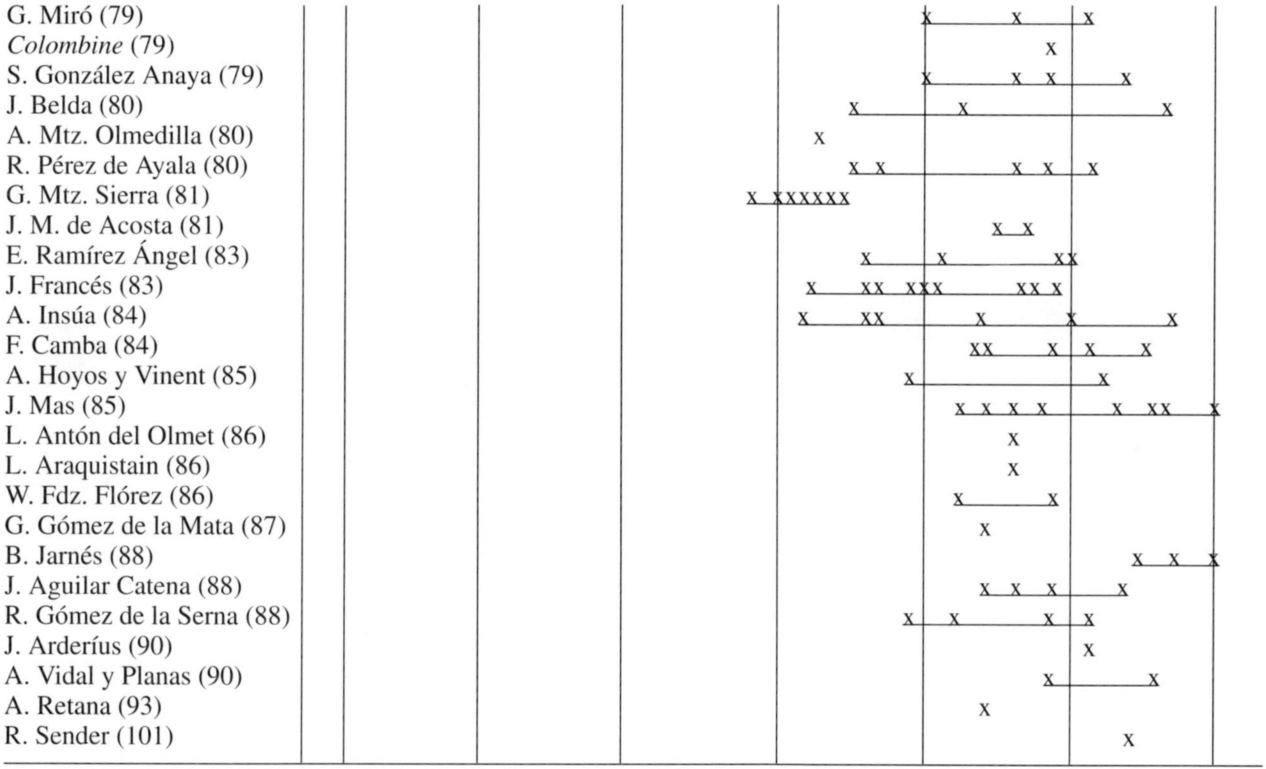

Azorín (José Martínez Ruiz), *Parmeno* (José López Pinillos), *Colombine* (Carmen de Burgos), *Clarín* (Leopoldo Alas).

Aborto

El azar del orden alfabético nos obliga a empezar por esta entrada. He aquí una palabra prácticamente ausente de los índices onomásticos de las historias al uso. El aborto, se entiende, intencionado, parece ser cosa de los tiempos que corren. Aun así, hoy lo llamamos «interrupción voluntaria del embarazo», lo que no deja de ser un impío circunloquio, que nos indica que sigue el tabú. Las estadísticas sobre «movimiento natural de la población» (nacimientos, matrimonios, fallecimientos) empezaron a publicarse oficialmente en 1900. Nunca llegaron a contener los abortos provocados. Cuando mencionaban la vitanda palabra, se referían a los «muertos antes de nacer», se supone que de manera natural. Es decir, los abortos propiamente tales no existían para el mundo oficial. Era todo un exponente dramático de una sociedad hipócrita, que vivía para las apariencias. El engaño y el encubrimiento dominaban muchas relaciones sociales. Era otra manera de mantener la distinción de los escritores regeneracionistas entre la *España real* y la *España oficial.* Por este lado ha durado hasta hoy.

Y sin embargo, las novelas nos descubren que lo prohibido era también real. No hay que esperar muchas ilustraciones sobre las prácticas abortivas, pero sí las suficientes. Lógicamente, la abortividad tenía que ser elevada porque lo era también la ilegitimidad.

El oficio de abortar, naturalmente clandestino, tenía que coincidir con el de las profesiones sanitarias, por lo general las de un escalón vicario. Lo más corriente es que los abortos se tramitaran a través de una comadrona (Mata 30:243). La manera usual es que la comadrona mantuviera un internado donde ocultar por un tiempo a las embarazadas y a las que habían dado el mal paso. Era lógico que el negocio se ligara con el de la prostitución. El estudiante de Medicina Pío Baroja da cuenta de una comadrona que «hacía abortar, suprimía chicos, secuestraba muchachas y las vendía» (Baroja 11:95). El mismo autor nos cuenta con naturalidad el caso de «la mujer de un barbero de la calle Jardines, especie de proveedora de angelitos para el limbo» (Baroja 04:35). Todos los casos sobre el particular son patéticos. Impresiona el de una pobre muchacha encinta, a quien la comadrona da «unos polvos» para deshacerse de la criatura. La chica se niega a tragarlos, «mirando tal vez de explotar su situación, ya que el autor de su desgracia era rico» (Zamacois 33:144). El autor dedica más de veinte páginas a la descripción minuciosa y naturalista de un aborto. La operación costaba 500 pesetas. Teniendo en cuenta la fecha (hacia 1900), el precio significaba una fortuna. Representaba año y medio de jornal de una sirvienta. La abortista no era ni siquiera una comadrona. Realizaba abortos con el extravagante propósito moral de extirpar el pecado. En el caso descrito, literalmente mata a la pobre chica que se había puesto en sus manos. Los vecinos intentan lincharla. La escena no es para describirla (Zamacois 33:308 y sigs.). Nos topamos de bruces con la España más sórdida.

Los métodos para abortar era primitivos y alejados de las condiciones sanitarias de entonces. Felipe Trigo, médico él, relata el intento de abortar con cornezuelo (el parásito del centeno). Era a principios de siglo y el precio que se pedía, según un testimonio, era de 100 pesetas, es decir, varios meses de jornal (Trigo 09:275).

Ramón Gómez de la Serna describe un aborto séptico, al módico precio de 70 pesetas, que a principios de siglo seguía siendo una cantidad que pocas muchachas podían ahorrar. En este caso, además, la mujer fallece como consecuencia de la brutalidad de la operación (Gómez de la Serna 23:131-133).

Como es lógico, los abortos que se describen son consecuencia de relaciones ilegítimas. En *Las flechas del amor,* una excelente narración localizada en el Madrid de principios de siglo, un novio razona así a la novia embarazada: «Si se ataja a tiempo, no hay cuidado... Si el negocio fuera más adelantado, sería un crimen.» Una farmacéutica se dispone a operar, pero la chica decide tener la criatura (Insúa 12:114).

Hay algo de hipócrita en cualquier aborto, pero mucho más en el que describe Blasco Ibáñez en una descarnada sátira de la burguesía bilbaína. Un dirigente «católico» hace abortar secretamente a su amante para que no le estorbe el proyecto de matrimonio con la heredera del mayor emporio industrial bilbaíno (Blasco Ibáñez 04:390). Puede que la ilustración no fuera muy representativa. Hay que tener en cuenta la especial virulencia anticlerical del autor.

Más convincente es el caso de las bailarinas de *varietés* de Barcelona, que recurren con frecuencia al aborto por exigencia de su arrastrada profesión. El expediente parece que acarreaba una altísima mortalidad, que, incluso para aquel tiempo (principios de siglo), podía llamar la atención (Retana 19:103).

Una escena brutal es la que relata W. Fernández Flórez en las *Aventuras del caballero Rogelio de Amaral.* El médico se niega a la «complicidad imposible» que supone hacer abortar a una joven que había sido violada. Los hermanos de la víctima la atan a la cama, con las piernas sujetas, de tal modo que el parto no puede producirse. La madre y la criatura perecen, todo por salvar la honra. El médico, avisado de tan bárbara matanza, abandona la profesión (Fernández Flórez 33: 61).

Véase también:

HIGIENE
ILEGITIMIDAD
MUERTE
NATALIDAD
PARTO
PROSTITUCIÓN
SEXO

La escena urbana no se aleja mucho de lo que entendemos por vida rural. (Foto: Santiago Ramón y Cajal)

Adultez

Este concepto no se cita como tal en las novelas, pero es necesario para entender una constante de muchas narraciones: el paso de las edades del hombre. Se ha comparado después con el girar de un tiovivo (Erikson) y así es. No acaba de superarse la estación de la juventud y ya comienza la madurez. Como vamos a ver, este era un tránsito que acongojaba a nuestras abuelas.

La edad crítica para las mujeres se sitúa por lo general entre los treinta y cinco y los cuarenta años, siendo más común esa última marca. No es sólo que se deje atrás la juventud, sino que entra en crisis la madurez. Se trataría de una especie de menopausia social anticipada.

La cifra mágica de los cuarenta años se señala como «la que apunta comúnmente la madurez» (Bueno 24:15). Téngase en cuenta que muchas personas de las clases populares, en la época que cronicamos, empezaban a perder la cuenta de la edad que tenían. Esa amnesia social se situaba precisamente hacia los cuarenta años. Lo sabemos por los censos de la época. A partir de los cuarenta años la edad reportada por los agentes censales se va arracimando cada vez más en torno a las edades terminadas en cero o en cinco. Este redondeo quería decir que se perdía la cuenta de la fecha de nacimiento, por increíble que pueda parecer esto ahora. Cuenta Blasco Ibáñez en *Flor de Mayo* que una tabernera del puerto de Valencia «iba por los cuarenta [años, pero] no se acordaba con exactitud» (Blasco Ibáñez 97:57). El olvido tenía su explicación. Era la crisis de la adultez, que no se quería ver.

Son numerosos los testimonios sobre «la crisis de los cuarenta» (es el título de un libro actual de Alberto Moncada, pero, a lo que se ve, el hecho no es nuevo). Un hombre de treinta y ocho años se ve descrito así: «Acabado, agotado por la vida, canoso y lamentable.» Todo ello era, de forma relativa, derivado de que se enamora de una chiquilla de trece años (Aguilar Catena 21:35). Pero a la misma edad de treinta y ocho años se dice en otra parte que, para una mujer, es el momento en que ha pasado «la edad de los amores» (Mata 18:19). En otra novela, la protagonista «está a punto de cumplir cuarenta años; terrible momento para toda mujer» (Díaz-Caneja 27:289). El lamento no es nada comparado con el más general que lanza un ex ministro: «los españoles a los cuarenta años estamos cansados de todo» (Pérez de Ayala 12:238). El padre Coloma estampa una soberbia descripción de un marqués que había superado los cuarenta años. «Los estragos de su juventud salían prematuramente al rostro.» Era un viejo prematuro (Coloma 90:66).

Los demógrafos actuales acostumbran a decir que la sociedad está envejecida, frente a la pirámide más juvenil de principios de este siglo. Esto es así de una manera objetiva. Pero ya vemos el desánimo con que nuestros abuelos —y sobre todo abuelas— se acercaban a los cuarenta años.

Ni siquiera había que llegar a los cuarenta años para sentirse pesimista. Se afirma que un hombre, entre treinta y treinta y tres años, «es mayor» (Mata 20:10). El fin de la juventud se situaba en los treinta años, momento que inauguraba «la edad de la reflexión» (Mas 17:227). Hay un caso todavía más patético, el de una mujer de veinticinco años, que «llora su juventud perdida estérilmente» porque, al llegar a esa edad, «se siente vieja» (Mata 18:436). La protagonista de *La Regenta* se lamenta porque «tenía veintisiete años, la juventud huía; veintisiete años de mujer eran la puerta de la vejez» (Alas 84:189). Es la réplica de la noción de *La Femme de trente ans* de Balzac, que se refiere a la mujer madurita.

La adultez no la veían nuestros abuelos como un momento de plenitud, como un lapso duradero, sino efímero y decadente. «Ese momento de miseria fisiológica que tienen los hombres ya maduros cuando se despiertan» (Francés 22:260).

Todas las citas, como puede verse, están transidas de pesimismo, el que se deriva del paso del tiempo sobre una persona. Un personaje de Pérez de Ayala eleva este pesimismo hasta la exasperación. Viene a decir que el niño es incapaz de amar, sólo tiene «apego a las personas que le rigen, sustentan y halagan». Pero el joven tampoco ama porque ese sentimiento es «el egoísmo de la juventud»; menos lo es «el cariño de la edad madura», que es la forma que adquiere el egoísmo en esa edad (Pérez de Ayala 23:31).

La conclusión es que esa sociedad tan juvenil, según la definición de los demógrafos, resultaba asaz envejecida por lo que tenía de pesimista. Era el pesimismo de la edad. Diríase que ya el hecho de ser adulto se veía como la antesala de la vejez, más que como la maduración de la energía vital.

Véase también:

TALANTE
VEJEZ
VIUDAS

Amistad

La amistad era un valor primordial para nuestros abuelos. Era quizá una defensa contra unas relaciones sociales duras y aun hostiles. La peculiar institución del caciquismo, por ejemplo, no se entiende sin esa exaltación de los vínculos amicales en una sociedad campesina. Manuel Ciges Aparicio, a través de su autobiografía novelada, nos transmite la noción de que la amistad («aunque sólo cuente con algunas horas de existencia») vale más que los principios en las alianzas políticas (Ciges Aparicio 25:149). No deja de ser una macabra ironía que, quien eso escribía, fue a morir «paseado» en 1936, siendo nada menos que gobernador civil de Ávila. No tuvo al final ese amigo, cuando más necesario hubiera sido.

Las narraciones estudiadas son amoríos y desamores, pero muchas veces también excelentes historias de verdaderos amigos. El problema es cómo llegar a esa situación, que requiere igualdad e intimidad, en una sociedad profundamente desigual y reservada, como era la de nuestros mayores. Hay otro misterio. Si la amistad se basa en el mutuo e intenso conocimiento, lo más fácil es que los parientes o los vecinos de toda la vida se hicieran amigos. No suele ser así. Una novela interesantísima, *Nuestro amigo Juan,* relata la azarosa peripecia de un criado. Su reflexión coincide con la genial intuición de Simmel, para quien el conocimiento intenso y total logra desplazar el deseado afecto. Esta idea la expresa así el protagonista, una especie de pícaro con mucha filosofía y retranca: «Los que más nos conocen son los que más cerca están de desestimarnos o [de] estimarnos menos. Aunque lo que sepan de nosotros sean virtudes positivas, hay que guardar siempre por eso una última virtud, una última cualidad en la reserva para que sea nuestra fuerza y su respeto. Es nuestro secreto» (Aguilar Catena 24:21).

Es curioso, pero las historias de amistad suelen empezar con una relación distante, entre personas que no resultan próximas por otros conceptos. El problema lo tenía una sociedad que recargaba las formas de distanciamiento hasta extremos que hoy nos parecerían insoportables. Emilia

Pardo Bazán nos retrotrae a la atmósfera todavía más envarada de finales de siglo. Si lo sabría ella, que tuvo que hacer verdaderas filigranas de hipocresía para «salir» —como diríamos hoy— con Benito Pérez Galdós. La insigne escritora gallega nos recuerda la táctica de «ser visita» de uno, visita regular, como paso previo a una relación amistosa (Pardo Bazán 89:95).

Al no haber teléfono como un artefacto común, la sociedad de principios de siglo se plantea el problema de qué momento podía ser el apropiado para que una persona visitara a otra. Por eso se fijan con exactitud las horas de las comidas e incluso se determina una tarde concreta para «recibir» visitas. La etiqueta burguesa marcaba, por ejemplo, las cinco y media como la hora apropiada para el visiteo, después de la siesta y antes de la cena (Pérez Lugín 15:165). La devolución de las visitas es lo que permitía el necesario conocimiento mutuo para que dos iguales se sintieran amigos. Por lo general, era imprescindible la identidad de sexos, aunque no tanto la de edades.

Todas las exigencias hacían muy difícil que las personas se hicieran verdaderamente amigas. Felipe Trigo, desde su posición progresista, se queja de que la educación del momento no insistiera en el cultivo del afecto (Trigo 09:192). Ni siquiera la relación amorosa establecía que el afecto fuera fundamental.

No hay exageración al decir que la sociedad de hace un siglo era distante, envarada y desconfiada. Un relato de Blasco Ibáñez sobre la sociedad balear nos muestra la cerrazón de los ibicencos de finales de siglo. Las personas que se cruzaban de noche, aunque se conocían entre ellas, no se saludaban. Cada uno sospechaba que el otro podía andar de noche para hacer algo malo y, si no se saludaban, no había testigos. «Las sombras temían a las sombras» (Blasco Ibáñez 09:267). Era natural que, ante esa general cautela de las relaciones sociales, la verdadera amistad fuera una virtud tan deseable como inasequible.

Las amistades podían degenerar en lo que, con la terminología curial, se califica como «particulares». Era un eufemismo para las difusas relaciones de los «invertidos», tan temidas como ocultas. Una novelita galante del popular Pedro Mata relata con ingenuidad y frescura las amistades particulares de un internado femenino. Las chicas se declaran como si fueran novios; se peinan, se acarician y se besan amorosamente. En cambio, con los respectivos novios el beso estaba prohibido (Mata 21:96-111). Esta sí que era una *inversión* de papeles.

Véase también:

AMOR
BEBIDA

CACIQUISMO
COMIDA
CORRUPCIÓN
NOVIAZGO
RELACIONES INTERPERSONALES
TERTULIA
TUTEO

Tertulianos endomingados en el paseo, naturalmente con la cabeza cubierta.
(Foto: Alfonso)

Amor

El tipo de fuente sobre el que descansa este trabajo —las novelas— hacía esperar que sobre este particular abundara la información. No es así. Curiosamente hay más datos sobre el sexo que sobre el amor. De una novela costumbrista sobre el Somontano de Huesca, a fines del siglo XIX, se extrae esta reflexión: «El idilio es planta que raras veces se desarrolla en países de suelo pobre, ingrato clima, abrupto paisaje y habitado por gentes que, aunque ignorantes, piensan algo, sienten poco y trabajan mucho» (López Allué 00:54). Se le puede dar la vuelta al argumento. Es la ausencia de unas buenas relaciones amorosas o afectivas lo que determinaba la miseria material del país. Pero sea cual sea la dirección de la causación, el hecho que dejan traslucir los textos analizados es el de una sociedad bastante desengañada de alcanzar la plenitud del sentimiento amoroso. El pobre don Quijote no lo pudo lograr.

La paradoja es que, como apenas hay amor, sobreabunda el erotismo. El gran narrador gallego Wenceslao Fernández Flórez reconoce esa aparente contradicción: «En España se escriben novelas eróticas porque el amor es una aventura inasequible, al menos infrecuente» (Fernández Flórez 24:8). Añade el coruñés que el auge de las novelas eróticas —un verdadero frenesí durante el primer cuarto del siglo XX— se corresponde con el de la literatura de viajes. Este género atraía a un pueblo que apenas se movía del sitio donde había nacido, y menos por placer. Pío Baroja señala la misma paradoja, pero de modo aún más cáustico. Se refiere a la vida de un adusto pueblo manchego («Alcolea del Campo»; probablemente Alcolea de Calatrava). Describe el de San Sebastián la extrema dificultad para que un hombre y una mujer pudieran entrar en relaciones, dada la rígida separación de sexos. Sin embargo, y como extraña compensación, aquellas gentes manchegas eran muy aficionadas a los libros pornográficos (Baroja 11:238). Una vez más se prueba que el erotismo desplaza el amor.

La difícil relación entre los sexos aparece por todos los lados. Realmente la trama argumental más común de las novelas consiste en que dos personas que se quieren, no lleguen a satisfacer sus anhelos. Con que hubiera existido una adecuada ley de divorcio, más la efectiva libertad para elegir pareja, la mitad de las novelas no se habrían podido escribir con ciertas trazas de verosimilitud.

Baroja puede asombrarse de la rígida separación de sexos en un pueblo de La Mancha, aunque habría que pensar si no es una traslación del tipo de vida que conoció él como médico en Cestona. Conviene advertir el filtro personalísimo de don Pío, un recalcitrante misógino. Blasco Ibáñez describe esa misma situación en el Bilbao industrial de finales de siglo: «el hombre a los negocios y la mujer sola a la iglesia» (Blasco Ibáñez 04:62). Son innúmeros los testimonios sobre la incapacidad de amar de las burguesitas (por ejemplo, López de Haro 16:212). Con todo, el sentimiento amoroso, cuando fluye, lo hace más bien desde el lado de la mujer. Los varones son un fin para las mujeres, pero las mujeres son un medio para los varones (Mata 24:56). La relación es tan descompensada y asimétrica que no es fácil que se produzca el enamoramiento. Surgen los sucedáneos: la conquista, la seducción, la posesión. Pero con ello entramos en el capítulo del sexo, cuando no en el de la violencia, que son materias distintas.

Las relaciones entre varones y mujeres eran difíciles porque se apoyaban sobre una radical desigualdad. Nuestros próximos antepasados entienden que la mujer debe ser virgen antes de enamorarse por primera (y única) vez. El hombre debe estar iniciado en el arte amatorio antes de elegir mujer. El resultado de una fórmula tan desigual es que si la novia no pasa por virgen, el novio retira su palabra de casamiento, pero ofrece a cambio la relación de amante (López Pinillos 10:102).

Ya que no hay igualdad sentimental entre los sexos, se procura exagerar la equivalencia social para que pueda surgir el amor. O mejor, se exige esa previa igualación social para que pueda admitirse el matrimonio. Son infinitos y repetitivos los dramas de los amores imposibles entre dos jóvenes de distinta fortuna. Por ejemplo, se considera nefando que la hija de un terrateniente se case con el hijo del administrador, aunque el joven sea abogado del Estado (Mas 35:68-112). Valían más los títulos de propiedad que los títulos académicos.

Naturalmente, todas estas cuestiones relacionadas con el amor aparecen condicionadas por lo que hemos llamado *prima narrativa.* Es decir, el género novelesco impone su lógica: se necesita drama, tensión, para que exista argumento. Por eso mismo se destacan más los amores imposibles o por lo menos difíciles. Con todo, la realidad no debe de andar muy lejos de lo que reflejan las tramas argumentales. Es decir, la relación amorosa sigue siendo difícil. Lo dice un personaje de Pérez de Ayala: «El amor, en la mujer, va acompañado siempre de sufrimiento. Si la mujer quiere emanciparse del sufrimiento, emancípese del amor; que es el caso de la prostituta. En todos los demás casos, el hombre hace sufrir a la mujer, sólo por el hecho de amarla» (Pérez de Ayala 23a:187). El diagnóstico parece cruel, pero se corresponde bastante bien con los argumentos de muchas novelas. Quizá estemos ante la clave de muchos otros desajustes de la sociedad española, los que en definitiva conducen a odios y violencias sin cuento. Es una clave íntima, que los historiadores no pueden captar, preocupados con asuntos de mayor aparato y trascendencia. El hecho de que el amor derive en sufrimiento para las mujeres explica por lo menos otros desajustes personales. Manuel Azaña llegaría a pensar si la crueldad de la Guerra Civil no se derivaría del contenido rencor de las mujeres. Pero estos futuribles nos desvían del camino real de nuestras pesquisas.

El hecho es que la combinación más frecuente y estable de los matrimonios que describen los novelistas es la de una madre abnegada, pero no enamorada. En todo caso, se casó por amor, pero ese sentimiento desaparece con el matrimonio y sobre todo cuando vienen los hijos (López de Haro 16:196). Es, una vez más, la imagen de una España triste, sin intimidad, la que revelan las narraciones estudiadas.

Véase también:

MATRIMONIO
MUJER MODERNA
MUJER TRADICIONAL
NOVIAZGO
SEXO

Anarquismo

Es esta una entrada lógica si queremos dar cuenta de lo que fue la sociedad española entre los dos siglos. Si se consulta *El laberinto español* de Gerald Brenan (el ensayo histórico más famoso sobre esa época), se verá que la mayor parte de las páginas aluden al anarquismo. Es, efectivamente, el rasgo más peculiar de la historia política de la España contemporánea. No de toda ella, porque se concentra casi exclusivamente en Andalucía y Cataluña. Sin embargo, los ideales anarquistas, vagamente enunciados, permean muchas de las actitudes de los intelectuales, sobre todo cuando son jóvenes. Este es el caso de Pío Baroja o Vicente Blasco Ibáñez, pero también de otros que luego fueron muy conservadores, como *Azorín* o Ramiro de Maeztu. Otro de los novelistas consultados, Antonio de Hoyos y Vinent, fue nada menos que marqués y sin embargo anarquista. Una cosa es la herencia y otra la querencia.

Un famoso anarquista fue el desgraciado Mateo Morral, acusado de lanzar una bomba contra el rey Alfonso XIII el día de la boda de este, en 1906. (Por cierto, este acontecimiento fue recogido por una cámara cinematográfica.) El personaje aparece novelado, y hasta muchas veces ensalzado, en las obras de Pío Baroja. Precisamente en ellas se vierte repetidas veces la palabra «morral» como insulto, algo así como bruto, grosero o violento. También se recoge así en algunos relatos de Blasco Ibáñez y algún otro autor de principios de siglo. Es clara la tentación de asociar el dicterio de «morral» con el apellido del célebre terrorista, pero no existe ningún parentesco. De hecho, la expresión aparece en novelas anteriores al suceso de la boda de Alfonso XIII. Parece que «morral» tiene más que ver con el saco que se cuelga de la cabeza de las caballerías para que puedan comer cuando están lejos del pesebre. Es, pues, una figura retórica, una sinécdoque, que toma la parte (morral) por el todo (caballería). La comparación con un animal doméstico siempre ha sido un recurso popular para insultar.

Baroja alude al rasgo de verdadero creyente, primitivo y fanático, que caracterizaba a los anarquistas. Los ve así muy parecidos a los carlistas

(Baroja 00:185). La verdad es que los extremos se tocan. Anarquismo y carlismo son ciertamente las dos aportaciones españolas más originales a la historia de las ideas políticas. No son autóctonas del todo; ambas comienzan por ser importaciones, que luego se aclimatan muy bien al paisaje político español.

El anarquista típico es el que, disfrazado de fotógrafo ambulante, va de pueblo en pueblo por la campiña andaluza explicando su evangelio laico. «Soñaba con una Humanidad perfecta, libre de los siete pecados capitales» (Mas 35:198).

Blasco Ibáñez compone *La Bodega* como una suerte de epopeya de las agitaciones campesinas andaluzas. Se centra en torno a las bodegas de Domecq en Jerez de la Frontera. Retrata muy bien el tipo de predicador laico, el apóstol anarquista de los jornaleros del campo jerezano. Con la utopía anarquista se acabará el hambre y también la enfermedad. Este es el ingenuo argumento: «Se acabarán las enfermedades, porque las que ahora existen son por haber hecho ostentación los ricos de su riqueza, comiendo más de lo que necesita su organismo, por comer los pobres menos de lo que exige el sostenimiento de su vida» (Blasco Ibáñez 05:13). A lo largo de la narración se describe con crudos detalles la extrema penuria de las condiciones de vida de los jornaleros. Es lógico pensar que las soflamas redentoras de los anarquistas fueran un consuelo para aquellas pobres gentes.

En otra novela del mismo autor —*La horda*— se describe el sórdido ambiente de las clases mendicantes de Madrid. También aparece aquí un misionero laico que explica la utopía anarquista y federalista. Es un plan «para el día en que el Estado de Castilla sea autónomo». Nada menos que se prevé la transformación del frondoso monte de El Pardo en huertas. Para lo cual, «echaremos abajo la arboleda para que los correligionarios se calienten en invierno» (Blasco Ibáñez 05a:97). Menos mal que todo fue una ensoñación.

Véase también:

CONFLICTOS
HAMBRE

Andaluces

El estereotipo del andaluz gracioso y sentencioso es el más abundante en las novelas. Sus virtudes y sus defectos son como una ampliación del carácter español. Hay un conjunto muy destacado de novelistas andaluces que siguen la corriente costumbrista y escriben sobre sus paisanos. Así, José María de Acosta (Almería), Juan Aguilar Catena (Jaén), Salvador González Anaya (Málaga), José López Pinillos, *Parmeno* (Sevilla), y José Mas (Sevilla). Junto a ellos hay otros escritores de otras regiones que conceden alguna novela al género andaluz, por ejemplo, Blasco Ibáñez o Palacio Valdés. Estos últimos suelen ser los más vocales para referirse al carácter andaluz, por lo general de una manera crítica.

Lo primero que distingue al andaluz es su peculiar acento, que intenta transcribirse en los diálogos de algunas novelas. Aunque no sea así, el novelista suele advertir el deje o la entonación especiales del habla andaluza. Pío Baroja traza la figura de un médico andaluz, quien «hablaba de una manera tan melosa, que a cualquier forastero no acostumbrado a ello se le ocurriría pensar si estaba fingiendo» (Baroja 32:124).

Emilia Pardo Bazán introduce también a veces la figura de un andaluz en sus novelas de ambiente gallego o madrileño. Observa que «las ocurrencias de los andaluces» resultan mucho más graciosas cuando se oyen que cuando se escriben. El «salero» que se les atribuye se debe, según la escritora gallega, «al sonsonete, al ceceíllo y a la prontitud en responder» (Pardo Bazán 89:69). Como puede verse, hasta aquí el juicio sobre el estereotipo es más bien halagador. Sin embargo, predomina en las novelas una caracterización más bien crítica de los andaluces.

El sevillano José López Pinillos *(Parmeno)*, periodista radical, trata acerbamente lo que podríamos llamar *sevillanismo.* Recoge la expresión «gente de Sevilla», que suele pronunciarse de modo despectivo frente a los «señores de Córdoba». (Otra versión popular contrapone todavía los «señoritos de Sevilla» con la «gente de Málaga».) Así de sarcástica es la descripción de los sevillanos: «almíbares meridionales, eses arrastradas o estrujadas contra los incisivos, *timos,* chistes, gracias, *caídas,* ocurrencias, palabras rotas, sílabas hurtadas, amabilidades, convites» (López Pinillos 10:226). La presentación del yo de sus paisanos se viste de exageración, de desmesura: «demasiado estrépito, demasiada alegría, demasiado *meridionalismo*» (p. 230). Resalta un defecto de los andaluces, que bien podría extenderse a las demás regiones: «terciar en una conversación de otros» (p. 230). El *sevillanismo* lo ve también Trigo de forma despectiva: «maldito regocijo el de Sevilla» (Trigo 12:4). José Mas pinta el retrato despiadado del señorito sevillano que se hace afeitar, no con agua, sino con vino de manzanilla (Mas 19:12).

Lo malo del estereotipado carácter andaluz es cuando el personaje trata de imitar al mismo estereotipo y, por tanto, lo exagera hasta la caricatura. El que fuera cronista oficial de Málaga llama *jándalos* a esos hiperandaluces, que «sobreactúan», como ahora diríamos. En ese caso se refiere a los señoritos granadinos, tan bien tratados en *La oración de la tarde* (González Anaya 29:33). *Jándalos* son propiamente los inmigrantes que llegan a Andalucía provenientes de las provincias cantábricas. Hay que imaginar sus deseos de pasar pronto por andaluces de verdad, y de ahí quizá sus maneras exageradas.

José Mas destaca que lo que no soporta un andaluz es el ridículo (Mas 35:143). La verdad es que este pretendido defecto (que puede ser virtud) se podría predicar igualmente del resto de los españoles. El alto sentido del ridículo procede de la inseguridad de no saber dónde se está.

Hemos aludido a una observación de Baroja sobre el modo de ser —o mejor habría que decir «de estar»— de los andaluces. El escritor vasco se considera tan lejos de lo meridional que sus comentarios resultan especialmente sarcásticos. «Todos los pueblos [como los andaluces] que están convencidos de que son graciosos y de que hablan bien tienden al amaneramiento y a la afectación» (Baroja 32:62). Y añade que, particularmente en Sevilla, «el señorito es amable en la calle, pero cierra herméticamente la casa ... [con ello] se demuestra cómo un pueblo, a fuerza de querer divertirse y no pensar en cosas serias, llega a aburrirse perfectamente» (p. 69). De nuevo hay que decir que la atinada observación es extrapolable a España entera, más volcada hacia el exterior que hacia el cultivo personal, más ruidosa que divertida.

Una Andalucía menos tópica, casi atípica, es la que presenta magistralmente Concha Espina en *El metal de los muertos* (1920). Asombra que una mujer, a principios de siglo, pudiera llegar a una vivencia tan directa del ambiente de los mineros de Riotinto. Dentro de la general miseria que caracterizaba a esa población minera, distingue doña Concha la «finura natural» de los trabajadores andaluces. La contrapone, por ejemplo, al «aire» más pueblerino que dejan entrever los demás mineros, venidos de otras regiones y de Portugal: «la blusa y la boina radicalmente plebeyas» (Espina 20:119). Recuérdese que en ese tiempo de nuestros abuelos los españoles se distinguían unos de otros por el atuendo, que era casi un uniforme de las distintas clases sociales.

Véase también:

CARACTERES REGIONALES
ESPAÑOLES
PREJUICIOS ÉTNICOS

La escena podría parecer de un país exótico, pero es la España profunda. (Foto: Ruiz Miguel)

Anticlericalismo

La sociedad de hace un siglo era en gran medida sacral, levítica. El clero mantenía una influencia extraordinaria, que lógicamente trasciende a los argumentos novelísticos. El cura es un personaje central de muchas narraciones. Hay una novela cimera de la literatura contemporánea, *La Regenta,* cuyo protagonista masculino es el canónigo Fermín de Pas. Es una recreación insuperable del enamoramiento reprimido de un clérigo, de la relación —que luego se llamaría *edípica*— con su madre. El drama religioso-sentimental cuenta con el hermoso antecedente de *Pepita Jiménez* de Juan Valera (1874), pero *Clarín* lo eleva a la máxima categoría literaria. La famosa guía jesuítica *Novelistas malos y buenos* califica a *Clarín* de «desbocado contra el matrimonio y contra el catolicismo» (Ladrón de Guevara 10:33). Sin embargo, su gran novela sigue siendo una obligada lectura para comprender la significación de la religión en la sociedad española. A fines del siglo XIX es evidente la alianza del clero con las clases acomodadas, como se expone magistralmente en *La Regenta,* a la escala de una capital de provincias.

La tesis de la alianza del clero con las clases dirigentes, a la escala nacional, se destila en otra novela eminente, *La espuma,* de Armando Palacio Valdés. La calificación de la guía jesuítica antes citada no es menos dura: «Trata de vicios aristocráticos. Es peligrosa» (Ladrón de Guevara 10:326). En realidad se trata de una réplica a la versión edulcorada de la aristocracia madrileña que transmite *Pequeñeces,* del jesuita Luis Coloma. Ambas obras se publican en 1890.

La espuma presenta la figura novedosa de un influyente escolapio, el padre Ortega, confesor de las damas de la aristocracia. «En vez de las pláticas morales que se usan y de las huecas y disparatadas declamaciones de sus colegas contra la ciencia y la razón, los sermones de nuestro escolapio trascendían fuertemente a lecturas modernísimas: en todas ellas procuraba demostrar, directa o indirectamente, que no existía incompatibilidad entre los adelantos de la ciencia y el dogma» (Palacio Valdés 90:24). Se trata de la prefiguración de lo que, con el tiempo, iba a ser una Iglesia reconciliada con el mundo. Una prefiguración todavía más radical es la del obispo, de quien «se aseguraba que creía en la sugestión a distancia y en el hipnotismo, y que deseaba que el clero español estudiase, se instruyese» (Baroja 01:147). Por entonces todo esto sonaba a heterodoxia. No se olvide que a finales del siglo estaba viva la polémica religiosa que condenaba tanto el liberalismo como los «errores» de la ciencia positiva (el evolucionismo, por ejemplo). La novela citada de Baroja es *Camino de perfección,* verdaderamente espléndida, aunque el padre Ladrón de Guevara la califique escuetamente de «muy mala» (Ladrón de Guevara 10:55).

La noción de que la religiosidad era un rasgo de las clases acomodadas es algo que dan por sentado muchas novelas. En una de José Mas *(El rebaño hambriento en la tierra feraz,* una de las más típicas «novelas sociales»), se presenta una casa de terrateniente sevillano, con capellán propio. Se dice, «era millonario y, como es consiguiente, católico» (Mas 35:46). No hacía más que certificar un hecho; todo el mundo sabía que era así. No obstante, hay siempre un núcleo de profesionales liberales, que suelen mantener, a escala local, la cruzada del ateísmo militante o más bien el anticlericalismo ritual. Asoma este grupo, por ejemplo, en *La Regenta* y en las obras de Galdós. Trigo también retrata el fenómeno de los anticlericales de pueblo: «El farmacéutico pertenecía a los de la *cáscara amarga* [radicales anticlericales], como el secretario [del Ayuntamiento]. Les parecía de mal gusto discutir la religión; se limitaban a comer salchichón el Jueves Santo» (Trigo 01, I:36).

La resistencia de la clerecía a la modernidad es tal que se puede dibujar la figura de un cura de Huesca que transmite a los agricultores esta idea: «Las máquinas agrícolas son inventos nacidos de la soberbia y orgullo de los hombres.» El honrado agricultor, que se expone a esa prédica, arrincona las máquinas «atendiendo, antes que a la utilidad, a la conciencia» (López Allué 00:72). Unamuno pinta con gruesos trazos el retrato del cura rural vasco, enemigo del ferrocarril y del vapor, anatematizador del «becerro de oro», adorado por el «negro» [el infeliz trabajador en las empresas bilbaínas]. Como resultado de esas admoniciones, «iban despertando poco a poco al espíritu del labrador contra el del mercader; al hombre de la laya, contra el de la pluma.» Empresarios y escritores eran los odiados *liberales,* esto es, «los marchantes y los marinos, o gente recién llegada, cuya familia apenas hay quien conozca por completo» (Unamuno 97:91). El párrafo es una insuperable interpretación de cómo se mezcla la cuestión religiosa con la social, la política y la del incipiente nacionalismo vasco, que fue antes carlismo.

No es sólo que hubiera una lejanía intrínseca entre las funciones espirituales de los sacerdotes y las preocupaciones terrenales de sus feligreses. Después de todo, ¿qué cosa más terrenal que la ciencia o la técnica? Ser cura significaba muchas veces la posibilidad de ascenso social, esto es, de despegarse de las labores manuales en que andaba empeñada la familia, por lo general campesina. «Estaba mal mirado que los curas se dedicaran a trabajos materiales, como serrar o cavar, sin duda para guardar la dignidad de su estado» (Baroja 36:116). Lo cual no quitaba para que el clérigo ejerciera toda su influencia para ayudar al mantenimiento de la familia. «Algunos labradores del país [el Somontano] lograron conservar íntegras sus haciendas, gracias al apoyo del hijo o del hermano cura» (López Allué 00:41).

Pío Baroja es el más furibundo anticlerical de los novelistas considerados, quizá porque era el más «antitodo». Narra una estupenda crónica sobre el seminario de Vitoria, que vale por una monografía sociológica. Se detiene a considerar la figura de los «fámulos externos», que eran los alumnos becarios de la misma ciudad, a los que los internos, de pago, «llamaban, con desdén, *potajeros*» y a quienes despreciaban. Comenta don Pío: «¡Extraña manifestación de cristianismo!» (Baroja 36:46). Esta crítica contrasta con la que había realizado el Baroja juvenil respecto de los conventos de monjas, donde ya no ingresaban, como antes, «señoritas ricas y educadas... Son mujeres que no tienen el valor de hacerse lavanderas y vienen a los conventos a vivir sin trabajar» (Baroja 01:144).

El cura rural es una figura con un modesto pasar, pero que se alía, por sus costumbres, con el resto de los profesionales liberales, es decir, las *fuerzas vivas* del pueblo. Así se dibuja el «cura escopeta», que completa su modestísimo sueldo (cinco reales diarios a finales de siglo; poco más que un jornalero) con la caza (Blasco Ibáñez 02:110).

El agradecido recurso literario del enamoramiento del cura se reproduce algunas veces, más allá de *Pepita Jiménez* o de *La Regenta*. El ambiente rural gallego, un tanto pagano, es muy propicio a esa lúbrica tentación, que, por otra parte, no escandaliza demasiado a la feligresía (Camba 23).

El complemento natural de una desproporcionada influencia de la Iglesia, más su alianza con las clases conservadoras, es el anticlericalismo. La reserva popular contra los curas conserva a veces la creencia en el poder taumatúrgico del clero. Véase esta curiosa muestra, una conversación de los *casheros* un tanto descreídos del Bilbao finisecular: «[los curas] pa cuasi nada sirven; pa lo único que tienen algo fuerza es pa que no haiga granisadas y truenos» (Aranaz Castellanos 01:60). La curiosidad es que se pierde la confianza en la Iglesia antes que la que se deposita en los curas.

Como residuo de los ilustrados, se sigue estampando la crítica al oscurantismo. Es decir, se contrasta el refinamiento de la Iglesia, mientras se mantiene la indigencia espiritual y material de las clases populares. Un testimonio: «La miseria de un pueblo está en razón directa de su catolicismo. Ávila es un caso. [Es una ciudad de conventos, pero] el agua escasea y todo el polvo de Castilla nos ahoga. En todo el pueblo no hay, sino un comercio, que venda libros» (Insúa 07:95).

El verdadero anticlericalismo es el intelectual. Lo destila muy bien el comentario amargo de un personaje de Pérez de Ayala: «Un cura es un vencido en la vida, un hombre malogrado; por donde, a pesar suyo, aborrecen, porque lo envidian, todo lo que es amor y felicidad... Los curas aborrecen al hombre porque otros poseen lo que ellos aman y no pueden poseer. El cura ama a la mujer y por eso aborrece al hombre. Por la confesión el cura se convierte en un espejo espiritual de la mujer» (Pérez de Ayala 23a:86). El párrafo es durísimo. No debe olvidarse que su autor acababa de atravesar el calvario que supuso la publicación de su famosa *A.M.D.G.,* la novela anticlerical más típica. No es casualidad la coincidencia de acontecimientos en torno a una fecha. En 1910 se publica *A.M.D.G.,* se aprueba la llamada «Ley del Condado» (restricción de la entrada de órdenes religiosas) y sale el primer número del periódico católico *El Debate.* Se autoriza la libertad de los protestantes y se permite que las mujeres estudien en las universidades. Al año siguiente se celebra en Madrid el Congreso Eucarístico Internacional, con su famoso himno *Cantemos al amor de los amores.*

José-Carlos Mainer me sugiere que desarrolle el capítulo de la enseñanza clerical como experiencia que marca la biografía de tantos españoles. Algún día cuajará la idea, tan prometedora. Por lo mismo, el de Zaragoza apunta la larga tradición del cura enamorado, a partir de *Doña Luz* de Valera y *Tormento* de Galdós. Mi propósito de contener mi pesquisa a los novelistas nacidos después de 1850, me impide incrustar ahora esos egregios precedentes. Quede también el propósito de hacerlo para otra ocasión.

Véase también:

ANTIMILITARISMO
JESUITAS
RELIGIOSIDAD POPULAR
SECULARIZACIÓN

Antimilitarismo

Hace poco más de cien años, el general Cassola, a la sazón ministro de la Guerra (que no Defensa), propuso la introducción del servicio militar para todos los españoles. Hay que entender también que era sólo para los varones y sin distinción de clases sociales. Era una propuesta progresista. Se adelantó a su época. En su lugar, siguió funcionando durante algún tiempo el sistema de «cuotas». Ello significaba que una familia podía «redimir» con dinero la llamada al servicio militar de sus hijos. La consecuencia es que las campañas coloniales se hicieron como siempre, con los mozos de las clases humildes. Esta discriminación levantó un sinfín de protestas.

A principios de siglo los progresistas clamaban por el ideal del servicio militar obligatorio como un instrumento de «fraternidad entre las clases», que iba a destruir privilegios y a conseguir la «igualdad social» (Martínez Baselga 03:441). Por aquellas fechas los hijos de los ricos se podían «redimir» del servicio militar mediante el pago de 6.000 reales, una cifra muy superior al salario anual de muchos trabajadores.

Las novelas registradas manifiestan un latente antimilitarismo, casi siempre como consecuencia de la amarga experiencia del servicio militar. No es casualidad que la palabra *intelectual* surgiera en Francia con ocasión de un sonado conflicto militar, el llamado *affaire Dreyfus*. La palabra llega a España con el mismo sentido antimilitarista y también anticlerical. Hay una razón para esa adherencia. Militares y sacerdotes se forman de manera «interna», recogidos en sus propias instituciones, ajenas a la Universidad. El resto de los profesionales, cuando mozos, si son varones (como era el caso mayormente en la España de nuestros abuelos), se pueden ver sometidos a la disciplina del servicio militar. Ese encierro genera resentimiento. La ocasión de la guerra de Cuba polariza los sentimientos. Algunos novelistas registran el ambiente patriotero con que se ve la guerra desde España. Los norteamericanos aparecen descritos como «inmundos tocineros» (Bueno 31:143), «tocineros de Chicago, puercos» (Trigo 01, I:39), cobardes «vendedores de tocino» (Baroja 11:288). Se recuerda una famosa corrida («patriótica») de toros que se organiza en

Madrid al punto de conocer el desastre de Cuba. Los brindis de los toreros son un prodigio de patrioterismo. Uno brinda «porque no quede un yanqui en todo el universo». Otro sugiere que «lo que se recaude en esta corrida se destine en dinamita para hacer saltar en mil pedazos a ese país de aventureros que se llama Norteamérica». El parlamento más elocuente fue el del *Guerra,* quien brinda porque «no quisiera más, sino que se volviera un yanqui el toro» (Amorós 92:120). Por si pudiera servir, por una vez, el recuerdo personal, me viene a la memoria una copla que recitaba mi abuela. Terminaba así: «Francia y Rusia para ser amigos/ y no esos marranos indecentes de los Estados Unidos.» Para un cristiano viejo, la alusión al ganado porcino ha sido siempre un fácil insulto. Es la metonimia de moro o judío.

Blasco Ibáñez publica un periódico entero, con cientos de artículos, para oponerse visceralmente a la guerra y al modo de seleccionar a los soldados por la «cuota». Lo considera una forma de esclavitud, el discriminar en contra de los «pobres parias que carecen de fortuna». En su lugar, opina que el «servicio militar obligatorio es una reforma democrática que sólo brotará al soplo divino de la revolución que iguala a las clases» (Blasco Ibáñez 95a:56). La ironía del destino es que, un siglo después, lo progresista iba a ser precisamente la supresión del servicio militar obligatorio.

Benjamín Jarnés aporta unos amargos recuerdos de su paso por el servicio militar. La llegada al cuartel como recluta significa su conversión en un simple «número». La instrucción subrayaba «la conveniencia de renunciar totalmente al diálogo». Incluso la idea del honor, al ir bajando de escalones, desde el general al cabo, iba «perdiendo majestad hasta quedar convertida en desplante viril, en majeza» (Jarnés 32:22).

La novela *Imán,* de Ramón Sender, publicada en 1930, es un impresionante documento de su experiencia como soldado en la guerra de Marruecos. Se sitúa en la línea antibelicista que aflora con la guerra Europea y de la que es emblema *Sin novedad en el frente,* de Erich Maria Remarque (publicada en 1929). He aquí el arranque sonoro de la crónica de Sender: «Cuatro carros de asalto entran a media tarde en el campamento. Ruido inseguro de chatarra en la solidez del silencio» (Sender 30:33). Hay descripciones descarnadas, como el tráfico de ratas muertas, por las que daban una recompensa (p. 75). Ridiculiza el ordenancismo, la corrupción, el falso heroísmo. «Nosotros, como los mulos, sólo tenemos deberes cívicos, no derechos: el deber cívico de morir» (p. 177). La novela de Sender es un apasionado alegato contra la versión heroica o patriótica de la campaña de Marruecos. Es la que representa, por ejemplo, el periodista, *Eugenio Noel* (Eugenio Muñoz y Díaz), que escribe una novela en forma de diario. Quede para otro ensayo el estudio de la literatura testimonial (diarios, memorias, notas biográficas). A ella habría que añadir también *La forja de un rebelde* de Arturo Barea, que es una autobiografía en forma novelada. Por cierto, contiene unos párrafos aún más crudos que los de Sender sobre su experiencia militar en Marruecos. Tanto Barea como Sender o Jarnés formaron parte, años más tarde, de la *España peregrina,* la del exilio.

El género de las memorias noveladas del servicio militar no puede olvidar la interesante contribución de Ciges Aparicio. Su autobiografía es realmente una novela picaresca. El servicio militar es la experiencia de la brutalidad y la sinrazón; todo se hace a golpes (Ciges Aparicio 06a:54). La caricatura de la disciplina cuartelera es esta frase manida que repiten los sargentos: «¡cuando se entra en el cuartel, los cojones se dejan en la puerta!» (p. 67). Por lo demás, el cuartel es «un presidio suelto..., todo se roba» (p. 73). Se roba por indicación de los mandos: «no se dice *róbalo,* sino *píntalo»* (p. 74). En definitiva, la experiencia militar es una pesada «cadena de vejaciones, de crueldades inmisericordes» (p. 247). Ciges Aparicio fue fusilado por los *nacionales* en 1936.

Se comprende la extemporánea paradoja de una novelista que hace decir a un personaje: «No sólo hay que abolir la pena de muerte y la trata de blancas, sino el servicio militar obligatorio» (Espina 29:198). Doña Concha no era precisamente lo que se dice una revolucionaria, pero era una persona sensible.

Véase también:

ANTICLERICALISMO
CONFLICTOS
CORRUPCIÓN
OLIGARQUÍA

Aristocracia

La aristocracia, como clase distinta de la burguesía, es un cuerpo esencialmente madrileño. No lo unifica tanto el linaje, el título, como el modo de vida. Es el grupo de privilegiados que viven sin trabajar, de rentas. Poco a poco, se va incorporando a la vida de los negocios, primero en el plano financiero. Se suma el ennoblecimiento de algunos prominentes burgueses. Todas las metáforas sitúan a la aristocracia en la cúspide de la hipotética pirámide social. Se habla así de «la crema, la espuma, el éter de la sociedad» (Pardo Bazán 05:178). Hay una novela de Armando Palacio Valdés, que se titula así, *La espuma,* sin asomo de ironía. Este texto revela un paradójico rasgo de la aristocracia madrileña: el «flamenquismo», esto es, «las formas desenvueltas, la serenidad burlona, el desgarro», que caracterizaba sobre todo a algunas mujeres de alta cuna (Palacio Valdés 90:54). Se podría tildar incluso de *plebeyismo,* para culminar la paradoja.

La aristocracia debate continuamente la legitimidad de su función. Sus avatares son los de la monarquía, que entra en crisis en 1923 y desaparece (por el momento) en 1931. Es entonces cuando se redobla la discusión legitimadora de la aristocracia. Es conocida la tesis de José Antonio Primo de Rivera (él mismo, un marqués de reciente cuño) sobre el «magisterio de costumbres y refinamiento» que correspondía a la aristocracia. Esta tesis la transcribe muy bien un personaje de *El sabor del pecado,* de Manuel Bueno, quien se sentía vasco y españolista. Se trata precisamente de un relato que describe el ambiente aristocrático durante la crisis de 1931. El texto es un formidable alegato político: «Aburguesada sin detrimento de su dignidad ancestral, esa aristocracia no sólo no inspira recelos, sino que es considerada como un elemento educador de la sociedad, a la que asesora, discretamente, en materia de buen gusto y de elegancia mundana» (Bueno 35:17). La ironía del destino fue que el autor iba a ser fusilado por los republicanos nada más iniciarse la Guerra Civil.

Fuera ya de la polémica política, lo que distingue sociológicamente a la aristocracia es una intensísima relación social. «Viven de invitarse o no invitarse», como señaló, cáustico, Ortega y Gasset. La frase seguramente se inspiró en esta soberbia descripción de Pío Baroja: «Toda la gente distinguida se ve por la mañana, por la tarde y por la noche. El gran entretenimiento de ellos no es presenciar óperas, dramas, pasear, andar en coche o bailar; la satisfacción es verse todos los días. Saber lo que hacen, descubrir el aspecto de una familia, su encumbramiento o su ruina, estudiarse, espiarse, observarse unos a otros» (Baroja 01:34). Pocos textos de los sedicentes científicos sociales pueden lograr la expresividad y el tino de ese análisis barojiano.

El carácter plebeyo, cuando no republicano, de muchos de los novelistas les lleva al tratamiento de la nobleza de una manera satírica o, por lo menos, ácida. Trata así Ramón Pérez de Ayala, en su célebre *A.M.D.G.,* a un despiadado burgués, que consigue un título pontificio: «El marqués de San Roque Fort, por la gracia de Su Santidad León XIII, forajido sacristanesco más que marqués [que se ha hecho tal] poniendo a parir caudales ajenos, en amorosa complicidad con su hermano, canónigo, incurso en simonía» (Pérez de Ayala 10:17). La sátira regia que es la *Corte de los milagros,* de Valle-Inclán, arranca precisamente con los honores otorgados por el Papa.

La crítica a la aristocracia se centra en el fracaso de aquella misión ejemplarizante que decía Manuel Bueno. Es decir, se discute no tanto la legitimidad de origen, como la de ejercicio. Sobre todo se hace notar la ausencia del mecenazgo, que pudo distinguir a la nobleza de otros tiempos. Véase este duro reproche: «La *high life* española sentía horror del talento, desdén por los artistas... La Corte jamás protegía a un poeta, un literato o un filósofo... Los protegidos de la Corte se espigaban entre los mediocres y el previo plácet del valido eclesiástico o la recomendación jesuita» (Insúa 32:123). Desde luego, el texto rezuma oportunismo y resentimiento; obsérvese la fecha.

Permítaseme un pequeño excurso lingüístico sobre el texto anterior. La expresión *high life* (alta sociedad) se utilizaba mucho a principios de siglo. Como es natural, muchos la pronunciaban «gilí», que en caló es un despectivo (tonto, estúpido). La coincidencia de sonidos facilitaba la crítica de la alta sociedad. No deja de ser irónico que, para designar a la clase alta, se eche mano de un gitanismo.

Más que la crítica ideológica, la aristocracia se resiente del conflicto natural con la nueva burguesía ascendente. Las novelas recogen numerosos episodios de ese conflicto. El más curioso es el que protagonizan los *butifarras* y los *chuetas* en Mallorca (Blasco Ibáñez 09:97-101). Los primeros representaban la aristocracia rancia venida a menos. El apodo venía claramente de que exhibían la costumbre de comer cerdo; es decir, eran cristianos viejos. Frente a ellos, los *chuetas* o judíos personificaban el impulso de las clases comerciantes y artesanas que se enriquecen. La historia es anecdótica y local, pero se puede extender a la circulación de las minorías dirigentes en toda España.

Véase también:

BURGUESÍA
OLIGARQUÍA

Las añas forman parte del paisaje humano de la sociedad burguesa.
(Foto: Agencia EFE)

Atuendo

Por cualquier lado que se mire, va quedando claro que la sociedad de nuestros abuelos era la del culto a la apariencia, la presentación ritualizada del yo ante los demás. Por lo menos esto era así para los estratos medios y altos. De ahí que fuera tan exigente y definidor el atuendo. Por tal se entiende el vestido y el calzado. Habría que completarlo con el tocado y, de modo más general, el cuidado del cuerpo. No hay que demostrar el carácter de atractivo sexual que tiene el atuendo. Pedro Mata lo anota a la perfección cuando narra el placer que suponen «los preliminares del amor». La voluptuosidad está, para un hombre, en desabrochar los guantes de una mujer y acariciar la piel que se descubre. Sin la existencia de los guantes, esa operación perdería toda la gracia (Mata 24:25).

Confiesa un personaje de una novela ambientada en el Madrid de principios de siglo: «En este mundo la mitad del éxito depende de la ropa. La cuestión es aparentar» (Insúa 12:122). El hecho es más que nada de Madrid. Era por entonces una ciudad no muy cosmopolita, pero con rasgos peculiares. Por ejemplo, este de forzar la apariencia en el vestir. Lo observa muy bien Rafael López de Haro, que por algo era notario. Se extasía con la gente de clase media bien vestida, «esa gente de las mañanas de la calle de Alcalá, que toda parece que viene de una boda. Todo el mundo va bien vestido, resplandece la limpieza en todo. No hay un hombre sin afeitar, ni un cuello de camisa moreno y no una media arrugada, ni una mancha en un traje, ni una corbata mal hecha» (López de Haro 30:188). La descripción parece un poco idealizada. No hay más que ver las fotos de la época, donde aparece una población madrileña ruralizante, apueblada. Pero los contemporáneos de entonces tenían otros términos de comparación. De hecho, Pedro Mata se queja de que los madrileños varones de los años veinte ya habían perdido la tradicional elegancia de elegir la ropa apropiada para cada momento del día (Mata 30a:70).

La leidísima novela *Currito de la Cruz* nos presenta, al final, la figura del torero en decadencia. Le resulta penosa la vida en Sevilla y, por ello, elige el anonimato de la urbe madrileña. «Aunque escaso de dinero, procuraba llevar siempre las botas refulgentes, ir al café y llevar un palillo de dientes, [rasgos que] denotan al hombre bien tratado por la vida y bien colocado en su oficio» (Pérez Lugín 24:234). Es decir, una vez más, se trataba de aparentar.

La decisión de procurar la apariencia del calzado bien limpio se registra una y otra vez. De nuevo caracteriza sobre todo a los madrileños: «[En Madrid] todo el mundo con los zapatos brillantes. Como si no pisaran más que alfombras. Madrid sostiene millares de limpiabotas que son unos artistas» (López de Haro 30:188). Emiliano Ramírez Ángel, que fue un cronista de la vida madrileña, hace que uno de sus personajes se pregunte: «¿Habéis notado qué sensación de bienestar, de regocijo, de holgura se siente cuando llevamos las botas limpias?» (Ramírez Ángel 11c:162). Obsérvese que se habla de limpieza, no de comodidad. En otra novela, un español que se traslada a Francia observa: «Nadie llevaba el calzado bien limpio y apenas se veía dama sin perro» (López de Haro 30:90). En Madrid, una señorita que se preciara, antes se quedaba sin comer que dejar de ir bien peinada o bien calzada (Mata 19:28). Trigo anota que la indumentaria urbana podía ser pobre, pero las botas tenían que ser acharoladas (Trigo 09:29).

La historia del calzado reluciente pertenece al profundo subconsciente colectivo de los españoles. Durante muchos siglos, la gran distinción social era la que significaba poder ir a caballo o tener que caminar. La consecuencia visible era que los caballeros, los hidalgos pudientes, llevaban las botas limpias. Luego es el coche de caballos y por último el automóvil, lo que hace aún más clara la dicotomía de clases. De ahí la obsesión del pueblo llano por llevar los zapatos limpios, como si se dispusiera de caballo o de carruaje. En un relato ambientado a principios de siglo se señala que un personaje traía las botas limpias de barro «como de venir en coche» (Trigo 19:80). La preocupación por esta forma de apariencia llega a ser una obsesión. Una novela de ambiente castellano proporciona un rápido boceto de los mozos que llenan los cafés de Valladolid: «Se embetunaban las botas a las once de la noche» (Mas 21a:186).

La España que describimos era todavía mayormente agraria y con un modesto pasar. Con todo, las tres primeras décadas del siglo acusan una inusitada fase de opulencia. Acaso por primera vez en la Historia, hay desarrollo sostenido, inflación febril, nuevos ricos, una bulliciosa capa de clase media urbana. Por fuerza, esa coyuntura tenía que repercutir en el atuendo, la moda. Una proporción suficiente de personas pueden elegir la ropa y, como consecuencia, surge el buen gusto o el mal gusto. Aparecen estos dos tipos importados, hasta en el nombre: el *dandy* y el *snob*. Baroja describe muy bien el primero de esos tipos, de figura extravagante, pero cuidada: «Aracil gastaba un poco de melena, llevaba la barba larga y puntiaguda; los quevedos, de concha, con una cinta gruesa; el sombrero, de copa, con el ala más plana que de ordinario, y levita. No usaba nunca gabán» (Baroja 08:42). Con un sentido algo más general, el *dandy* es simplemente el *caballero.* Se define así cuando se cambia de ropa varias veces al día (Mata 32:213).

El *snob* es el que se excede en el vestir. Más que la apariencia, lo que persigue es llamar la atención. Esta es la versión femenina, una muchacha rica que «solía vestir con lujo exagerado, mostrando el alma primitiva en la riqueza de las telas y en la abundancia de las joyas, sin esa elegante sencillez de los espíritus finos e inteligentes» (Espina 10:15). A finales del siglo XIX, las señoritas de Langreo «se sentían fascinadas» por las costumbres del médico, «sobre todo cuando se averiguó que mudaba de camisa todos los días» (Palacio Valdés 16:91). Años más tarde se introduce la noción de que el buen gusto pasaba por la sencillez: «Vestía con tanta sencillez que daba la impresión de estar desnuda» (Hoyos y Vinent s.f.:77). Así es, en efecto, si comparamos los figurines del *Blanco y Negro* de los años veinte (los famosos dibujos de Rafael de Penagos) con los atuendos de los inicios de la Restauración. Nunca en toda la historia española la moda, femenina sobre todo, había evolucionado tanto en tan poco tiempo. Es una paradoja, pero la moda del atuendo se altera rápidamente para que las clases sociales puedan seguir distinguiéndose. De ese modo, la inesperada abundancia económica no lograba del todo la equiparación de los que ascendían de clase.

La moda impone exigencias que no todos pueden mantener. La clase acomodada de provincias se viste en Madrid y la clase distinguida de Madrid o Barcelona encarga la ropa a París. Por ejemplo, a la mujer del alcalde de Almería, que «viste con gusto», los vestidos se los traen de Madrid (Acosta 20a:41). La expresión «el corte inglés» —con minúsculas— equivale al atributo de garantía de la vestimenta masculina (Miró 26:56 y López de Haro 30:21). Naturalmente no hay que confundir *el corte* (de un traje, el sello del sastre) con *la corte* (el conjunto de gente bien vestida en torno a la realeza).

La crítica intelectual de toda esta afectación colectiva es a veces inmisericorde. Tómese como exponente este agrio comentario de Baroja, que trasciende el atuendo para pasar al estilo de vida. Utiliza el concepto de *lo cursi,* el mal gusto generalizado de los imitadores del buen gusto: «Antes creíamos que los cursis eran los pobres, y no. En España los cursis son los potentados, los aristócratas, los duques, los escritores, los políticos; lo cursi es el Congreso, las redacciones de los periódicos, los saloncillos de los teatros, el Ateneo, los Lunes del Español» (Baroja 08:71).

Para un observador actual, la vestimenta de nuestros abuelos —y sobre todo abuelas— distaba mucho de la simplicidad. La indumentaria significaba una doble complicación. Por un lado, variaba mucho según las ocasiones. Por otro, se mantenía una clara distinción según la clase social. Los obreros se cubrían con la gorra de visera, frente al sombrero de los señoritos. La blusa y las alpargatas caracterizaban a las clases menestrales. Palacio Valdés anota que, a finales del XIX, existía todavía un traje de chalán [tratante de ganado]: chaqueta corta, faja y sombrero de alas anchas (Palacio Valdés 96:25). Incluso para un viaje en tren, los pasajeros acomodados se ponían una gorra y un guardapolvo especiales (Francés 14:227). Pero, sobre todo, era el domingo el día que marcaba la necesidad de vestirse de otro modo. Véase esta colorista descripción del atuendo dominguero entre las clases más populares madrileñas de principios de siglo: «Criadas lugareñas con las faldas hinchadas de refajos, una toquilla rosa liada al cuerpo y un pañuelo doblado en las rojizas manos; criadas ciudadanas vestidas de negro, enmarcados los rostros picarescos en mantilla de encaje y enguantadas de blanco las manos. A su lado iban los novios. Mocetones de trajes oscuros y acartonados, puro en boca y pañuelo de seda en el cuello, o muchachos esbeltos y aseñoritados con botas de charol, boquilla de ámbar y sombrero Frégoli» (Francés 08:86). López de Haro dibuja una estupenda caricatura de los señoritos de pueblo que se disfrazaban los domingos con una ropa que los hacía envarados y cursis. «Estaban todos para fusilarlos» (López de Haro 16:60).

Un novelista cosmopolita (y *aliadófilo*) como Alberto Insúa señala que en Francia o en Inglaterra las modistillas «se visten como las señoritas, mejor o peor, pero con sombrero». Frente a esa igualación, los hombres se distinguen por la clase social según usen sombrero o gorra, y las mujeres según lleven vestido o mantón (Insúa 12:97). Con todo, a medida que transcurre el siglo XX se va notando el proceso de unificación social a través de la indumentaria. Así, Ramón Gómez de la Serna escribe una diatriba contra la gabardina, la «prenda de tono mediocre... y color de rata humana. Es el color del tedio ciudadano, y sirve al mimetismo y a la gustosa necesidad de confundirse y mezclarse que tiene el ciudadano» (Gómez de la Serna 14:111). *Ciudadano* era entonces, literalmente, el habitante de la ciudad.

Como puede verse, no sólo la prenda era un símbolo de clase, sino el color. La muchedumbre urbana vestía con monótonos colores apagados: negros, pardos, azules. «Lo azul es el aliado de la clase ínfima, el alcahuete del proletariado de americana... Azules son los vestidos de los asilados, de los obreros, de los conserjes, bedeles y ordenanzas; lo azul es color de claustro, de negociado, de almacén y de fábrica» (Ramírez Ángel 11c:128). Unos años más y esa impresión de lo azul asociado a lo popular, a lo proletario incluso, hará que José Antonio Primo de Rivera elija ese color para sus falanges. Al final del proceso, la camisa azul es la prenda falangista y el mono azul la proletaria. Hay enlaces entre ambas significaciones. Ernesto Giménez Caballero, prefalangista, gustaba de vestir un mono azul en su trabajo de *La Gaceta Literaria*. Luego, *El Mono Azul* fue el título de una «preciosa revista» (al decir de Mainer) de los intelectuales antifascistas cuando la guerra.

Fuera cual fuera la elección de las prendas de vestir, lo fundamental es que nuestros abuelos desconocían la soltura y comodidad con que luego han ido evolucionando las modas. Claro es que ellos se comparaban con las modas de sus respectivas abuelas («hay que ver, hay que ver/la ropa que hace un siglo llevaba la mujer»). A principios de siglo un joven periodista que veranea en la playa de Salinas «lleva, debajo del traje completo, calzoncillos largos» (Trigo 19:65). Pocos años después se puede describir la escena de un guarda de la Alhambra, quien, con grandes aspavientos y gritos, obliga a un turista extranjero a ponerse la chaqueta (González Anaya 29:187). Era un momento de cambio y ambivalencia. Era la época en que definitivamente muere el corsé... a manos de los llamados bailes modernos (Aguilar Catena 29:79). Un proceso similar fue el rápido acortamiento de la falda durante los dos primeros decenios del siglo XX. La razón definitiva fue el tenis. Esta es la lúbrica descripción de una de las primeras tenistas: «La falda le llegaba seis diez milímetros [= 6,10 cm.] justo por debajo de la rótula y dejaba por completo al descubierto las piernas [quería decir hasta la rodilla], enfundadas en medias de joyante seda transparente... [La visión era] de impudicia» (Acosta 20a:140).

El texto anterior nos recuerda la fijación de las medias, una prenda carísima a principios de siglo, que cobra creciente significación según va subiendo la altura de la falda. «La señal de su fortuna [eran] aquellas medias de seda transparentes como el talco y en las que nunca había visto un punto saltado» (Gómez de la Serna 17:103). Se insiste en la virtud de la transparencia, porque las primeras medias eran opacas (lana o algodón); luego ya son de seda, naturalmente mucho más caras y menos duraderas. La función de las medias era claramente la de estímulo sexual. Un personaje de *La Regenta* (un poco antes de la época que nos interesa) manifiesta su entusiasmo por esa prenda. Es un marquesito a quien lo que le excitaba no era ver «la rolliza pantorrilla de la aldeana descalza de pie y pierna», sino «la media hasta ocho dedos más arriba del tobillo» que llevaba la señorita (Alas 84:154).

Curiosamente, la media de seda se diseñó primeramente para los varones, cuando las mujeres elegantes no podían mostrar las piernas. La primera media de seda, fabricada con un telar especial, es de 1589. Sólo dos siglos después la prenda empieza a ser femenina y así lo es en la actualidad. La media de seda para varones sobrevive, como símbolo, en el traje de luces de los toreros (Sanz 46).

Véase también:

MODA
MOVILIDAD SOCIAL
PRECIOS Y SALARIOS
RELACIONES INTERPERSONALES

Automóvil

El automóvil irrumpe en una sociedad que nunca, en toda la historia humana, había superado individualmente la velocidad del caballo. Supone una novedad, pero en sus inicios, el automóvil no se considera con el valor instrumental, práctico, que luego iba a tener. En 1900 se matriculan tres automóviles, en 1925 más de cien mil (Vila-San-Juan 84:109). Es el mejor símbolo del siglo.

Los primeros automóviles se ven como máquinas un tanto innecesarias y molestas, por lo menos por parte del gremio literario. Véase esta descripción que corresponde a una novela ambientada en el Madrid finisecular: «El automóvil, que apesta las calles con el olor de la esencia y desgarra los oídos con la voz áspera de la bocina y atropella a los transeúntes con una inútil y no justificada velocidad» (Toral 18:101). Se califica al nuevo artilugio de «maloliente» (Gómez de la Mata 19:118). Junto al mal olor de la gasolina y el aceite, el ruido, igualmente sin precedentes: «el vibrante rodar sonoro y el clamor de una sirena de automóvil» (Trigo 10b:10).

Los viajes de aquellos primeros coches sin caballos (es lo que parecían) estaban más cerca de la aventura que del transporte regular. Una novela de Insúa, situada a finales de siglo, incluye un viaje en automóvil entre Corcubión y La Coruña (menos de 100 km.). Se toman todo el día para llevarlo a cabo. Se preparan con guardapolvos, velos para las señoras, cesta con abundantes provisiones. Naturalmente, hay que parar de trecho en trecho para descansar. Los excursionistas toman vino con gaseosa, seguramente una nueva bebida excitante (Insúa 11:127).

El modo de conducción de los primeros automóviles era mucho menos relajado que el actual. Había que tocar la estruendosa bocina antes de entrar en cada curva. Por otra parte, era tal el ruido, que se hacía difícil que el conductor o los pasajeros pudieran hablar durante el viaje (Mata 26:104, 284). Los coches precisaban un *mecánico* o conductor profesional. El aprendizaje de la conducción significaba varios meses de enseñanza intensiva (López de Haro 24:40).

Emilia Pardo Bazán describe el primer viaje en coche que se hizo entre

Madrid y Ávila a finales del siglo pasado: «Los carreteros y trajineros miraban atónitos al artilugio trepidante, que respiraba con resuello de monstruo y que ni tiempo les daba a enterarse de su hechura.» Como es natural, al paso del coche por los pueblos (que tampoco hay muchos entre Madrid y Ávila), la gente salía a las puertas de las casas para ver correr el artefacto entre nubes de polvo (Pardo Bazán 05:273). Hay que imaginar el espectáculo que supondría entonces el paso de un coche por los pueblos. Atropellaba a los animales domésticos, los chiquillos se subían a la trasera del vehículo para que los viajeros les echaran monedas (Ciges 25:83-85).

Considere el lector hodierno que las carreteras que recibían los primeros coches no estaban asfaltadas. Así, un automóvil que sale de Madrid por la carretera de Zaragoza (antes carretera del Este) iba «tropezando en los baches a menudo y hundiéndose sus ruedas en el áspero y negro barro de la ruta» (Gómez de la Mata 19:11). A las gentes de entonces no les llamarían mucho la atención esas condiciones del viaje, porque los carros y diligencias habrían ido aún peor.

Como es fácil imaginar, los primeros coches tenían un precio prohibitivo, incluso para las clases acomodadas. En los años veinte un coche usado alcanzaba el fabuloso precio de 17.000 pesetas, el equivalente de varios años de un sueldo medio (Mata 26:33). Se empleaba la expresión «poner coche» para indicar que la familia podía exhibir ese artilugio como símbolo refinado de posición. De esa forma, las hijas casaderas podrían «recibir por docenas las declaraciones» de los pretendientes (Insúa 12:122).

Decíamos que en la época que consideramos el coche es más bien una posibilidad de ocio que un instrumento de trabajo o de transporte. Así lo atestigua un personaje del famoso *Relato inmoral:* «El ochenta por ciento de las personas que no trabajan, ni han trabajado nunca, ni saben qué hacer, son dueños de automóviles magníficos en los que suelen marchar a veinte leguas por hora» (Fernández Flórez 24:18). No hay que tomar literalmente lo del 80 por 100 ni lo de las 20 leguas (100 km.). Es una manera de hablar un tanto exagerada para indicar la desmesura que significaba el automóvil. Son muchas las novelas en las que el coche se utiliza más que nada para pasear, para ver el paisaje, gozar de la naturaleza. Este es el caso, por ejemplo, de los relatos de González Anaya, que retratan el modo de vida de la clase distinguida de Málaga o Granada. No es sólo cuestión de clase. El coche es para las personas de clase acomodada, pero cuando son jóvenes, extrovertidas, aventureras. *La virgen prudente* representa un alegato feminista en el que la protagonista figura como una «mujer lanzada». Su ideal de vida se reduce así: «divertirme y tener auto» (Espina 29:219). El automóvil es el símbolo ideal para una sociedad que premia la extroversión, cultiva la apariencia; permite a los de arriba seguir distinguiéndose de los de abajo, incluso de los de en medio. Llegado un punto de la evolución social, el automóvil tenía que haberse inventado. Era el momento en el que casi todo el mundo podía subir a un vehículo de tracción animal. Ya se había observado, respecto a los coches de caballos, que eran «símbolos de felicidad y bienestar en un país donde el afán de enriquecerse no tiene más deseo que no ir a pie como los demás mortales» (Blasco Ibáñez 95:249).

El coche descubre un nuevo placer; extraordinaria novedad, puesto que los placeres fueron siempre los mismos. Se trata de la velocidad. Un relato de Francés sobre la bohemia de los pintores (el mundo que tan bien conocía su autor) da cuenta de este novedoso hecho. El coche llega a su límite de 65-70 km. por hora, lo que produce una deliciosa sensación de vértigo: «El viento era como un doble callejón de estrías agudas. La arena de los caminos saltaba a incrustarse en el rostro. La respiración faltaba y los ojos sólo veían el camino blanco abriéndose al impulso bárbaro del coche» (Francés 15:79). Pocos años después esa velocidad ya no parece exagerada. Durante los años veinte se adoquinaron y se asfaltaron muchas carreteras; era el medio propio para que pudieran correr los coches. La señorita de buena familia señala al *mecánico* que fuerce la marcha hasta llegar al vértigo de los 95 kilómetros por hora. El viaje no tiene como fin llegar a un sitio concreto, sino salir a pasear (Aguilar Catena 29:88).

El automóvil empieza a ser objeto de conversación de la juventud distinguida. Registremos el comentario sarcástico de Pío Baroja: «Nuestros jóvenes tienen la pedantería mecánica. Hablan del automóvil como si lo hubieran inventado» (Baroja 36:12). No es sólo el atractivo mecánico del artefacto. El coche es para los jóvenes un inesperado medio de liberación de la presión social. Por ejemplo, el coche permite que dos amantes madrileños se desplacen a alguno de los hoteles de El Escorial, El Pardo o Aranjuez. Ese cómodo expediente les permitía «pasar por marido y mujer», algo mucho más difícil en la propia ciudad (Insúa 25:189). Faltaban algunos decenios para que el coche se convirtiera en un bien de consumo masivo, pero se había iniciado el proceso.

Véase también:

OCIOS

PRECIOS Y SALARIOS

Bebida

La bebida más característica del tiempo de nuestros abuelos era el vino. Se identificaba con las clases populares. A principios de siglo, en los arrabales de Madrid, donde viven los traperos y vagabundos, «nadie bebe agua, sólo vino. Los chicos se desmaman con leche de cepas» (Blasco Ibáñez 05a:73). Hay que anotar que el vino era bastante caro para los precios de la época: 30 céntimos el litro, esto es, algo así como la tercera parte de un jornal de peón. Era un bien de primera necesidad. «La gente del campo sueña con el vino, viendo en él la energía de su existencia, la alegría de su pensamiento. Los pobres anhelaban, con vehemencia de anémicos, esta sangre de la tierra» (Blasco Ibáñez 05:98).

A finales de siglo, las clases acomodadas se distinguen por exigir vinos franceses y sobre todo *champagne*. El nuevo signo de distinción sirve para que se identifiquen las clases ascendentes, producto de la «fiebre del oro» del Bilbao de principios de siglo. «El *champagne* era para aquellas gentes [los nuevos ricos de la especulación y del negocio minero] el distintivo de la riqueza; lo único que habían podido copiar de las clases elevadas. Lo querían del más caro para que constase bien su opulencia y lo gastaban a cajas... bebiéndolo en tanques y llenando a veces las palanganas para lavarse la cara con el precioso vino» (Blasco Ibáñez 04:11).

Era tal la identificación del vino común con la vulgaridad, que en los ambientes verdaderamente burgueses del Bilbao finisecular a las visitas se les ofrecía simplemente agua. Podían elegirla «con azúcar» (uno o dos terrones) o «lisa» (sin más, sin azucarillo) (Aranaz Castellanos 01:296). Era una mezcla de la exquisitez burguesa con el toque de austeridad que exigía el ambiente levítico de la ciudad. El famoso «agua, azucarillo y aguardiente» era otra cosa. El *azucarillo* madrileño era un dulce parecido al merengue, hecho de clara de huevos y azúcar. Se tomaba con el agua para compensar el ardor del aguardiente.

Muy entrado ya el siglo, las novelas empiezan a mencionar las nuevas bebidas que adopta la clase distinguida. Por ejemplo, un escritor socialista entrevista a una aristócrata malagueña. Él pide un *whisky and soda* y ella un «martini seco» (Insúa 32:105). Había llegado la influencia del cine. Un joven aristócrata se hace servir un *whisky and soda* en el *Ideal Room* de Madrid. La bebida le parece «una pócima tan intolerable como el aceite de ricino», pero no tiene más remedio que tomarla porque «era la bebida de moda..., era lo único que tomaban todas las personas verdaderamente elegantes» (Mata 18:276).

Fuera de las bebidas alcohólicas, lo que más llama la atención es el gusto de nuestros abuelos por el chocolate. Los gitanos de Madrid lo tomaban a todas horas, como sustituto de la comida y de la bebida. Para ellos era el *callardó* (Blasco Ibáñez 05a:304). Era tal la afición que en algunas familias el chocolate se hacía en casa, mezclando cacao, azúcar y canela (Insúa 11:11). El precio de los ingredientes era elevado. El chocolate, aún más cargado con vainilla y otras especias, era el *soconusco.* Seguramente eran modas que traían los indianos. Un sucedáneo más asequible era la «infusión de bellotas», que se tomaba en la taberna después de comer (López Pinillos 10:86).

Véase también:

BURGUESÍA
COMIDA
OCIOS

El *foot-ball* empieza a ser espectáculo, todavía un tanto exótico.
(Foto: Goñi)

Belleza

Cuando se habla de belleza o hermosura, aplicados esos conceptos al cuerpo humano, nos referimos casi exclusivamente a las mujeres. Desde luego esto es así en los textos que aquí se traen a testificar. Así pues, el ideal de belleza es casi siempre femenino. Es, además, cambiante, a lo largo del tiempo; se adapta a uno u otro tipo de mujer. Pedro Mata sostiene que la belleza no se envidia, que casi todas las mujeres están satisfechas con el tipo que les ha tocado (Mata 30a:62). Es como el «sentido común», según Descartes, que todo el mundo está contento con el que tiene. Sólo que cada uno suele tratar de mejorar la suerte que le ha correspondido, tanto la belleza como la inteligencia.

La época que nos ocupa es testigo de un notable cambio de valores. En menos de una generación se pasa del ideal de belleza opulenta al opuesto de la mujer andrógina. Las revistas ilustradas a caballo entre los dos siglos permiten visualizar los dos ideales conflictivos. La línea recta acaba triunfando sobre la curva, la falda corta sobre el vestido largo. La silueta en forma de H acaba imponiéndose sobre la tradicional en forma de S. La lectura de las novelas permite registrar ese interesante cambio.

Las obras de Palacio Valdés suelen situar la acción a finales del siglo XIX, aunque algunas se escriban mucho después. Hay un positivo elogio de la gordura como manifestación de salud y belleza. Una mujer joven, que pasa una temporada en el campo, escribe a su padre con alegría que en un año ha engordado veintidós kilos (Palacio Valdés 31:219). El autor deja muy claro que el ideal de belleza en una mujer es la figura matronil y robusta (Palacio Valdés 18:210).

Un campesino acomodado de principios de siglo se queda extasiado ante una mujer de la ciudad. Esta es su descripción: «¡Cristo, qué mujer! Alta, gruesa, con el pecho muy alto, las caderas muy redondas, la garganta muy blanca» (Mata 13:41). Hay muchos testimonios sobre esta combinación ideal de redondeces y palideces. En este caso la belleza se presenta así: «Era de regular estatura y de formas redondas...; la tez veneciana, fina y mate, sin gota de sangre en las mejillas, como bañada por un halo de luz lunar» (Zamacois 23:185). En otra narración de la misma época se expresa este «ideal estético femenino», naturalmente para el gusto masculino: «una garrida moza, cuyo exuberante cuerpo, de opulento pecho y pomposas caderas, se balanceaba majestuoso al andar sobre sus firmes sustentáculos» (Acosta 20:23).

Poco a poco se va apreciando el cambio de ideal de belleza femenina. Primero, se siguen describiendo orondas matronas como símbolos de la mujer deseada, pero cada vez más como un atractivo para hombres vulgares. José Francés lo manifiesta así de modo irónico: «[era una mujer] gorda, muy gorda, con esa gordura vacuna y patronil que encandila a los españoles» (Francés 21b:12). Pasa luego a describir las mujeres que actúan en un café cantante: «Todas habían doblado los treinta y cinco años y todas tenían esas hinchazones monstruosas que enloquecen a los estudiantillos, a los cocheros y a los senadores» (Francés 21b:125). Hay que suponer que esas tres categorías profesionales lo son en sentido despectivo para el autor, por lo menos para esta cuestión de gustos.

El cambio se registra más abiertamente en una novela cuya acción se sitúa en 1912. La variación del gusto está en que los hombres dejan de admirar a las «mujeres-ánfora» (con caderas opulentas) para fijarse en las mujeres estilizadas (Mata 30a:32). Pasan muy pocos años y lo que a los jovencitos les gusta es la «silueta-tabla», es decir, las mujeres que aspiran a la línea recta (López de Haro 24:14). No hay más que repasar las estampas de *Blanco y Negro* para ver cómo va cuajando ese nuevo y sorprendente canon estético. Así se describe en otro texto el «nuevo tipo femenino de moda: alta, cimbreña, andrógina, de formas poco acentuadas, curvas desdibujadas, facciones graciosas, ojos procaces y movimientos felinos y afrodisiacos» (Acosta 20:229). Se impone lo que podríamos llamar estética modernista: «rostro exangüe, alargado y ambarino...; grandes ojos, hondos y tristes» (Hoyos y Vinent, s.f.:262).

Como es lógico, el criterio de belleza sirve para poder distinguir bien las clases sociales. De ahí que no baste el físico, lo que da la naturaleza, sino los cuidados posteriores, que exigen tiempo, dinero y sensibilidad. Todo eso se resume en el perfume. El olor del cuerpo es la certificación última de la belleza y de la clase social. Los ricos huelen bien y los pobres hieden (Pérez Lugín 28:303).

Los cánones de belleza obligan a que el tipo de mujer ideal sea cada vez más joven. Véase, por ejemplo, el retrato de una cupletista, que está ya «en el declinar de la vida». Es el momento en que se dobla «el peligroso cabo», tras del cual la belleza empieza a ser otoñal, más sentimental que sensual. La mujer acaba de cumplir los treinta años (Hoyos y Vinent 27:134).

La norma estética es tan estricta que no admite muchas desviaciones. Por ejemplo, se considera que una mujer puede parecer «hasta bonita, a pesar de tener el pelo rojo» (Baroja 04a:32). Más que otras reglas de estética, esta parece especialmente arbitraria.

Véase también:

ADULTEZ
ATUENDO
CUERPO
GORDURA
MODA
RELACIONES INTERPERSONALES

La mujer-ánfora, torneada, llenita, idealizada por nuestros abuelos. (Foto: Alfonso)

Burguesía

Los informadores llamados a testificar en esta historia son hombres de letras, por lo general provenientes de la vieja clase media (agricultores, comerciantes, profesionales, funcionarios). Tanto la filiación como el oficio determinan que la actitud sea crítica, o por lo menos, despegada, respecto de los inicios de la revolución industrial y burguesa en España. Ese proceso objetivo tiene lugar, a trancas y barrancas, desde mediados del siglo XIX hasta los primeros decenios del XX. No se va a completar hasta la última fase del franquismo.

La actitud de los novelistas ante el fenómeno de la industrialización burguesa es por lo menos ambivalente. Tómese el caso de Pío Baroja, vascongado, con vinculaciones familiares de pequeños empresarios, pero que se movió más bien en el ambiente de la bohemia literaria madrileña. Algunos de sus personajes entonan un canto a la industria: «el hierro es un metal honrado» (Baroja 00:216). Sin embargo, predomina el tono ácido para caracterizar a la pujante burguesía, tratada como «cursi, insignificante, hambrona, rapaz» (Baroja 31:285). Hay que introducir aquí el factor personal: el cascarrabias de don Pío no elogia a casi nadie.

La actitud despreciativa se ceba con la burguesía financiera, más especuladora que creadora. Una novela costumbrista de Díaz-Caneja describe la figura de un «ilustre financiero» que hereda una gran fortuna, con una «acreditada casa de banca» en Madrid. El rico heredero liquida los negocios y se dedica a «gozar de la vida con toda tranquilidad, administrando su fortuna». Es la actitud pasiva del rentista, del especulador, que al final consume más renta que la que produce. «Renunció, pues, al título de banquero y conservó el de experto financiero» (Díaz-Caneja 25:41).

El mundo financiero se puede ver también desde el espectáculo de las grandes organizaciones bancarias, que por entonces empezaban a serlo. El Banco de Bilbao se crea a mediados del siglo XIX y el resto de los grandes bancos se organizan a principios del XX. Otro escritor madrileñista retrata con dureza el ambiente laboral de uno de esos grandes centros financieros, seguramente el Banco Español de Crédito: «Tras las rejas, con la etiqueta correspondiente, veíanse tristes, callados, sometidos, a los empleados de Caja..., a los de Cuentas Corrientes, sujetos, por escaso sueldo, al deber prometaico [*sic*] de ajustar en cerradas columnas la riqueza de otros... Era aquello, encuadrado, manso y silencioso, un rebaño cuyo redil lo formaban el mostrador brillante y la reja con cristalería y letreros [que podrían ser nombres de animales]» (Mora 22:47).

El españolista vasco Aranaz Castellanos y el radical Blasco Ibáñez realizan la disección inmisericorde de la burguesía financiera bilbaína. Ambos describen muy bien el contraste entre el clima radiante de agio de lo que Vicens Vives llama la «fiebre del oro» con el subsiguiente desplome de las cotizaciones. Eran los últimos lustros del siglo XIX, el final del largo infortunio económico que supuso la última guerra carlista. La guerra de Cuba marca, en cambio, el inicio de un lapso esplendoroso desde el punto de vista económico. Esa bonanza se produce con altibajos y sobre todo con grandes contrastes entre los centros de decisión económica (Bilbao y Barcelona) y el resto. En realidad, la «fiebre del oro», en torno a 1888, se debe aplicar sólo a la burguesía bilbaína y a la barcelonesa (Vicens Vives 61:278-303). Hay una novela catalana con ese título.

El último decenio del siglo es efectivamente de oro para la burguesía de Bilbao. Se organizan bailes exclusivos para esas nuevas clases, enriquecidas con la exportación de mineral de hierro. Por ejemplo, el que tiene lugar en el balneario de Alzona, llamado precisamente *El Establecimiento* (Aranaz Castellanos 99:116). No deja de ser una expresiva adaptación de lo que iba a ser la burguesía más *establecida* y exclusiva. Este mismo autor describe, con extraordinario realismo, la «fiebre de negocios» que caracteriza la vida de Bilbao de los años finiseculares. El inicio fue el «capitalito» que habían ahorrado muchos indianos y que repatrían como consecuencia de la guerra de Cuba. Multiplican sus réditos con el nuevo negocio de las minas de hierro, a pie de puerto en Bilbao. «En pocos meses se hicieron fortunas enormes» (Aranaz Castellanos 01:133). Como expresión del dinero fácil, el autor relata el caso de un corredor que llegaba a sacar 25.000 pesetas al mes, es decir, el equivalente al jornal de un obrero especializado durante toda su vida. El corredor de comercio regala un abrigo de pieles a su mujer, que le cuesta 7.000 pesetas, una verdadera fortuna para los precios de entonces (p. 163).

Blasco Ibáñez nos pinta un ambiente parecido, de agio y corretajes, en torno a la Bolsa de Valencia hacia 1890. «Gracias a la Bolsa corría el dinero y había prosperidad, y un hombre podía emanciparse de la esclavitud del mostrador, haciéndose rico en cuatro días» (Blasco Ibáñez 95:121).

El novelista valenciano nos transmite el caso del enriquecimiento súbito que proporciona el negocio de la exportación de naranjas. Se trata de un negociante de Alcira que sabe comprar «con un solo golpe de vista la cosecha de huertas enteras», todo con dinero en efectivo. La excelente coyuntura europea le proporciona fabulosas ganancias (Blasco Ibáñez 00:182).

Casi todos los supuestos descritos de agio y especulación suponen la correspondiente merma repentina de las ganancias cuando cambian bruscamente los vientos de la coyuntura. Las novelas empiezan a registrar ese carácter cíclico de la economía. Una de ellas emplea la nueva expresión «crisis económica» para dar cuenta del contraste entre los boyantes negocios de los años de la guerra del 14 y la subsiguiente ruina (Araquistain 21:70).

Aunque el concepto no se había acuñado entonces, lo cierto es que operaban ya, desde los comienzos de la Restauración, las que hoy llamamos empresas multinacionales. Es decir, el enriquecimiento súbito de algunos españoles tenía mucho que ver con la próspera coyuntura de los grandes centros financieros internacionales. Concha Espina nos presenta un cuadro muy expresivo de una de esas compañías extranjeras que operaban en España, la Riotinto de Huelva. «Es dueña absoluta, sin término ni condición, de la tierra, de las fincas, del subsuelo, del monte, del aire, de la ley, de la libertad. Señora de vida y haciendas por virtud de este moderno feudalismo, son suyas con propiedad indiscutible las calles, las plazas, la iglesia, el cementerio, los edificios públicos, las vías de comunicación, y suyos moralmente, casi todos los organismos populares, representados por personas que disfrutan con privilegio escandaloso cargos del Estado y de la Compañía» (Espina 20:71). Era el modelo de la explotación colonial. La correspondiente burguesía rentista se encontraba en Londres.

Véase también:

BEBIDA
CLASES MEDIAS
DINERO
PRECIOS Y SALARIOS

Caciquismo

A lo largo de este texto va quedando claro que la ideología común a muchos de los autores considerados es la regeneracionista. El pontífice de esta secta fue el esforzado Joaquín Costa, quien acuñó la divisa «oligarquía y caciquismo». Se compendiaban en ella dos males entrelazados contra los que había que luchar.

Caciques hay en todas las regiones, pero sobresalen los gallegos, imprescindibles para entender la estructura social de Galicia. Francisco Camba describe un fantástico cacique cuasi feudal en una ignota comarca gallega y en un tiempo inconcreto. Es un tipo tan extremado y «literario» que difícilmente puede pasar por una representación de la realidad (Camba 26). Más realista es la figura del cacique que presenta Pérez Lugín en su obra póstuma *Arminda Moscoso.* La acción se desarrolla en una aldea, «Vilamoura», de no fácil identificación. Uno de los protagonistas es un cacique que «no se paraba en la política, sino que también intervenía en los demás órdenes de la vida de sus súbditos. Sin su permiso, allí ni se compraba, ni se vendía, ni casi, casi se casaba nadie» (Pérez Lugín 28:72). Es decir, el cacique no era sólo una figura oprobiosa, sino un necesario intermediario, sobre todo entre la aldea y el mundo exterior. Venía a suplir muchas veces al banquero, al notario, al funcionario. Una figura particularmente interesante es el cacique de Bergantiños, que organiza el aprovechamiento de los objetos que se pueden obtener de los naufragios de «la costa de la muerte» (Mas 28:161). El ambiente caciquil del pueblo asturiano, retratado por Pérez de Ayala en *Luz de domingo,* es más bien una amable farsa (Pérez de Ayala 16).

En algunos casos, por ejemplo, las narraciones consultadas nos dicen que el cacique consigna las exenciones del temido servicio militar (López de Haro 17:127). Incluso, en esa misma aldea gallega, el cacique, como demostración de su poder, consigue que los canteros paralicen una obra (p. 90).

Un lugareño de un pueblo extremeño sintetiza así el papel de don Pedro Luis *Jarrapellejos:* «el que lo hace to, el que pue to, el amo». Él es el que realiza las obras del pueblo. Los diputados son también hechura suya (Trigo 14:33).

Una función característica del cacique es la de prestar dinero a los demás vecinos, especialmente a los que trabajan sus tierras. Una novela perteneciente al género «social», *El rebaño hambriento en la tierra feraz,* retrata con toda crudeza el ambiente de miseria y explotación de la campiña sevillana. Quien la haya recorrido comprenderá lo justo del título, sobre todo en aquellos años de máximo crecimiento demográfico y de muy contenida emigración. Había realmente «hambre de tierra». Hay un cacique terrateniente que recibe, como renta *diaria,* la cantidad de 5.000 pesetas, es decir, lo que un jornalero podía ganar juntando el salario de muchos años. Parte de su negocio consistía en prestar dinero a esos jornaleros. Cobraba un interés que oscilaba entre el 40 y el 150 por 100 anual (Mas 35:33). Aunque la escena se sitúa en los años veinte, cuando ya se había desatado el muelle de la inflación, es evidente el carácter de inicua explotación que significaba esa acción. Quizá se atisbe por aquí la solución al enigma de por qué no emigraban los jornaleros andaluces: prácticamente eran adscritos a la gleba.

Ciges Aparicio, a través de una novela testimonial, como todas las suyas, describe un cacique usurero que «[sólo] presta dinero al 25 por 100. Como compensación, luego paga, rumboso, los gastos de la campaña electoral» (Ciges Aparicio 25:119).

La novela *¡Muera el señorito!* es una excelente crónica sobre la estructura caciquil de un pueblo manchego. Observa que los políticos suelen empezar como caciques de su comarca. «La estructura política de España es esa: suma de caudillos de pelantrines [= pequeños labradores] acaudillados por otros de su condición» (López de Haro 16:83). Los primeros eran los caciques y los segundos los diputados y jefes de partido. Obsérvese que, en español, la voz «partido» alude al partido político, al pretendiente amoroso y al partido judicial o comarca. Dice un personaje de la obra citada, un comerciante del poblachón manchego: «El señorito es el que en los pueblos se hace cacique, y se come el Ayuntamiento; [se hace] abogao, y se come el sudor de los pleiteantes, y en Madriz se hace del Gobierno, y se come ¡la Biblia!» (p. 85). De ahí el expresivo título de la novela.

La figura del cacique andaluz queda retratada magistralmente por Pío Baroja. No es tanto el intermediario (que sería más bien el caso gallego) como el señorito despótico. Presta dinero a los otros agricultores hasta que se queda con sus tierras por los réditos impagados. «Antes, en la época de la Monarquía, cuando algunos muchachos de las familias pobres del pueblo entraban a robar bellotas o a coger leña, mandaba darles terribles palizas y a algunos les afeitaban la mitad de la cabeza, o con una máquina de cortar el pelo ordenaba que les hicieran dos rayas formando una cruz en la coronilla, o que les afeitaran las cejas» (Baroja 32:171). Para todos estos infamantes menesteres el cacique disponía de la Guardia Civil, cuya misión primordial era «el cuidar de su propiedad» (p. 173). Se entiende el tópico lorquiano del desprecio popular de los andaluces por la Guardia Civil.

No todos los escritores manifiestan una visión tan negativa del fenómeno del caciquismo. *Azorín,* por ejemplo, es mucho más comprensivo. Admitía que el cacique «detentaba el poder para favorecer intereses particulares», pero al tiempo actuaba como conciliador de esos mismos intereses (Martínez Ruiz 02:39). Hoy diríamos, con esa misma mirada comprensiva, que el caciquismo era la natural excrecencia de un Estado débil.

Hay que entender la institución espontánea del caciquismo como el coste de desplazar el conflicto superior que hubiera desembocado en más guerras civiles. Sea cual sea la interpretación que quiera darse a este fenómeno, el hecho es que constituye un elemento fundamental para definir la sociedad de nuestros abuelos.

Véase también:

AMISTAD
CAMPESINOS
ELECCIONES
OLIGARQUÍA
USURA

Cafés

Uno de los exponentes más visibles de una sociedad volcada hacia el exterior, que cultiva la apariencia, es el café, como local de reunión. La institución era común a todas las ciudades españolas, pero sobre todo caracterizaba a Madrid. La capital admitía a una gran cantidad de funcionarios, estudiantes, rentistas, artistas, y otras personas con escasas obligaciones. A ellas se añadía la población flotante que acudía a Madrid para resolver mil asuntos, desde pasar unas oposiciones a solicitar alguna prebenda política. El café era el lugar ideal para toda esa gente, un tanto desarraigada de obligaciones familiares.

Señala un testigo de principios de siglo que el café cumple la función de poder reunir a personas que nunca se visitarían en sus respectivos domicilios, por ser de distinta posición social o por pertenecer a partidos políticos encontrados (Martínez Baselga 03:233). Había otra razón oculta: las viviendas solían ser muy incómodas.

Son muchos los escritores que mantenían regulares tertulias en los cafés. De todos ellos, es quizá Ramón Gómez de la Serna quien haya cultivado más el género, con su famosa tertulia de la cripta de Pombo. La tertulia de Pombo se celebraba los sábados por la noche, oficiada por la extravagante personalidad de Ramón Gómez de la Serna. Él mismo razona que «en los cafés se escabulle y se oculta uno un rato al Destino, injusto y precario, que nos persigue en nuestra casa y en nuestra calle» (Gómez de la Serna 14:11).

No hay que llegar a esa excelsitud de los cafés donde se celebraban las tertulias de los escritores más conocidos. Existía también en Madrid el humilde café de barrio. Contaba con una clientela fija. Acudían todos los días y cada uno se sentaba en «su» mesa. Formaban una especie de ruidosa tertulia familiar y continua. Se aprovechaba el rato para entretener el estómago. A veces había un pianista a quien se le pedía familiarmente que tocara determinadas piezas (Díaz-Caneja 18:173).

Los cafés madrileños se llenaban sobre todo los domingos, que era el día reservado especialmente para salir de casa. Los cafés se estratificaban por barrios. Cerca de la Puerta del Sol estaban los locales para la clase media, escritores, periodistas, funcionarios y artistas. Sólo en la Puerta del Sol, en 1910, había siete cafés (Montoliú 94:107). A medida que el círculo urbano se alejaba de ese centro, los cafés eran cada vez más «plebeyos y ruidosos» (Insúa 12:93). En esos cafés de barrio predominaban los «comerciantes y menestrales». Casi todos los parroquianos vestían de oscuro. Los niños, de todas las edades, lo revolvían todo y correteaban entre las mesas (p. 93). A estos cafés más populares y domingueros se iba muchas veces en pareja: «El señorito bien vestido con la modistilla maja y coquetona; el hortera, de bigotes retorcidos y elegancia de bazar, con la criada de servir; el tipo atorerado con la chula de mirar insolente; el tratante de ganados, en granos o en verduras, con la jamona. [En definitiva] toda la fauna del amor dominguero... Todo con el mayor estrépito posible de bandejas, de vidrio y [de] cucharillas» (p. 94).

Frente al espectáculo del café de barrio, Insúa describe también los cafés políticos, situados en torno a la Puerta del Sol. «Eran el punto de cita de los intelectuales que estaban preparando la revolución política, de los que se consagraban a la revolución literaria, y de una serie de mujeres nuevas, que habían emprendido la revolución sexual: eran las defensoras en España del tercer sexo» (Insúa 32:91). La escena pertenece a los años veinte. Como puede verse, ha cambiado la indumentaria: «En invierno se veían algunas capas, pero jamás una chistera y casi nunca unas barbas. [Para los hombres] abrigos y sombreros, faces rasuradas y bigotes mochos. Mucho pelo adherido al cráneo, engomado, reluciente. Y numerosas calvas. Una ilustre, de apariciones rápidas e intermitentes en el firmamento del café: la de un filósofo [Ortega y Gasset] que observaba la clepsidra del régimen monárquico, esperando las últimas gotas —las últimas horas— para poner su prosa y su oratoria al servicio de la República» (p. 92). La última frase es larguísima, pero muy expresiva. Los cafés eran el lugar para que sentaran cátedra los filósofos, los escritores, los artistas, los toreros. En los cafés se trataban negocios, se conspiraba, se realizaban las comidas del día, se difundían chismes, se leían poemas, se contrataban trabajos, se cortejaba, se bebía.

Véase también:

BEBIDA
COMIDA
OCIOS
TERTULIA

Campesinos

Durante todo el período de la Restauración, la mayor parte de la sociedad española era campesina. A su vez, la mayoría de los campesinos eran jornaleros. No hay que olvidar este dato fundamental.

A través de las novelas se vislumbra una ambivalente interpretación de la vida rural. La corriente inicial, romántica, es la que procede de Juan Valera, José María Pereda y Armando Palacio Valdés, entre otros. Parte de imaginar una sociedad campesina idílica, feliz, o por lo menos integrada. La generación que les sucede es sumamente crítica y desmitificadora. Para los autores de la *novela desgarrada* el mundo rural es pestilente, mísero y odioso. Un escritor como Felipe Trigo —que ejerció de médico rural durante unos pocos años— tiene testimonios suficientes para documentar ambas posiciones. En su novela *Sí sé por qué* pinta, con tonos líricos, un ambiente rural bucólico, en el que la Naturaleza significa todo lo bueno y armonioso (Trigo 16a:229-238). En cambio, *El médico rural,* que es más una novela autobiográfica, describe una aldea extremeña mugrienta y hostil. La miseria era tal que ni las ventanas tenían cristales (Trigo 12:24-35). Un autor costumbrista aragonés describe esta misma impresión. Se trata de la casa de un rico propietario rural, pero que vive de forma modestísima. Tanto es así que, en lugar de cristales, las ventanas tenían lienzos blancos encerados (López Allué 00:38). Se trata de un pueblo de Huesca. Hay que imaginar el invierno de esos pueblos.

Las dos interpretaciones de la vida campesina oscilan mucho según sea uno u otro autor. Se idealiza cuando se escribe desde la ciudad, con la nostalgia del recuerdo. La interpretación realista y desmitificadora se produce cuando el autor vive la experiencia que describe. Pedro Mata, periodista eminentemente urbano, escribe una novela, *Un grito en la noche,* donde se subliman las relaciones sociales de un pueblo manchego (Mata 18:452). La posición contraria es la que adopta Pío Baroja en *El árbol de la ciencia,* donde figura también un pueblo manchego. Esta es la amarga observación del médico, un *alter ego* del autor: «El pueblo no tenía el menor sentido social; las familias se metían en sus casas, como los trogloditas en sus cuevas. No había solidaridad» (Baroja 11:221).

Cuando se escribe sobre la miseria material y moral de las clases campesinas, no se piensa sólo en los jornaleros. También la vida de los labradores era bastante dura. Esta es la descripción que hace un médico de principios de siglo respecto del modo de vida del «labrador rico»: «Se levanta en invierno de noche, se viste con unas ropas malas como un mendigo, y con un palo en la mano para dirigir, comienza a despertar a todos... Va cargado de llaves como un carcelero, y no puede suceder de otro modo; está rodeado de hambrientos...; las muchachas sacan, en presencia del amo, las cantidades de alimentos necesarios...; se cierra y las llaves al cinto» (Martínez Baselga 03:39). Por eso las casas de los propietarios tenían «ama de llaves», porque la alacena y la despensa se guardaban con candado. No es sólo la miseria material. La vida campesina era fundamentalmente envidia, rencor, venganza. La novela citada de López Allué sobre un pueblo del Somontano aragonés, a finales del siglo pasado, narra la rivalidad de dos familias propietarias. Una de ellas representa la familia hidalga tradicional y la otra la de los nuevos ricos. Ambas pugnan por ver quién va a salir más favorecida del reparto municipal del «impuesto de consumos». La rivalidad se transforma en envidia, y esta en odio y violencia. La familia tradicional tiene que hipotecar las fincas para pagar las costas de los interminables litigios. Antes que tener que vender las fincas, las pierden. El ambiente social no puede ser más enrarecido (López Allué 00).

La reacción de arruinarse antes que vender las tierras se cuenta en otras novelas. Este es el caso del terrateniente de Úbeda, que se mete «en el embrollo de las usuras, con sus complicados intereses, con su difícil administración y con sus despojos». Pero se resiste a vender porque los del pueblo hablarían de su ruina. El decoro le impide desprenderse de algunas fincas y al final se arruina del todo (Aguilar Catena 24:60).

Si miserable es la vida de los propietarios agrícolas, hay que suponer lo que sería a principios de siglo la situación de los jornaleros. Así los describe la novela del Somontano, antes citada: «Jóvenes en su mayoría, andaban con cierto desgarbo y dejadez en los movimientos, y algo encorvados, a causa de la violenta posición... durante catorce o dieciséis horas diarias [de siega]. Carecían de tejido adiposo, eran todo huesos y nervios. La deficiente alimentación y el exceso de trabajo les había fosilizado en vida» (López Allué 00:44).

Como es natural, la mayor parte de los jornaleros eran analfabetos. Unos pocos dirigentes anarquistas leían por los demás. Los cortijeros de Jerez de la Frontera recuerdan que el amo «les había prohibido severamente que leyeran periódicos» (Blasco Ibáñez 05:173).

Es típica la imagen de los jornaleros andaluces, que esperan de pie, en la plaza del pueblo, a que alguien les contrate. Juan Aguilar Catena escribe *Nuestro amigo Juan* en 1924. Es una original novela picaresca de un jornalero de Úbeda que pasa por numerosas posiciones como criado. Esta es la descripción exacta de la escena de los jornaleros en la plaza: «Grupos de obreros la ocupaban. El tema general era la falta de trabajo. Quién se dolía del egoísmo de los ricos... Quién, indignado o con mayor agobio, profería terribles imprecaciones...; los más callaban. Sus semblantes contraídos daban la sensación de amenaza cuando no había más que dolor» (Aguilar Catena 24:30).

Se comprende que los jornaleros desesperados vieran con esperanza la utopía anarquista. Pío Baroja describe varios personajes que predican ese ideal. En *Aurora Roja* un soñador anarquista imagina que, con la electricidad, ya no será necesario apiñarse en pueblos y ciudades. Habrá asentamientos de «diez o doce familias que se quieren, que se conocen, formando una especie de clan en medio del campo y comunicados por tranvías y ferrocarriles con otros clanes» (Baroja 04b:133). Esta misma obsesión de la dispersión de la población por el campo aparece en *El cura de Monleón.* Hay un viejo «cashero» para quien los caseríos todavía están demasiado próximos unos a otros (Baroja 36:111).

No hay que decir que todas esas utopías, efectivamente, no encontraron lugar ni tiempo. Antes bien, lo que se produjo es el doble proceso de una ulterior concentración de la población y de un acelerado éxodo rural. Pero esas son otras historias.

Véase también:

ANARQUISMO
CACIQUISMO
CONFLICTOS
ÉXODO RURAL
INDIANOS

Caracteres regionales

Una de las creencias más populares es que, por el hecho de nacer y crecer en un país o región, uno tiende a reunir ciertos rasgos permanentes y distintivos de carácter o de modo de ser. El etnólogo Julio Caro Baroja ha sido uno de los más destacados debeladores de esa teoría de los caracteres nacionales o regionales. Se trataría sólo de un mito, una posición pasional y hasta una manía. «En suma, el del carácter nacional es un mito amenazador y peligroso... para hacer hablar mucho y mal a gentes concejiles» (Caro Baroja 70:112).

No es lugar para resumir la prolífica literatura que existe sobre el asunto. Interesa sólo aquí el testimonio de los novelistas investigados. Curiosamente es Pío Baroja —admirado tío del etnólogo— uno de los más apasionados defensores de la teoría (o manía) de los caracteres nacionales. Naturalmente la proyecta sobre un intelectual anarquista, pero se trata de un *alter ego* de don Pío cuando joven. Dice así: «No somos hijos de la tierra: somos la misma tierra que siente y piensa. Se cambia el terreno de un país, y cambian los hombres en seguida. Si fuera posible poner Madrid al nivel del mar, al cabo de cincuenta años los madrileños discurrirían de otra manera» (Baroja 04b:131). El determinismo geográfico es claramente exagerado. Ahora bien, la creencia básica de que «los españoles son así o de la otra forma» por virtud del territorio es una creencia que comparten muchos autores. No es extraño, pues, que se asocie muchas veces a las novelas estudiadas. Seleccionaremos algunos estereotipos más comunes, aplicables a ciertos caracteres regionales. Realmente la asignación de un carácter regional no es más que la proyección ideológica del sujeto que emite ese juicio. Normalmente suele ser un *alter ego* del autor.

El estereotipo sobre el catalán que tienen los otros españoles es, las más de las veces, sobre el *viajante* catalán. Suele verse como especialmente petulante (Baroja 11:202). Otro arquetipo catalán es el fabricante. A uno de ellos se le describe así: «Era, como la mayoría de los catalanes ricos que no pertenecen a la aristocracia, oportunista. ¿Monarquía? ¿República? Cataluña y Arancel» (Bueno 35:316). La frase es un remedo de un famoso discurso de Cambó en 1918, que terminaba con la famosa dicotomía: «¿República? ¿Monarquía? ¡Cataluña!» Manuel Bueno cuenta la pequeña «historia» de las relaciones entre Cambó y Lerroux, con nombres figurados, pero claramente identificables. Cambó era un «político sagaz, frío y habituado a servirse de los hombres y de las circunstancias, sin escrúpulos...; era un judío español, inteligentísimo, de flexible y sinuoso carácter y una de las conciencias más sucias de la época». La prueba de esta asignación de carácter es que Cambó «compra literalmente a Lerroux, teóricamente su enemigo» (Bueno 36:272). Conviene recordar que Cambó pasaba oficialmente por ser un santón, un mártir de la causa nacionalista catalana.

A veces el estereotipo sobre los catalanes se maneja al revés, lo que ellos piensan de sí mismos. Es otra forma de esconder el prejuicio anticatalán, tan extendido por todas partes. Este es el modo de razonar de un catalán residente en Andalucía: «¡Los de arriba del Ebro valemos más: somos el *cervell* de España; Castilla, el *ventre;* y esto —esto era Andalucía— las *pates»* (Mora 24:119).

Si los catalanes generan animadversión, los valencianos no reciben mejor trato fuera de su región. *Azorín* relata que «en Yecla cae una nube de prestamistas valencianos. El valencianismo tiene algo de judío; es sigiloso, flexible, astuto en trueques y contratos» (Martínez Ruiz 02:229). Un apelativo despectivo para los valencianos es el de *chuferos* (Francés 15:166). Manuel Bueno los considera exuberantes, fogosos, temperamentales, pero con «un instinto para ir a lo positivo...; con la falta de escrúpulos de los piratas, se hacen respetar y temer por su astucia» (Bueno 36:166).

Otro estereotipo que genera recelos es el que se refiere a los gallegos. Incluso en una novela de Palacio Valdés, «gallego» aparece como insulto (Palacio Valdés 96:30). El autor de *La casa de la Troya,* novela popularísima, él mismo coruñés, realiza un penetrante estudio caracteriológico de los «paisaniños» gallegos. Merece la cita por extenso: «Gente sutil, que tiene la astucia metida en el cuerpo; de caminar lento y tortuoso, pero seguro; engreídos cuando les conviene, cuando no, arrastrándose. Y siempre adelante. No se alteran por nada, ni se incomodan, ni se quejan, ni retroceden. Sonríen siempre, ¡cuitadiños!, y van a lo suyo derechitos, por el camino real o por la corredoira escondida. Son invulnerables. Sólo se les puede vencer con sus mismas armas: paciencia, habilidad y mala intención» (Pérez Lugín 15:234). El mismo autor aporta un sutil detalle para remachar lo que tiene el gallego de desconfiado. Es el hecho de que los gallegos en Madrid, cuando acuden a la estación a tomar el correo para Galicia, llegan con mucho tiempo por delante (Pérez Lugín 28:47).

Como puede verse, esta colección de estereotipos regionales se redacta de forma despectiva o por lo menos cautelosa. Se podría completar con lo que se piensa sobre los andaluces, los castellanos, los vascos y los españoles en general. Son afirmaciones que no admiten la prueba de los hechos. No queda claro el grado de generalización de estas observaciones y si estas son independientes de las circunstancias de lugar y tiempo. Es muy discutible que esos estereotipos sean ciertos, en el sentido de que puedan contrastarse con la realidad. Pero lo que suele ser real es el estereotipo mismo, por lo menos hasta el punto de que resulta ampliamente compartido.

Un hecho cierto de la vida de las grandes ciudades, durante el período considerado, es que determinados oficios o gremios se reclutan con preferencia de algunos orígenes regionales. El transporte de Madrid se reserva a los leoneses (maragatos), los serenos son asturianos o gallegos, las amas de cría proceden de la Montaña santanderina. Es lógico que, a partir de aquí, se formen los estereotipos.

Véase también:

ANDALUCES
CASTELLANOS
ESPAÑOLES
PREJUICIOS ÉTNICOS
VASCOS

El mercado era el encuentro de la ciudad con el campo, cada uno con su tocado y su atuendo. (Foto: Archivo Espasa Calpe)

Castellanos

He aquí, por excepción, un estereotipo regional que produce tantos plácemes como vituperios. Decididamente los castellanos tienen, lo que suele decirse, buena prensa en la república de las letras. Al menos esto es así en comparación con otros grupos regionales. Pocos novelistas son propiamente castellanos, pero los intelectuales de la Restauración (no sólo los del 98) dieron por extasiarse ante Castilla, por enamorarse de ella.

Zamacois traza un completo estudio caracterológico del campesino castellano. Anotemos los rasgos primitivos: «madrugador, austero, reconcentrado». Hay otros más críticos, como «el mutismo, la contención, la falta de expresividad». Está, como resumen, «la dureza del carácter castellano», su «silueta estrafalaria» (Zamacois 27).

El enamorado de Castilla es *Azorín,* pero más del paisaje y de los pueblos que de los hombres. Anota «el carácter duro, feroz, inflexible, sin ternura, sin superior comprensión de la vida, del pueblo castellano» (Martínez Ruiz 02:250).

La dureza del carácter castellano se percibe a través de otros testimonios. «Los castellanos son reservados y socarrones. En los pueblos castellanos había que enterarse de las cosas sin preguntarlas» (Mas 21a:211). Quiere decir esta observación que, a las preguntas del forastero, no se daban respuestas. Es una típica reacción del hombre rural; su desconfianza es la mayor defensa. Ante este y otros juicios, cabe preguntarse si los rasgos del presunto carácter castellano no se pueden atribuir mejor a las duras condiciones de la vida rural. El realismo es la otra cara de la desconfianza. «Aunque parezca retraído y apático, el hombre de la meseta suele vivir bien avenido con lo real» (Bueno 36:264). A pesar de su ruralismo, los castellanos se distinguen por su disposición a ir a la escuela. Un personaje de *Troteras y danzaderas,* de Ramón Pérez de Ayala, se sorprende de encontrar una chica vallisoletana que pasa por analfabeta. «¿Cuándo se ha visto eso en Valladolid?» (Pérez de Ayala 12:264). Téngase en cuenta que la observación se sitúa a primeros de siglo, cuando la mayor parte de los españoles adultos eran analfabetos.

El ruralismo y la combinación de más cultura que riqueza han hecho que los castellanos hayan accedido mal a las actividades mercantiles. Lo dice así otro personaje de Pérez de Ayala: «Los castellanos no servimos para las grandes empresas, de agio, aventura y mucho capital. Lo primero, porque somos demasiado honrados, si en honradez cabe demasía. Lo segundo, porque lo único que nos da miedo es la responsabilidad» (Pérez de Ayala 23a:131).

Puestos a fantasear sobre el carácter regional, se llegan a hacer incursiones en la presunta ciencia fisiognómica. Así, una narración de Zamacois contiene la extravagante observación de que los castellanos se distinguen por «el labio inferior adelantado, en un gesto de conformidad y desprecio» (Zamacois 27:20). El dato está fuera de toda comprobación empírica. En cambio, sí se podría certificar que la estatura de los castellanos es algo más baja que la de los vascos o los gallegos. Bien es verdad también que esa diferencia (debida a la herencia, pero también a la alimentación) era mucho más amplia a fines del siglo XIX que ahora mismo. Ni siquiera un rasgo físico tan característico puede considerarse como permanente.

Véase también:

ANDALUCES
CARACTERES REGIONALES
ESPAÑOLES
VASCOS

Ciudades

Por cualquier lado que se mire, la España de hace un siglo era eminentemente rural. No es sólo que la mayor parte de la población se dedicara a las faenas agrarias o de pesca, sino que el modo de vida rural era el predominante. Incluso los habitantes de lo que se podían llamar *grandes ciudades* seguía un ritmo de vida que no distaba mucho del que caracterizaba a los campesinos. Por otra parte, una nutrida representación de las clases agrarias se aposentaba en las ciudades; vivían de las rentas del campo. Los grandes pueblos andaluces y extremeños tenían la planta urbana, pero la mayor parte de sus habitantes eran jornaleros. Los obreros de las escasas zonas industriales del país solían atender algún pedazo de tierra.

Y, sin embargo, esta ruralización general de la vida contrastaba con el núcleo de unas clases medias urbanas muy características. Eran más bien *viejas* clases medias, en la medida en que dependían de los destinos públicos, las profesiones, el comercio. La *nueva* clase media, generada por la industria, apenas despuntaba en Barcelona, Bilbao, Madrid y muy pocos centros más.

El mapa que incluimos en la introducción sitúa poco más de una docena de localidades, por lo general ciudades medias, a las que se refieren algunas novelas con nombres imaginarios. Habría que añadir el mapa de las ciudades y los pueblos reales donde los novelistas sitúan a sus personajes. No formarían una muestra representativa de todos los municipios españoles. Desde luego, aparecería sobrerrepresentado Madrid y también algunas capitales de provincia. Barcelona no recibe muchas alusiones. La razón de estos sesgos es que los novelistas proceden de los ambientes de la vieja clase media provinciana. Muchos de ellos se trasladan de ciudad y acaban por avecindarse en Madrid. La «villa y corte» se convierte en la pequeña república de las letras. Es, además, la sede de la aristocracia y el lugar central de las luchas políticas. Se comprenderá que Madrid sea el escenario preferido para tantos argumentos novelados.

Ya hablaremos más adelante de la vida madrileña. Demos un repaso a algunos rasgos de lo que podríamos llamar vida provinciana. Después de todo, esta es la España más real, menos *literaria,* en su más superficial sentido.

Emilia Pardo Bazán describe con precisión naturalista el discurrir de la vida de *Marineda* hacia 1880. Es uno de los primeros relatos de las mujeres obreras, las «cigarreras» de la Fábrica de Tabacos. Parece que estamos viendo un documental cinematográfico: «el bureo matinal de una población que tiene doce o catorce periódicos, seis u ocho fábricas entre grandes y chicas, Audiencia, Capitanía General, Colegiata, Instituto [de Enseñanza Media], puerto, movimiento aduanero» (Pardo Bazán 91:141). Es fácil imaginar la ciudad de La Coruña, que entonces no debía de sobrepasar las 35.000 almas. Aun así, superaba el censo de bastantes capitales.

Una ciudad, también puerto de mar, era Almería, en el otro extremo de la Península. La describe con donaire José María de Acosta, un ingeniero militar, discípulo de Francisco Villaespesa. Llama a su ciudad *Alcoria* y así nos pinta el ritmo sosegado que podía tener a principios de siglo, cuando su censo no pasaba de los 50.000 habitantes: «La vida alcoriense era una pausada, tediosa e interminable procesión de horas monorrítmicas; sin una modulación descompensada, sin un sacudimiento extemporáneo, sin una variación, sin una sensación no gustada, sin una novedad, sin un sobresalto, sin nada, en fin, que se saliese de lo trillado, normal y previsto... [Era] el isocronismo perfecto del vivir provinciano» (Acosta 20:90). La descripción recuerda la que, con magistral síntesis, expresa *Clarín* a través del famoso comienzo de *La Regenta:* «La heroica ciudad dormía la siesta» (Alas 84:7). Sorprenderá quizá el epíteto de *heroica* aplicado a una ciudad, que después de todo, es un conjunto de edificios, un censo de habitantes. Es algo muy común, expresión de una idea más general que personaliza la ciudad, como si fuera la encarnación de sus habitantes. Esta *urbelatría* llega a extremos risibles. La ciudad de Zaragoza oficialmente se ve así tratada: «muy noble, muy leal, muy heroica, siempre heroica, muy benéfica e inmortal». No se olvide que los ayuntamientos españoles se asignan a sí mismos el tratamiento de «excelentísimos», entre otros superlativos. El idioma castellano utiliza la misma voz, *pueblo,* tanto para el *lugar* correspondiente como para el conjunto de sus *habitantes.* Todo es parte de esa misma intuición cultural que transfiere al municipio la cualidad humana.

Es imposible sintetizar en unos párrafos toda la riqueza de las descripciones urbanas que aporta el género novelístico. Es evidente que Madrid no sería tal sin los cuadros literarios de un Galdós. Lo mismo se podría decir de Oviedo (*Vetusta),* inmortalizada por *Clarín.* La lista se podría ampliar a la Yecla de *Azorín,* la Sevilla de José Mas, el Bilbao de Aranaz Castellanos, la Orihuela *(Oleza)* de Miró. La relación sería interminable. No hay texto de sociología urbana que pueda mejorar la descripción que hacen las novelas de los ambientes de esas ciudades.

Acosta pinta un excelente paisaje urbano del barrio almeriense de La Chanca, aunque no lo cita por ese nombre. (Ya en nuestro tiempo se haría famoso a través de una novela de Juan Goytisolo.) Es un buen ejemplo del ritmo de vida rural que caracterizaba a ese suburbio de pescadores. La vida se hace en la calle, donde los niños juegan a la rayuela. No hay lugar para corrales, pero se tienen gallinas en jaulas. «No debe de haber notables diferencias entre estos aledaños de nuestras ciudades populares y los aduares rifeños.» El cronista anota que las casas están limpias, aunque las calles sean muladares. Este contraste, en cambio, no se percibe en los míseros barrios bajos de Madrid, donde «el tranco de la puerta no pone fronteras a la suciedad exterior» (Acosta 20a:83).

Si lo rural es lo impasible, la detención del tiempo, esta sensación se aplica a otras ciudades medias. Veamos la descripción que hace de *Negrales de Guadalcacir* (Medina del Campo) Eduardo Zamacois: «Actualmente su alma, recogida, callada y hermética, es netamente castellana, y sus casas amarillentas, de fachadas impenetrables, y sus callejas torcidas, ungidas de silencio, le dan una expresión análoga a la de esos viejos en cuyos semblantes rugosos, descoloridos y fatigados por la vida, la atención más zahorí no leería nada» (Zamacois 25a:6). La otrora floreciente ciudad castellana, aunque nudo de comunicaciones, no contaba a principios de siglo más allá de 6.000 habitantes.

No todo era tan sosegado como revelan esas descripciones de las ciudades preindustriales. El primer tercio de siglo supone un formidable salto en el ritmo de urbanización. No sólo destacan lo que se llama «grandes urbes» (Madrid y Barcelona), sino que se hacen notar algunos otros núcleos fabriles. Por ejemplo, los pueblos vascongados, conmovidos por una vertiginosa erupción de fábricas. A este tipo corresponde la estupenda pintura de *Monleón* (Mondragón), hacia 1930, que sintetiza así Pío Baroja: «Pueblo alegre y sensual, vivía bien; tenía más de mil obreros empleados en las fábricas; la burguesía gozaba de grandes comodidades; había un hermoso cine cerca de la plaza, casas ricas y lujosas, muchos automóviles, altos empleados e ingenieros con sueldo de ministro» (Baroja 36:83). Era ya la *nueva* clase media.

Lo que se llama «el Norte», claro está, era otra cosa. Incluso cabe apreciar sutiles diferencias. Por ejemplo, las que contrastan el bullicio del veraneo de San Sebastián con el más austero de Santander (Mata 26:21). La oposición fundamental sigue estando entre el bullir de las ciudades costeras y el paisaje monótono de los pueblos del interior. «En Castilla se tiene la idea de la Tierra como plana», frente a los vecinos de las ciudades marítimas, que ya saben que la Tierra es redonda (López de Haro 16:23). Aún más mísero es el paisaje de los poblachones manchegos (p. 23).

No sólo es austera la vida de las ciudades medias castellanas. A finales del siglo XIX, la vida en *Oleza* (Orihuela) correspondía a la de un burgo levítico, más cercano a la Edad Media que a lo que hoy representa (Miró 21).

Véase también:

BURGUESÍA
MADRID

La gran ciudad empieza a mostrar un tránsito respetable. Conviven caballos y tranvías eléctricos. (Foto: Archivo Espasa Calpe)

Clases medias

Todo este libro respira las vicisitudes de la clase media. Su representación estadística era reducida en la época de nuestros abuelos. Realmente se trataba de una sociedad campesina. El campo, a su vez, respondía a una mayoría de jornaleros. Sin embargo, las clases medias eran las protagonistas del acontecer social. Eran las clases contribuyentes, la cantera que proveía al Estado de funcionarios y de políticos. Los novelistas pertenecen, por lo general, a esas clases. Por eso mismo las retratan tan bien. Galdós es el maestro del género. Anotemos algunas pinceladas de sus contemporáneos y sucesores.

Habría que distinguir, primero, las clases medias de Madrid y las de «provincias». En Madrid los estratos medios tienen que convivir con la aristocracia, con la sociedad verdaderamente encumbrada y ociosa. De ahí que la clase media madrileña aparezca relativamente empobrecida y hasta proletarizada. En cambio, en «provincias» (llamábanse así las capitales pequeñas), los elementos descollantes de las clases medias puede considerarse que forman la alta sociedad local. Esta es la nómina de esas clases para La Coruña de principios de siglo: «títulos arruinados y tenderos enriquecidos, catedráticos de Instituto, magistrados, agentes de negocios, militares, marinos y *cubanos* presuntuosos» (Insúa 11:34). Los «cubanos» eran, naturalmente, los emigrantes retornados.

Una novela regeneracionista de López de Haro, titulada expresivamente *¡Muera el señorito!,* nos revela muy bien el carácter hipertrofiado de las capas medias funcionariales, ociosas y no productivas: «En España los más aptos no producen, consumen y destruyen. La burocracia y la política distraen una cantidad de aptitudes y de energía que aterra. España tiene más de la mitad de su suelo útil sin cultivar y más de la mitad de sus cerebros sin aprovechar» (López de Haro 16:182). En otro lugar se pasa lista a la nómina de esas clases parasitarias, a través de los vecinos que coinciden en una casa madrileña. «Un apoderado de clases pasivas», que cobraba un tanto por ciento de las pagas y pensiones que tramitaba. «Un camarero de café», que prestaba dinero a los señoritos. «Un empleado del

Ayuntamiento encargado de la inspección urbana de los letreros de las calles... Un cajero de una academia-billar... Unas chicas, camareras de una cervecería... Un vendedor de décimos de lotería por participaciones... Un ordenanza, una peinadora, un sacristán, escribientes, policías, trujimanes.» Concluye, desolado, el autor después de esta abigarrada lista: «[la casa] no la habitaba ningún hombre positivamente útil a la sociedad» (López de Haro 16:161). Los regeneracionistas partían de la ingenua noción de que los servicios no eran productivos. ¿Tampoco los escritores?

Para una señora de la clase media de Valencia, «la sociedad estaba dividida en dos castas: los que van a pie y los que [como ella misma] gastan carruaje» (Blasco Ibáñez 95:57). Esa clasificación da pie al autor para titular su celebérrima novela como *Arroz y tartana.* Esta era la consigna para aparentar que uno se consideraba de la clase media: si comía bien y si paseaba en tartana. El dicho popular era: «Arrós y tartana,/casaca á la móda/ ¡y róde la bola/a la valensiana!» (p. 103).

Las clases medias eran las del «quiero y no puedo». Así aparecen en numerosos textos. La idea es que aparentaban más de lo que tenían. En Málaga, a los de esa clase media pretenciosa los llamaban «de *chupa y tira,* por alusión a las almejas» (González Anaya 21:39). Hay que suponer que las almejas eran un plato caro y poco sustancioso.

Como tienen que aparentar, las familias de clase media utilizan la ropa vieja de unos para vestir a los otros. «Los ternos y prendas de uso interior que el mozalbete, mucho más alto que su padre, desechaba, doña Paquita [la madre] vestía a don Moisés [el padre]. Nadie como ella sabía zurcir un siete, ni ensanchar un pantalón, ni volver una americana del revés, ni borrar una mancha. Su mirada perspicaz no hallaba nunca calzoncillo que no mereciese un remiendo, ni corbata demasiado rica...; los chalecos de Juanito con el aditamento de unas mangas de otro color, se convertían para ella en chaquetilla que usaba dentro de casa; los forros de los gabanes, en blusas» (Zamacois 33:178). En un texto anterior, este mismo autor define la sociedad mesocrática madrileña con la nota de morigeración: «Compra dos trajes al año y se muda de ropa interior los domingos» (Zamacois 02:22).

La clase media es naturalmente ahorradora porque sabe que puede salir adelante. Es «la única que no se conforma con lo que tiene» (Belda 10:191). Las biografías de muchos autores considerados abundan en esa mezcla de padecimientos y de espíritu de superación (Martínez Sierra 52:78). Los síntomas de recuperación económica de esas capas intermedias eran algunos que hoy no parecerían tales: abrir una cuenta corriente o comprar papel del Estado (Francés 11:56). Eran decisiones que, para los usos de una sociedad campesina, podían significar incluso aburguesamiento.

No siempre el medro de las clases medias significa definitiva prosperidad. *Azorín* cuenta el caso de los agricultores de Yecla. A mediados del siglo XIX, esa clase dedicaba a sus hijos a la labranza, lo que provocaba por lo menos una cierta estabilidad económica. Se instala un colegio de escolapios en la ciudad y los agricultores quieren que sus hijos sean bachilleres. Ello provoca «un ambiente de inercia, de paralización, de ausencia total de iniciativas y de energía» (Martínez Ruiz 02:241). La crítica, una vez más, es eminentemente regeneracionista. Se entendía que sólo la producción de bienes materiales era la que podía aportar algo a la riqueza nacional.

La diatriba más colérica contra la clase media es la que aporta la citada novela de Rafael López de Haro *¡Muera el señorito!* La clase media se compone de «hombres holgazanes e ignorantes, hombres de covachuela [= oficina], de casino y de café. Esta híbrida y monstruosa clase media, anémica, sifilítica, cuyo pan intelectual es el periódico y cuyo alimento material es el cocido, ha cundido fabulosamente. A ella vienen los aristócratas arruinados y los villanos enriquecidos... Es la clase que, con un despotismo cien veces más ilegítimo y desalmado que el feudal, oprime, esquilma y deshonra a la Patria» (López de Haro 16:220). La crítica es sobremanera injusta. No hay por qué vilipendiar tantos elementos entrañables, como los periódicos o los garbanzos. Pero así eran las iras regeneracionistas.

Véase también:

BURGUESÍA
CACIQUISMO
MOVILIDAD SOCIAL
PROFESIONALES

Clases populares

Lo que se llama *lucha de clases* no sería un asunto novelable hasta los años treinta, con la *novela social.* Poco antes de esa corriente, encontramos numerosos precedentes que nos retratan la oposición de dos clases enfrentadas, ricos y pobres, los de arriba y los de abajo. Hay muchas maneras de designar a estos últimos. El extremo inferior lo ocupa la «gente del bronce». En algunos textos esa expresión significa los bajos fondos (Baroja 04:94). En otros, la clase obrera (Mas 21:88). En algunas novelas de Hoyos y Vinent se hace equivaler a los chulos y bohemios. No siempre los de abajo eran estrictamente los obreros.

La clase obrera constituía la «gente de blusa», porque claramente se distinguía por su común indumentaria. Un escritor conservador la describe como fanática, aunque esa misma «intransigencia» la percibe «en las otras clases que se tienen por superiores, porque viven mejor» (Bueno 35:86).

La descripción más cruda de las dos clases opuestas la realiza tempranamente una novelista de extracción burguesa, Concha Espina. Se trata de una impresionante crónica de la vida de los mineros de Riotinto, la típica empresa colonial: «Las casas [de los obreros] se alinean en el páramo con pretensiones de formar calles y tienen una triste monotonía impersonal, como las camas de un asilo público, las celdas de la cárcel y los vagones del tren... [Frente a ello] la llamada de Vista Hermosa les pareció un edén. Era un parque verde y espacioso..., cerrado, como una finca regia, con guardianes y tapices, tenía fuentes y rosas y le alumbraba por la noche el hada azul de la electricidad. Allí vivían los ingleses con los privilegios de la cultura y el placer, aparte del vulgo trabajador... habían comprado con su oro la felicidad» (Espina 20:129). La estampa podría corresponder a una colonia inglesa del sureste asiático. Doña Concha había tenido cercana, desde niña, la percepción del mundo de la minería. Su padre había sido un empresario minero en Santander, aunque con escaso éxito.

Un grupo muy característico de los trabajadores es el de los pescadores. Esta es la estampa de los pescadores vascos, que quizá no eran los que peor vivían: «Ninguno de ellos ahorraba una peseta. Todos viven entrampados... ¡Luego, esa furia reproductora de las pobres gentes! ¿Han visto ustedes más niños en ninguna parte que en una aldea [vasca] de pescadores?» (Bueno 35:44). Se entiende la etiqueta de proletarios, los que no tienen más propiedad que su prole.

Por debajo de los obreros propiamente dichos, están los más pobres, próximos a la mendicidad. Esta subclase aparece magistralmente retratada en algunas novelas de Pío Baroja o de Blasco Ibáñez, referidas a los suburbios madrileños. Entraban de madrugada en la ciudad a recoger basuras y a ocuparse de cualquier menester subalterno, o simplemente a pedir limosna o a afanar lo que podían. «Como la horda prehistórica que huyese llevando a la espalda el hambre: masa de vendedores y tramperos que entran todos los días en Madrid» (Blasco Ibáñez 05a:15).

En la época que nos ocupa, los obreros se distinguen por el porte y el lenguaje, aunque a veces quieran pasar por señoritos (Mas 23:274). La tímida convergencia se inicia por el otro lado: «Los señoritos, por gusto, aplebeyan su lenguaje y, por amor de los deportes, encallecen las manos» (Camba 29:21). De todas formas, la clase social era, ante todo, una cuestión de apariencia.

Al primer golpe de vista se sabía ya dónde estaba cada uno. *Clarín* hace una curiosa observación: los obreros se distinguen también por su «olor picante» y por su tristeza. «El obrero pronto se hace taciturno..., hay pocos viejos verdes entre los proletarios» (Alas 84:172). Medio siglo después, en otro contexto y con otra significación ideológica, George Orwell tendría una impresión parecida.

Véase también:

ATUENDO
HAMBRE
HORTERA
TRABAJO

Comida

El párrafo inicial de *El Quijote* ya nos señala lo que comía nuestro hidalgo. Es el nuestro un pueblo con hambres y hartazgos seculares. Así que parece lógico que la comida sea un asunto que preocupe a los novelistas. A través de los usos culinarios se puede saber mucho de lo que era la vida cotidiana de nuestros abuelos.

Don Quijote y, sobre todo, Sancho Panza no logran matar el hambre a lo largo de todas sus aventuras. Como compensación, se sacian en el episodio de las bodas de Camacho. El contraste aparece una y otra vez en las páginas de las novelas que leían nuestros abuelos. Un documentado análisis sobre la evolución de las costumbres durante el último siglo establece que desde 1880 en adelante, hasta 1960, «cada vez se come menos» (Sainz de Robles 60:79). No es esa la impresión que queda después de leer las novelas de la época considerada. Nuestros abuelos, *como media,* comían menos que sus nietos. Sólo que ese promedio traduce muy mal la realidad. Antes coexistían los ayunos con los hartazgos.

La *comida de celebración* suele responder a un rito temporal (fiesta religiosa) o una ocasión para que los parientes, vecinos o amigos se reúnan. Destaca la increíble cantidad y variedad de los platos que se sirven. Por ejemplo, este es el menú de una comida ritual en un pueblo de pescadores de la ría de Arosa: «cocido en grandes fuentes con garbanzos, patatas y repollo, con gallinas enormes y jamones enteros y largas ristras de chorizos». Esto era sólo el primer plato. Siguen los pollos, chuletas, merluza («que fue rechazada unánimemente»; eran pescadores), lomo de cerdo, empanadas de anguilas, grandes fuentes de arroz con leche, bizcochos, dulces de las monjas, todo ello con abundantes libaciones (Camba 18:113-121). La descripción es todavía más detallada. Asombra tal voracidad.

Las novelas gallegas están repletas de estas escenas de festejos pantagruélicos. Anotemos el menú de una comida para celebrar el día del santo de la señora de la casa en Corcubión. Se reúnen cuarenta comensales, que dan cuenta de estos platos: empanadas de anguila, lacones con grelos, pollos asados, fuentes de mariscos, liebres con coles moradas, langosta, lomos de cerdo, filetes de ternera, legumbres, lechugas blancas, fiambres, truchas escabechadas, cuatro clases de vino, cerveza, sidra y *champagne,* quesos, compotas, dulces secos (Insúa 11:111). Después de las bodas de Camacho, la comilona más famosa de la literatura española es la que se cuenta en *Los pazos de Ulloa.* Es un banquete del día del patrón en una aldea gallega. Nada menos que se toman veintiséis platos, todos ellos suculentos (Pardo Bazán 86:181).

La comilona ritual no es exclusiva de Galicia. Se da en diversas regiones, siempre referida, claro está, a las clases propietarias. He aquí el menú del día de Navidad de una familia burguesa de Valencia a finales de siglo: entremeses (pepinillos, alcaparras, salchichas, rábanos); sopa espesa de menudillos, yemas y pan; cocido con patatas, garbanzos, col, nabos, ternera, tocino, morcilla, chorizo; lomo de cerdo y longanizas con pimiento y tomate; merluza con lechuga y rábanos; pavo con aceitunas y alcaparras; capón; postres de diversas clases (Blasco Ibáñez 95:85-96). Se suponía, desde luego, que todos tenían que comer de todo.

Una comida de fiesta en un pueblo vizcaíno de finales de siglo consiste en los siguientes platos: «sopa de fideos gordos coloreada con derroche de azafrán; fuentes enormes de garbanzos con tocino y chorizo; carne de cocido con pimientos; guisote de cordero; pollos asados, arroz y sopas con leche; manzanas y nueces, *mostachones* y merengues» (Aranaz Castellanos 19:145). Nótese la ausencia de pescado, que era seguramente el alimento barato para los días corrientes.

El mundo rural, sobre todo, reproduce el esquema de las bodas de Camacho. Durante todo el año la comida escasea, pero se compensa con un hartazgo ocasional, por ejemplo, el banquete de bodas (Palacio Valdés 31:191). Todo ello supone un verdadero culto a la comida. En Asturias se establecen verdaderos desafíos gastronómicos, a ver quién come más, hasta que, en una de esas, uno de los contendientes muere de hartazgo (Francés 22:138).

El hartazgo colectivo es a veces más por la cantidad que por la variedad o calidad de los manjares. Pío Baroja anota la celebración de una comida de funerales en el mundo rural vascongado de finales de siglo: «En una sartén echaron una gran cantidad de tocino hasta liquidarlo por completo [derretirlo] y, hecho esto, pusieron la sartén en un poyo, formaron los hombres un círculo alrededor y fueron mojando sucesivamente en la grasa pedazos calientes de borona [pan de maíz]» (Baroja 00:144). El rito resultaría hoy estragante.

La comida de las fiestas se hacía ritual porque cada fecha se asociaba con un tipo de plato característico. Estas son las tradiciones madrileñas: «En San Isidro, las rosquillas; en San Antón, los panecillos; en Reyes, el roscón; en Nochebuena, el besugo, la lombarda, la sopa de almendras, el cascajo [frutos secos] y las uvas; en Navidad, el pavo; en Pascua, el cordero» (Mata 30:214). Al llegar la primavera, se aseguraba «el primer manojo de espárragos pericos [trigueros]». La cena de la noche de los Difuntos tenía que incluir «los buñuelos y huesos de santo» y diversos licores (p. 215). Todo esto era, naturalmente, para las familias con posibles.

La idea fundamental de las comidas rituales era que los ricos a escala local demostraban que lo eran por la abundancia ocasional de su dieta. La comida era así un símbolo de ostentación. Naturalmente, los criterios de esa selección obedecían a razones culturales, algunas de las cuales hoy parecerían extravagantes. Por ejemplo, a finales de siglo, los ricos de la Albufera de Valencia comían ratas y serpientes como alimentos exquisitos (Blasco Ibáñez 02:25). Venían a compensar la insípida y monótona dieta de anguilas que seguían todos los días los campesinos y pescadores de la zona. El mismo autor nos recuerda que las bellotas eran una comida de ricos (Blasco Ibáñez 95:18). Por cierto, parece que Ángel Ganivet gustaba de comer bellotas; las «devoraba al aire libre» mientras paseaba, como si fuera un mono selvático (González Anaya 29:167). Sobre gustos se puede escribir todavía mucho.

La imagen idílica del campo es la de que «se come bien». No es así, fuera de los banquetes rituales y, desde luego, no lo es para la clase jornalera y los agricultores pobres, es decir, el grueso de la población campesina. En el pueblo de la ría de Arosa, donde antes hemos visto cómo disponían las viandas para una gran celebración, la comida de los pobres era monótona y miserable. Los pobres apenas salían de una repetitiva dieta de sardinas, que era lo que pescaban. La grasa de la sardina les servía de medicina y como combustible para las lámparas (Camba 18:16).

Los jornaleros andaluces «no conocen otro alimento que el pan de las teleras [hogazas], el pan de los gazpachos o el ajo caliente [sopas]» (Blasco Ibáñez 05:98). A esa dieta básica de pan, añadían «algún puñado de garbanzos o habichuelas y aceite rancio» (p. 103). La paradoja es que muchos de esos braceros estaban a cargo de ganado vacuno, cuya carne nunca probaban (p. 103). Durante el verano, época de grandes fatigas, añadían, a su mísero condumio diario, un potaje de garbanzos (p. 105).

El ascenso social consistía en pasar de una dieta basada en el pan a otra que introducía carne con la mayor cantidad posible de grasa. La comida de la fonda de un pueblo manchego, para los profesionales y vendedores, era «siempre de carne sazonada con especias picantes. El amo de la fonda suponía que era una verdadera deshonra para su establecimiento poner un plato de habichuelas o de lentejas» (Baroja 11:208). Se rechazaban las verduras por extrañas razones culturales. Así, se creía que «la ensalada era mala para la artritis» (p. 322). En la fiesta del patrón de la aldea gallega se desprecian las hortalizas, «buenas para los cerdos» (Pardo Bazán 86:181).

Es agudo el contraste entre el exceso de comida, siempre que se puede, y la insuficiencia de la dieta en las clases humildes. Un grupo de amigos se van a comer a un merendero en las afueras de Madrid. Piden «una comida sana», que consta de paella, langostinos, solomillo con tomate, lengua de vaca, pollo en ensalada, crema de limón, postre y café (Mata 23:257).

La clase distinguida, para distinguirse aún más, añadía, a la dieta establecida, elementos para lo que se llamaba *sobrealimentación.* Provenía de una mezcla de ideas cientificistas, que se juntaban al deseo de engordar. Así, una familia dominada por esas obsesiones, se tomaba, con las comidas, «píldoras de hierro, jarabe de glicerofosfatos y extracto de carne», entre otras prescripciones (López de Haro 07:32).

Un ensayo reciente sobre la historia de la alimentación española, se refiere a la cultura campesina de finales del siglo pasado en estos términos: «Es necesario rechazar toda idea relativa a cualquier preocupación de los campesinos por la composición de su dieta; no tenían ni la más vaga noción acerca de las necesidades de proteínas, grasa —ácidos grasos—, fibras, minerales, vitaminas, etc.; semejante preocupación no existía ni en las clases superiores del país que se atiborraban de carnes y dulces: entre 1850 y 1900, el consumo de azúcar se multiplicó por tres» (Terrón 92:272). No hay que culpar a nadie —ni siquiera a las «clases superiores»— de tales ignorancias. Hasta bien entrado el siglo XX no se irá conociendo el campo de las diferentes proteínas y vitaminas, un proceso que dura decenios. Tarda otros tantos en descender al nivel de la aplicación industrial o práctica y no digamos en asimilarse por la cultura general. No se puede juzgar la forma de alimentarse que tenían nuestros abuelos desde nuestra particular idea de lo que es bueno o malo. Desde luego, la noción de que el dulce constituía la comida óptima es algo que nuestros abuelos expresaban de muchas maneras (Palacio Valdés 88:65).

Lo que sí se aprecia es el juicio crítico de algunos novelistas, como ilustrados que eran, respecto de la irracionalidad de algunas prácticas alimentarias de su tiempo. Baroja describe la comida de una casa de huéspedes. Se componía, todos los días, de «una cantidad enorme de huesos... en los que no había casi nunca una piltrafa de carne. Hervía el osario en el puchero grande con garbanzos, a los cuales se ablandaba con bicarbonato, y con el caldo se hacía la sopa; la cual, gracias a su cantidad de sebo, parecía una cosa turbia para limpiar cristales o sacar brillo a los dorados» (Baroja 04:21). Es decir, se trataba de un remedo de cocido. El mismo autor nos describe el aspecto de una taberna popular madrileña: «Un gran número de mendigos, sentados en las mesas, engullían pedazos de bacalao y piltrafas de carne; un olor picante de gallinejas [tripas fritas] y de aceite salía de la cocina» (p. 83).

La contaminación ambiental y la adulteración de alimentos son circunstancias que asociamos con la vida actual, pero nuestros abuelos sufrían ya esos inconvenientes, sólo que con otros nombres, pero con no menor gravedad. Un texto de Higiene de principios de siglo reconoce estos hechos: «Las carnes pueden ser de animales muertos de enfermedades contagiosas y transmisibles al hombre; en el pan se echan muchas sustancias nocivas para darle blancura, y el vino de la taberna, en las poblaciones, es casi siempre veneno» (Martínez Baselga 03:24).

Los madrileños eran unos admirables embaucadores. Utilizaban diversas figuras retóricas para dignificar los miserables alimentos cotidianos. No sólo llamaban «gallinejas» a las tripas fritas en sebo. Las patatas asadas, sin más aditamento, eran «chuletas de la huerta» (Insúa 12:84). Las briznas de bacalao seco eran «soldaditos de Pavía» y un vasito de vino con un bizcocho pasaba a ser un «chocolate», que sonaba más nutritivo (Ramírez Ángel 16:219).

Algo había que decir sobre el desayuno de nuestros abuelos, práctica un tanto diferente a las que hoy rigen. Ellos tenían más variedad y, cuando podían, el desayuno iba en serio (era «dejar de ayunar»).

En un hogar modesto del Madrid de principios de siglo, se toma por la mañana un pocillo de chocolate o un «tazón de leche falsificada con cacahuet tostado» (Ramírez Ángel 16:90 y 254).

Los desayunos de los campesinos eran muy variados. Se acomodaban a lo que producían (que, desde luego, no era café). En un pueblo de la Maragatería empezaban la mañana con un guiso de patatas con mucho pimentón (Espina 14:77). Un desayuno rústico de La Mancha lo constituían sardinas curadas, torreznos y pan (López de Haro 16:29). Los jornaleros del Somontano de Huesca desayunaban «medio zoquete de [pan] moreno y dos copas de aguardiente por barba» (López Allué 00:137). Un cura, frugalísimo, de Jaca iniciaba el día con un «vaso de agua con tres o cuatro galletas» (De Burgos 23:94). Frente a la frugalidad, el refinamiento. Un señorito bien, nada más levantarse, se tomaba una copa de jerez y media docena de huevos pasados por agua (Trigo 19:56). Dichosos abuelos nuestros, que ignoraban lo que era el colesterol.

No es sólo una cuestión de conocimientos o de disponibilidades alimentarias. Hay que introducir también los valores, las modas, los elementos simbólicos. Por ejemplo, hoy día la mortadela es un alimento bastante vulgar. Sin embargo, a principios de siglo son varios los testimonios que consignan la mortadela como un alimento exquisito (Mata 23:102, Mas 19:282).

Hay elementos tradicionales que subsisten. Por ejemplo, el rito familiar de la cena de Nochebuena incluye la sopa de almendras, besugo y capón (Pérez de Ayala 23a:211). A lo cual se añade la compota casera (Francés 12:16).

Los manuales de urbanidad nos enseñan que las comidas familiares de las clases acomodadas eran antes mucho más ceremoniosas que las actuales. Las novelas confirman esa impresión. Así, a finales del siglo pasado, en una familia de la nobleza rural, se manifiesta que, durante la cena, los comensales no hablan (Palacio Valdés 81:19). Hay otra escena que hoy resultaría insólita: en la comida familiar, el padre se sirve a sí mismo el primero. Todo lleva a sospechar que el patriarca se servía los mejores bocados.

Véase también:

BEBIDA
GORDURA
HORARIO
OCIOS
RITOS SOCIALES

Las faenas del campo demandaban el trabajo de toda la familia.
(Foto: Solar y Pérez)

Conflictos

Mucha gente idealiza el mundo de nuestros abuelos y considera que se trataba de una sociedad idílica, benevolente. Nada de eso. Bien es verdad que algunas novelas rurales se corresponden con la idea bucólica, pero las más reconocen el carácter violento, adusto, conflictivo, del campesinado. La vida urbana tampoco era un campo de malvas.

Pío Baroja retrata el estilo híspido de las relaciones interpersonales que le tocó vivir. Señala que, a diferencia de lo que sucede en otras partes, en España «creemos siempre, en los demás, intenciones de ofensa». De ahí la constante disposición de los españoles a defenderse de esos hipotéticos ataques (Baroja 01:236).

El clima de violencia no se proyecta sólo sobre las relaciones laborales o políticas. El ambiente de los alumnos de Bachillerato de principios de siglo se describe con continuas peleas, retos, pedradas. Los profesores propinaban bofetones a sus alumnos por el motivo más nimio (Juarros 27).

Las discusiones populares llegaban fácilmente a las manos. Se describe con naturalidad el suceso de una pelea entre taurinos y antitaurinos, algo tan inequívocamente español como la misma afición a los toros. Pues bien, la conclusión de la riña es que matan a un viejo antitaurino. Nadie parece conmoverse mucho (Vidal y Planas 31:120-124).

A partir del presente siglo el duelo ya no es más que la imitación de lo que fue durante la centuria anterior. Los últimos en batirse son los periodistas. Al primer director de *El Debate,* Luis Antón del Olmet, le contrataron con la exigencia de que no aceptara ningún duelo. La escena que sigue tiene algo de teatral: «El duelo tuvo lugar al amanecer. Fue un duelo como casi todos: un paso de comedia. Los combatientes quedaron ilesos y se reconciliaron caballerosamente sobre el terreno» (Araquistain 21:224). La verdad es que, visto así, el duelo era una institución del pasado que contribuía a suavizar los conflictos más que a enconarlos. La «primera sangre» resolvía simbólicamente quién debía haber matado a quién.

Las peleas callejeras eran continuas. Una novela narra, como de pasada, el suceso de una disputa entre mozos de estación en Ávila. Acaba a navajazos. Se percibe como un suceso cotidiano, que no llama mucho la atención (Insúa 07:17).

Aunque no llegara la sangre al río, como suele decirse (la expresión ya es curiosa), la tensión social se refleja de diversas maneras. Una incruenta era «la única ocupación» que tenían los habitantes del pueblo hidalgo de *Labraz* (Álava): «denunciarse y armar pleitos» (Baroja 02:129).

Desde nuestra perspectiva nos parece la sociedad de nuestros abuelos extremadamente violenta, pero ellos mismos la veían con más naturalidad. La lucha por la vida era dura en todos los órdenes, como correspondía a una estructura fundamentalmente campesina. El conflicto violento aparecía como inevitable. Observa un viajero inglés, S. P. Scott, en 1883, refiriéndose a las peleas de gallos, a la sazón muy populares: «Un pasatiempo, para ser aceptable en este país, debe suponer alguna forma de sufrimiento» (citado en Castillo Monsegur 90:213).

A principios de siglo eran estadísticamente normales ciertas formas de violencia que hoy resultarían escandalosas. Por ejemplo, se considera un suceso cotidiano que los carabineros torturen a los contrabandistas («matuteros») para hacerles declarar los detalles de los alijos (Mas 23:206). Esto no obsta para que el contrabando fuera en esa época una actividad socialmente reconocida y aun estimada. Un ambiente muy típico de contrabandistas era el de Ibiza. En la sociedad cerrada de la isla «se ganaba la celebridad y el respeto matando a un enemigo en las sombras de la noche». Dispuestos a ello, los mozos llevaban siempre armas consigo. No hay que decir que el «enemigo» no pasaba de ser un rival de amoríos o de pleitos familiares (Blasco Ibáñez 09:216).

La forma más cruenta de violencia era la «agitación» campesina. Hay muchas crónicas sobre el particular. Así describe un testigo los incidentes de una huelga campesina: «En Mantilla han *corgao* de un *siruelo* al *alcarde,* han *metío* en una tinaja al secretario y está ardiendo una era y seis gañanías» (Mora 24:209). En otro lugar se describe el saqueo de una tienda para los jornaleros hambrientos. Sigue a una brutal represión por la Guardia Civil. La venganza es la matanza de dos guardias civiles, a quienes sacan los ojos, entre otras escenas de singular barbarie (Mas 35:235-298).

La huelga era algo, por definición, violento. Los obreros salían gritando «¡mueran los burgueses!» (Baroja 00:198). Morían algunos burgueses y sus servidores, pero también guardias y obreros. A veces se utilizaba la tropa para reprimir las huelgas más enquistadas, con los resultados luctuosos que se puede uno imaginar.

Una novela de Blasco Ibáñez detalla, con impresionante realismo, la huelga de Jerez de finales de siglo. Se narra la marcha silenciosa de los braceros por las calles desiertas de la ciudad bodeguera. El Ejército interviene de golpe con la masacre consiguiente. Este es un caso particular en donde el novelista actúa como singular testigo de la historia, una historia que no tiene quien la escriba (Blasco Ibáñez 05).

Los conflictos sociales se tornan aún más violentos al doblar la crisis de la huelga general de 1918. Aparece el fenómeno del *pistolerismo,* tanto anarquista como socialista, y también organizado por los mismos empresarios (Mas 23:275). Este fue el detonante —nunca mejor dicho— del advenimiento de la dictadura de Primo de Rivera en 1923.

El punto de vista de las reivindicaciones obreras lo adopta magistralmente la novela *El metal de los muertos,* de Concha Espina. Esta es la hermosa epopeya del líder socialista de los mineros de Huelva, un personaje real. Tanto es así que, desde el exilio, muchos años después, envió un telegrama de condolencia a la familia cuando murió doña Concha (1955). «Aurelio Echea, un organizador formidable, perseguido por los patronos, vigilado por la Policía, que ha estado multitud de veces en la cárcel... Es un hombre peligroso y valiente, un vizcaíno *de mucho cuidado*, según dice la fama... Nació en Vizcaya, se recrió en Asturias, ha vivido en Francia y Bélgica, por Alemania y Rusia; ha sido dependiente de comercio, representante industrial, empleado de ferrocarril; conoce algunos idiomas, algunos libros, se siente español, de toda España, hijo del pueblo, hermano de los que sufren, esperanza de los que luchan» (Espina 20:68). Se comprende el emocionado telegrama de condolencia. Era la tragedia de las dos Españas.

Todo el mundo ha escuchado mil veces los versos de Lorca sobre la Guardia Civil. Es un motivo literario que ha tenido un sinnúmero de antecedentes y réplicas. Veamos este portentoso cuadro en prosa: «Los guardias, que, con su correaje amarillo, de un amarillo verdoso, color de hiel, cruzado sobre el pecho y la espalda, como se cruzan los dos huesos de difunto en los frascos donde hay veneno, tanto miedo dan a la gente de campo y a la de todo suburbio de ciudad» (Camba 29:169). Es inevitable la asociación con el cuadro de Ramón Casas, *La carga,* pintado en 1903.

Véase también:

ANTIMILITARISMO
CACIQUISMO
CAMPESINOS
DELINCUENCIA
HAMBRE
TRABAJO

Corrupción

Una de las instituciones que nos reconcilia más con el pasado, a los españoles de hoy, es la corrupción política. El Estado no era hace un siglo el gran Leviatán que ha sido después, pero ya entonces asombraban las mismas dolencias de las que hoy nos quejamos. La crítica contra la corrupción («oligarquía y caciquismo») fue el pendón de batalla de lo que se llamó *regeneracionismo*. Es esta una difusa escuela de pensamiento que empapa también el talante ideológico de muchos novelistas. No podían dejar de ser hombres de su tiempo.

El primer *Azorín* puede integrarse muy bien en la corriente regeneracionista. Percibe un nuevo fenómeno, que va a ser el punto de arranque de una nueva forma de Estado. Este pasa a ser un sujeto económico. El dinero es el nuevo factor político. Pero digámoslo con las palabras de uno de sus personajes, el maestro Yuste: «El romanticismo era, en cierto modo, el odio, el desprecio al dinero..., y ahora es preciso enriquecerse a toda costa..., y para eso no hay como la política... La política ha dejado de ser romanticismo para ser una industria» (Martínez Ruiz 02:36). Con el tiempo llegaría a ser la principal industria del país. Por eso mismo hay que saber de dónde venimos.

Las novelas de la época acumulan multitud de datos sobre corruptelas, sobornos y cohechos. A escala municipal no se podían hacer grandes negocios, pero se afanaba lo que se podía cuando se tenían aldabas. Ahí tenemos, por ejemplo, la figura del «inspector municipal» que llena su casa de toda clase de productos; son obsequios de los comerciantes que habían de ser inspeccionados. «Su casa era despensa y almacén» (Mora 24:35).

Cohecho y prevaricación tenían, por fuerza, que alcanzar a la justicia. Son frecuentes los casos de compra de la voluntad judicial (Ramírez Ángel 11b:95-115). Se da por supuesto que los ricos no van nunca a la cárcel si median «las untaduras de jueces y escribanos» (López Allué 00:165). Se suponía que la Justicia era una complicada maquinaria que había que untar (engrasar) para que funcionara.

Una cosa es la pequeña corrupción de carácter local y otra la gran especulación a la sombra del poder. Esta última se manifiesta de forma desmesurada en torno a la crisis económica de 1917. Por primera vez en mucho tiempo hay una inflación desbocada y se producen enriquecimientos portentosos. Las novelas registran el nuevo fenómeno con múltiples ilustraciones. Lo que hoy llamaríamos «información privilegiada» es algo que se detecta entonces con toda claridad. Esta es una historia reveladora sobre «el agente de Cambio y Bolsa Goicoechea, sujeto de mucho crédito y autoridad financieros, debidos, sin duda, a cierta operación que, en maridaje con el famoso ministro de Hacienda Valverde [¿Villaverde?], hizo, vendiendo a cotizaciones muy altas valores públicos que a las pocas horas mandó comprar con márgenes beneficiosos. Ganaron en la maniobra más de trescientas mil pesetas» (Mora 22:128). La suma equivalía a un millar de jornales de un peón.

La descripción de las corruptelas nos reconcilia con el pasado. Identificamos a aquellos personajes por un cierto aire de familia. Véase, si no, la historia del gobernador de una provincia, que, mediante una comisión, nombra proveedor exclusivo a un pastelero. Este, a su vez, con la lógica protección oficial, «monta una *chirlata* [casino clandestino] en la trastienda de la panadería, donde *desmonetiza* a los estudiantes». El tal gobernador nombra secretario de la Junta Provincial de Subsistencias a su secretario particular, un «insaciable *chupóptero*» (Acosta 20a:77). La jerga resulta tan expresiva como familiar. Se entiende el proceso por el que, en cuanto el Estado pasa a intervenir ciertas actividades económicas, que necesitan licencia, la salida natural es la corrupción.

La coyuntura bonancible de los primeros lustros del siglo culmina con la simpar oportunidad de la guerra del catorce. Un periodista y diputado conservador, buen exponente del regeneracionismo, relata así la historia a través de una novela en clave: «La guerra mundial trajo al país riquezas fabulosas. Pero aquellas riquezas, tan malamente adquiridas como fácilmente derrochadas, sirvieron para corromper a la nación más que otra cosa. El agio, el chanchullo, se exacerbaron hasta constituir un ambiente normal de prevaricación y cohecho. El contrabando se hizo endémico y casi legítimo. Se compraba todo. El permiso de exportar, el de jugar, el de prostituir. Fue una ola de fango, una catarata de estiércol» (Antón del Olmet 21:28). Obsérvese, a través de este texto, la gran variedad y expresividad de las palabras que se utilizaban para describir la corrupción.

El fenómeno de la corrupción consiste casi siempre en una persona que paga (el empresario) y otra que cobra (el servidor público). Ambos se necesitan simbióticamente. La novela de Antón del Olmet nos proporciona ilustraciones muy coloristas sobre el particular. El personaje que paga aparece como Tomás Estévanez, un inculto empresario lucense. Este es su retrato físico y moral: «Hombre de horizontes escasos, sobrio en su higiene, feliz con sus comilonas de lacón y empanada..., gruesa cadena de reloj..., una heredad en Lugo, un hotelito en la Guindalera, botas con suela de goma y mortadela a todo pasto» (Antón del Olmet 21:52). Recordemos lo que se ha dicho antes, que la mortadela era un alimento de ricos, de nuevos ricos, habría que precisar. Por lo visto, la suela de goma en las botas era también un signo de modernidad, como diríamos hoy. El funcionario que cobra las comisiones se personaliza en el personaje de Francisco Sánchez Mínguez, eterno ministrable, adulador del jefe del partido. Adopta asimismo una serie de signos de ostentación para demostrar el creciente poder: «Se hizo construir un hotel [chalé], compró dos automóviles, le regaló a Rosario un collar de perlas, adquirió algunas fincas... Rosario alternaba con marqueses y grandes damas, y no se hacía lavar las medias de a nueve duros. Conforme se las mudaba, iban a la doncella» (Antón del Olmet 21:53). Conviene advertir que el precio de las medias seguramente superaba el salario mensual de la doncella.

El fenómeno de la corrupción no lo es mientras se mantiene con un carácter excepcional. Su significación política empieza cuando se interioriza como norma, o al menos se acepta como una situación de hecho, general. Este es el cambio que trajo consigo la Restauración, sobre todo a partir de la Regencia de María Cristina (1885). Otro periodista conservador, también con una novela en clave, nos cuenta el ambiente de agio de Madrid y Barcelona en torno a 1898. «De cien españoles, cincuenta creen, sin protestar de su conciencia, que el dinero del Erario pertenece al primero que se apodere de él; que el fraude es un modo de vivir como otro cualquiera y que no pagar lo que se debe es una demostración de ingenio. El gatuperio y la trapacería nos son tan familiares que nadie los considera estigmas de infancia, sino lícitos ardides para sacar la vida adelante» (Bueno 36:157). Nótese que todavía se decía «erario» y todo el mundo entendía que sólo había uno, el público. Con el correr del tiempo, hay que pasar al pleonasmo «erario público» para hacernos entender. Una vez más, el habla nos traiciona. Se han acumulado demasiadas historias de unto y trapacería.

Véase también:

AMISTAD
ANTIMILITARISMO
CACIQUISMO
DELINCUENCIA
DINERO
ELECCIONES
OLIGARQUÍA
USURA

Criados

Entramos en lo que los textos antiguos llamaban *sociedad heril,* es decir, la referida a las relaciones de los criados con los amos. No se entendería la España de nuestros abuelos sin tener en cuenta que los criados constituían un amplísimo grupo de la población activa. No sólo las clases acomodadas disponían de servicio doméstico, sino una gran parte de la clase media, incluso la más sufrida. El salario de una criada sin especialización era el mínimo posible, no pasaba de simbólico; lo fundamental era estar recogida y mantenida.

Señala Marías un rasgo muy peculiar de la estructura de la familia a partir de finales del siglo XIX: que «casi no hay criados; lo que hay son *criadas»* (Marías 80:42). Marca este hecho una época, hasta la actual en la que casi desaparecen también las criadas propiamente tales, por lo menos las españolas. Realmente, la época que aquí nos interesa puede considerarse de transición. Es decir, el servicio doméstico lo componen personas de los dos sexos y de todas las edades, incluso niños y lo que hoy llamaríamos jubilados. No extrañaba esa inclusión porque el servicio doméstico se consideraba muchas veces como una prolongación de la familia.

Según el *Censo de población* de 1900 había en España cerca de 300.000 personas dedicadas al servicio doméstico, de las que el 88 por 100 eran mujeres. El conjunto de criados y criadas representaba el 38 por 100 de las personas con una actividad de servicios, lo que da una idea de la extraordinaria amplitud de este rubro de la actividad.

La criada más común, no especializada, merece una bajísima consideración social. Es la *fregatriz,* la *menegilda,* expresiones entre despectivas y cariñosas (Retana 19). A veces la portera aparece como una especie de ampliación del servicio doméstico, tantas son sus funciones y el conocimiento íntimo que tiene de cada uno de los vecinos (López de Haro 16:156).

Existe la novela de la criada: *El delito de todos,* de Eduardo Zamacois (1933). Es el retrato magistral de Águeda Rodríguez, la protagonista, a través de la cual se hace la crónica de la clase media madrileña hacia 1900. Disponemos de otro texto paralelo, igualmente antológico, *Nuestro amigo Juan,* de Juan Aguilar Catena. Es la biografía, un tanto picaresca, de un criado, que empieza humildemente en un pueblo de Jaén (¿Úbeda?). Va escalando distintas posiciones hasta llegar a ser el mayordomo de un aristócrata. Por cierto, este es el cuerpo de casa que dirige: cocinera, pincha, dos doncellas, un ayuda de cámara permanente, otro para las tardes, un botones y un escribiente (Aguilar Catena 24:156). La culminación de la carrera como mayordomo de casa principal supone unas 500 pesetas al año; bastante más que las de un jornalero. «Sus horas de trabajo, todas», pero, naturalmente, vestido y mantenido. La consideración social del mayordomo era alta. Realmente había toda una sutil estratificación dentro de la sociedad heril (Aguilar Catena 24:243).

Dentro de la escalonada pirámide de servidores domésticos había lugar para una posición intermedia entre criada y pariente. Era, por ejemplo, una mujer mayor, emparentada lejanamente con la familia, «con las consideraciones anejas al parentesco y los deberes inherentes a la dependencia doméstica». Era, en definitiva, una «mayordoma de confianza» (Bueno 24:93).

La consideración cuasi familiar de los criados que llevaban muchos años en la casa hace que, cuando se retiran por la edad, sigan viviendo en el lugar de acogida (Mata 20:154). Hay que tener presente que se trata de una época donde no existía la noción de «seguridad social», ni propiamente la de «jubilación».

La relación amo-criado no era sólo de subordinación, sino de sumisión. No podía extrañar mucho, puesto que las relaciones laborales no eran menos hirientes. Cuenta Baroja una escena, que tenía que serle muy familiar. Al aprendiz de la tahona los obreros ni siquiera le preguntan cómo se llama y se dirigen a él por apodos insultantes (Baroja 04:150). En las casas de las buenas familias parecía natural que los criados comieran distintos alimentos que los señores. En el ambiente burgués del Bilbao finisecular se comenta que las alubias son un plato que sólo debe hacerse para los criados (Aranaz Castellanos 99:230). En un pueblo de Jaén, los criados sirven la comida a los amos y luego se disponen a «devorar» los restos (Aguilar Catena 24:39). Una criada se queja de que al servicio no les dieran más que «judías, lentejas, patatas viudas y un cocido con cuarto kilo de carne y veinte céntimos de tocino para todos» (Mata 20:163). No era menos que lo que comían los jornaleros. Se entiende que los puestos del servicio doméstico, a pesar de todo, estuvieran muy solicitados. A los criados les cabía el recurso de la «sisa», que tampoco servía para mejorar de fortuna. Es la parte picaresca de la historia. Acude a la mente el lento compás zarzuelero: «Pobre chica / la que tiene / que servir.»

Las relaciones entre amos y criados eran, naturalmente, distantes, como derivadas de la actitud de sumisión hacia los señores (Díaz-Caneja 25). Trigo y Fernández Flórez, entre otros muchos cronistas, acompañan el argumento de la iniciación sexual del señorito por la criada. Sin embargo, se narran muchos casos de verdadera fidelidad, aunque se trata más bien de la figura de un administrador o mayordomo (Mas 35:42.98). Es muy corriente la relación de confidencia o de complicidad que une a los amos con los criados. El ejemplo ilustrativo es el de la difícil relación entre el canónigo Fermín de Pas y Ana Ozores, auxiliados por la confianza de sus respectivas criadas (Alas 84:368,442). Después de todo, esta era la función proverbial de la famosa Celestina. Felipe Trigo utiliza la expresión *serviciario* para indicar la relación de una persona que está al servicio personal de otra, *para todo*. Muchas veces los empleados, «meritorios», secretarios, cumplían esa exigencia (Trigo 09a:12). Digamos, como resumen, que ser criado era más que una ocupación; representaba un papel, una relación adscriptiva.

Véase también:

COMIDA
FAMILIA
HOGAR
PRECIOS Y SALARIOS
SERVICIOS
SEXO

No es una estampa norteafricana, aunque en España también fuera escasa el agua. (Foto: Otto Wunderlich)

Cuerpo

El cuerpo humano no es una constante fisiológica, sino una variable social. El cuerpo se *presenta* de una u otra forma según mandan los complicados usos al efecto.

El descubrimiento del cuerpo es parte de lo que genéricamente podríamos entender por secularización. Un personaje de *Troteras y danzaderas,* la novela de la bohemia madrileña, se refiere a que la indoctrinación cristiana nos lleva a olvidar «a este pobre cuerpo mortal, a este guiñapo mortal, que lo parta un rayo» (Pérez de Ayala 12:228). Si ese olvido se había producido, la época aquí documentada significa la lenta recuperación del cuerpo, del de cada uno. La formación médica de algunos novelistas (Baroja, Juarros, Trigo, Zamacois) les lleva a dibujar cuadros naturalistas en los que destacan muy fundamentalmente los rasgos físicos. Véase esta cruda descripción de una celebración popular de la Nochebuena: «Dijérase una procesión de miserias periurbanas. Cuerpos deformados como personajes de Bruheguel [*sic*]. Cabezas achatadas o puntiagudas, nunca armónicas. ¡Ni humanas! Ojos sin luz, sin brillo, como pescado lavado. Caras vultuosas, veteadas de ramificaciones venosas. Narices en silla de montar. La lúes [sífilis] dejó su huella. Mujeres despeinadas, enmarañados los cabellos. De algunas faldas tiraban rapaces de pesadilla. Hidrocéfalos. Chorretones por la cara. Con estalactitas de mocos, la nariz. Poblado de legañas, el rincón de los ojos. Pobreza, abandono, enfermedad» (Juarros 27:106). Se mezclan dos preocupaciones típicas de la época, por lo menos de la clase médica: la fisiognomía y el higienismo.

La fisiognomía es el estudio del carácter de una persona a través de su físico. Es un saber no muy científico, pero que llena la época que comentamos. Al menos, las novelas están penetradas de las creencias fisiognómicas. La descripción física del personaje tiene que corresponder a su caracterización moral. Más tarde el cine heredaría esta convención. Sirve para facilitar el conocimiento de la realidad social. En todo caso es un expediente narrativo que facilita el trabajo del escritor. El lector se lo agradece. El vicio o la virtud se refleja en el rostro. Véase este modo de razonar: «No era Gastón un vicioso libertino, y esta verdad la lleva escrita en la tersura de sus sienes, en la humedad y brillo de sus ojos» (Pardo Bazán 97:97). Esta misma autora anota, con agudeza, que a un sacerdote vestido de paisano se le nota su condición «en no sé qué expresión de la fisonomía, en el aire y postura del cuerpo, en el andar, en el mirar, en todo» (Pardo Bazán 86:138).

Un rasgo fisiognómico muy curioso es el de la estatura. Hace un siglo la estatura media de los españoles era unos centímetros más baja que la de sus actuales descendientes. Había entonces diferencias regionales y de clase más notables que las de hoy. Seguramente el hecho de destacar físicamente sobre los demás concedía un especial prestigio. Así, se da por supuesto esta asociación: «... con la mansedumbre peculiar a muchos hombres de elevada estatura» (Jarnés 32:165). Al ser una característica de nobleza, la estatura sobresaliente podía constituir un inconveniente para los humildes. Así, las señoras ven con sospecha a las criadas altas; en ese caso consideran que la estatura es una provocación (Zamacois 33:238). La sospecha se puede generalizar al «talante despreciativo de los hombres corpulentos» (Ramírez Ángel 25b:168). La estatura no es una medida rígida; el cuerpo se va modelando con el tiempo y con el carácter. Véase esta sutil descripción. Se trata del intérprete de un hotel: «Era un viejo seco y alto, a quien la costumbre de recibir amablemente a todo el mundo había encorvado un poco hacia delante» (Zamacois 10:74). Es la fisiognomía al revés: el carácter condiciona el cuerpo.

La interpretación fisiognómica más radical es, por otra parte, muy común. El defecto físico se ve como un «castigo de Dios». Se considera que «Dios señala a los malos» a través de los defectos físicos (Zamacois 33:256). El caso al que se refiere esta consideración es el de un hombre al que le faltan varios dedos por un accidente. Se trata de la extrema interpretación de la enfermedad como estigma.

Hay que agradecer esta anotación de un novelista, dicha en tono humorístico, pero que revela un hecho significativo. «Entre los descubrimientos más importantes de nuestro tiempo, figura, junto a la navegación aérea y la telegrafía sin hilos, el de la revelación del cuerpo femenino» (Bueno 35:18). Es un cuerpo que puede enseñar una porción de piel cada vez más generosa y que debe cuidarse y acicalarse. En un primer momento, hasta bien entrado el siglo XX, se impone la moda de la palidez femenina. La mujer elegante se pone crema y polvos para «dar al escote y los brazos una blancura de leche», que era lo elegante (Insúa 11:64). La razón era potísima: se trataba de diferenciar las damas distinguidas de las mujeres campesinas. Un texto de moral de la época lo expresa claramente. No son deshonestas las pescadoras o las lavanderas cuando enseñan las piernas «por lo menos hasta las rodillas». Ahora bien, «esas mismas desnudeces son provocativas e inhonestas... cuando descubren carnes que, criadas en una larga oscuridad, han adquirido blancura y finura desusadas en las campesinas» (Ruiz Amado 21:53). La palidez era un signo de que no se tenía que trabajar a la intemperie. Esa ociosidad era la marca de la decencia. Se impone no sólo la blancura de la piel, sino el color rubio del pelo; se suponía que las clases bajas eran también morenas de pelo. «Enriqueta era muy morena y utilizaba una porción de aguas y cremas para blanquear la tez... Más tarde, y cuando se puso de moda, empezó a usar el agua oxigenada [para teñirse el pelo y que pasara por rubio]» (Toral 18:134).

La moda de la palidez empieza a competir con su contraria: la de la tez curtida por el sol. Es una consecuencia de la irrupción del deporte, el veraneo y el ocio en el campo. Muy tempranamente Felipe Trigo anota que la nueva moda del rostro tostado por el sol facilita el acercamiento entre las clases sociales (Trigo 10:97). Faltaban todavía varios lustros para que Gabrielle *(Coco)* Chanel impusiera a las elegantes del mundo la moda de la piel tostada por el sol.

El cuerpo no sólo se acicala. Antes de eso hay que cuidarlo y regalarlo. La moda complementaria es la de la higiene corporal. Hoy no nos llama mucho la atención, pero en el mundo de nuestros abuelos la costumbre de las abluciones corporales irrumpe como una verdadera revolución. Las resistencias son muchas. En el ambiente rural de Extremadura, resulta sospechosa la nueva costumbre de bañarse todos los días (Trigo 14:35). Como es natural, la costumbre del aseo concienzudo empieza por las clases acomodadas. Véanse las minuciosas operaciones de la diaria higiene corporal de una gran dama, seguramente la misma escritora: «Limpiarse y limarse las uñas, lavar y cepillar esmeradamente la dentadura, desenredar el pelo y pasarle repetidas veces el peine menudo, registrarse cuidadosamente la oreja con la esponjita y la cucharita de marfil, frotarse el pescuezo con el guante de crin, suavizado con pasta de almendra y miel... Al asearse [de esta manera] juzgaba regenerarse» (Pardo Bazán 89:100). Es decir, la ansiada regeneración de la raza empezaba por una misma, según la eximia escritora.

Otra novelista, no menos polifacética, como Carmen de Burgos *(Colombine),* en este caso con el seudónimo de *Condesa de C***,* publica una obrita de consejos femeninos, titulada *El arte de seducir.* Considera lo que debía de sonar a herejía en su tiempo: «Merced a cuidados científicos, graduales, se puede alcanzar la estatura deseada, combatir la delgadez y la obesidad, moldear la estatura humana, desenvolver los senos y lograr la belleza de una tez fresca y lisa, sin vello ni granitos; una hermosa cabellera, labios frescos, dientes blancos, ojos de luz y dedos afilados y nacarinos.» Se atreve a más en esta excursión científica: «La felicidad de la vida está en razón directa de la belleza» (De Burgos 17:14). El librito es una completísima colección de recetas caseras, con pretensiones científicas, para todos los problemas de la estética corporal.

Uno de los novelistas más populares y más atentos a la realidad, Pedro Mata, sitúa hacia 1915 el momento que separa dos formas de elegancia corporal. A partir de entonces, las «mujeres decentes» se empiezan a pintar y se atreven a cruzar las piernas, mostrando sus pantorrillas o el escote por debajo de la garganta (Mata 30a:54).

Tampoco hay que exagerar lo que, definitivamente, es un rasgo de nuestra sociedad y no de la de nuestros abuelos. Sin embargo, estamos ante un caso más en el que la semilla de lo que luego se iba a desarrollar se planta mucho tiempo atrás. El caso es el del descubrimiento del cuerpo, sobre todo femenino, que afecta a las clases acomodadas o ilustradas de hace un siglo. Es la crisálida de nuestro mundo actual hipocondríaco.

Véase también:

ATUENDO
BELLEZA
DOLOR
ENFERMEDADES
GORDURA
HIGIENE
MODA

Delincuencia

La época que estudiamos está atravesada por las preocupaciones penalistas. La ciencia positiva se orienta también hacia la averiguación de las causas de los delitos y hacia la redención moral de los presos. Los novelistas no pueden dejar de reflejar esas preocupaciones del momento. El credo positivista se refleja muy bien en esta frase de un personaje de Emilia Pardo Bazán, que fuera amigo de su familia: «el crimen es una dolencia y el criminal un enfermo» (Pardo Bazán 91:179).

A finales del siglo XIX coinciden todos estos factores de intenso cambio social: rápida urbanización, migraciones, lucha de clases, percepción de las diferencias sociales, clima de violencia y represión. Todo ello da lugar al incremento de la delincuencia y de la población penal. Los voceadores de periódicos repiten un grito cotidiano: «¡El crimen de hoy!» (Francés 16a:33). Lo que se llamó «crónica de tribunales» se hace la sección favorita de los periódicos. Hay toda una serie de crímenes legendarios: el crimen de la calle Fuencarral, el de Don Benito, el del expreso de Andalucía, el de Cuenca.

Según los testimonios de la época, las causas de la delincuencia son de dos tipos: intrínsecas de los individuos («el criminal nato», pérdida de la conciencia moral) o ambientales. La tesis del «criminal nato» se acoge explícitamente en el impresionante relato *Hambre y miseria,* localizado en los bajos fondos de Sevilla a principios de siglo. Es una aplicación de la fisiognomía a la ciencia penal. Ahí está, por ejemplo, la figura de *Barrabás:* «frente escasa, ojos pequeños, hundidos, nariz roma, boca de labios gruesos y orejas grandes, puntiagudas y despegadas del rostro brutal como aventadores... En sus ojos inexpresivos reflejábase el paisaje desolado de su tierra natal [Almería]... El corazón era una cosa inútil que latía en su pecho mecánicamente como un reloj en marcha. Ese frío y ese cálculo desaparecían cuando la sensualidad palpitaba en sus venas. Ante los apetitos carnales, erguíase amenazador e invencible como un lobo hambriento» (Mas 23:257). Para rematar la descripción, estaba el apodo. ¿Cómo no iba a ser carne de presidio?

Las teorías positivistas llevan a razonamientos tan fantásticos como este que despacha un personaje barojiano. Viene a decir que muchas personas, en lugar de emplear el cerebro para leer y discurrir, lo dedican a satisfacer sus «instintos fieros». Como consecuencia de esa desviación, «el crimen aumenta, aumenta el apetito sexual, y al aumentar este, crece el consumo de alimentos y encarece el pan» (Baroja 04a:99). Es evidente el *non sequitur,* pero la coherencia lógica no era la cualidad más estimable para el bueno de don Pío.

Las dudas sobre las teorías del «criminal nato» empiezan con el reconocimiento de sentido común que hace un personaje de Trigo. Viene a decir que, si se recorre bien todo el árbol genealógico de una familia, acaba por encontrarse siempre «una liviana, una niña con la virtud entre la reja, un perdido, un presidiario... o presidiable» (Trigo 10a:290).

Las tesis que podríamos llamar *ambientalistas* terminan por imponerse. La delincuencia es producto del medio, de la miseria, de la necesidad. Como queda dicho, la típica novela regeneracionista, *¡Muera el señorito!,* nos retrata las adversas condiciones de vida de un pueblo manchego. La tierra se dedicaba antes al bosque o al pastoreo. Ahora se ara para sembrar «y el trigo no mantiene más que a unos pocos» (López de Haro 16:69). Una turba de braceros famélicos se arremolina frente al Ayuntamiento para pedir pan y trabajo. «Con el frío venía el crimen... Al llegar noviembre el miedo encerraba [a los vecinos] con luz del día, y sólo algunos incorregibles, armados hasta los dientes, se atrevían a ir al casino después de cenar. Las casas se cerraban temprano con llave, cerrojo, cadena y tranca... Desde octubre a marzo los braceros eventuales no ganaban jornal.» El hambre de los inviernos generaba la violencia y el robo (p. 68).

Si en los pueblos del Sur se daba esa sensación de inseguridad, la misma se traslada a las ciudades. Véase la descripción del barrio madrileño de Tetuán (entonces más bien un pueblo suburbial) a principios de siglo: «Una siniestra soledad propicia al crimen, con sus farolillos escasos, medio caído el poste y rotos los cristales, con sus callejuelas, donde se pudrían amontonadas las inmundicias y pasaban canes flacos, costrosos y aulladores» (Francés 15:247). No era precisamente el Madrid zarzuelero.

Se encuentra por doquier la tesis regeneracionista de que la cárcel no sirve para reinsertar (como hoy diríamos) a los presos, sino que es una ulterior escuela de delincuencia. Ciges Aparicio, con una triste experiencia carcelaria, aporta numerosas ilustraciones para apoyar aquella tesis. Dolorosamente advierte que los penados homosexuales encuentran en la prisión su verdadero hogar (Ciges Aparicio 03:227-258).

Eduardo Zamacois es el narrador que mejor dramatiza los argumentos de la ciencia penal de entonces. Para él la cárcel no sólo no rehabilita, sino que contribuye a un imborrable estigma, que es causa de ulteriores delitos (Zamacois 29:56).

El apunte que realiza Zamacois de la vida carcelaria representa un testimonio sociológico de sumo interés. La prisión reduce la vida humana a su más zoológica expresión. «En el tedio del mundo carcelario, después de la libertad, lo único que interesa es la comida» (Zamacois 33:57). Observa este autor un contraste curioso: «En las cárceles de mujeres no se advierte... ese prurito de rebelarse, de reñir, que surge sordamente en los presidios de los hombres... Las mujeres son rutinarias, pacíficas y, como el gato, se encariñan con el sitio en que están. Su capacidad de adaptación es extraordinaria» (p. 64). Habría que tener en cuenta que las mujeres solían ir a la cárcel por unos delitos muy distintos de los que llevaban allí a los varones. Paradójicamente, muchas mujeres, arrastradas a una incierta vida callejera, encontraban en la prisión el hogar que anhelaban. Al menos esto es así para la protagonista de la novela reseñada, *El delito de todos,* que revela la condición de las clases menesterosas del Madrid de 1900.

Véase también:

CONFLICTOS
CORRUPCIÓN
JUSTICIA
PROSTITUCIÓN

El atuendo era austero, exigía la protección de la cabeza, distinguía a las clases sociales. (Foto: Santiago Ramón y Cajal)

Dinero

«Poderoso caballero/ es don Dinero», decía el ya famoso estribillo de Quevedo, de 1640. Si valía para una sociedad señorial, qué no había de ser para un país que empezaba a aburguesarse: el de fines del siglo XIX. Hablar de dinero era parte de cualquier conversación. No deja de ser curiosa la gran variedad de términos con que el vulgo trataba a las ansiadas monedas de cinco pesetas: *duros, machacantes, ojos de buey, chulés, leandros* (Ramírez Ángel 24:127).

Una sociedad agraria tradicional se distingue porque el dinero corre lo menos posible. La riqueza y la pobreza se transmiten de padres a hijos. Sólo se puede hacer uno rico por un golpe de suerte, un pariente lejano que deja una sustanciosa herencia, un tesoro que se encuentra. El mito del tesoro escondido por los romanos, los moros o los normandos es algo que atrae a la imaginación de los campesinos de Ibiza (Blasco Ibáñez 09:269). El campesino que se hace rico en vida es visto con suspicacia por los demás. Piensan que la opulencia repentina ha tenido que ser por robo, no por acumulación de esfuerzo (López Allué 00:118).

La transición a una sociedad burguesa significa la pérdida del «sentido reverencial del dinero», según la expresión famosa de Ramiro de Maeztu. Se atenúa la interpretación condenatoria de la riqueza que transmite el Evangelio. Al contrario, el dinero empieza a ser, para quien lo posee, símbolo de virtud. Así piensa un personaje barojiano: «Para don Pedro el hombre rico era el hombre por excelencia; tendía a considerar la riqueza, no como una casualidad, sino como una virtud...; [sustentaba la] teoría del dinero equivalente a mérito: un desheredado tenía que ser sinónimo de miserable» (Baroja 11:25-27).

La creciente circulación del dinero tiene otro efecto: hace más visibles las diferencias sociales. En una sociedad campesina no suele haber mucha distancia entre las condiciones de vida de los agricultores más o menos ricos: todos se iluminan con candil. Entre ir a pie o a caballo no hay tanta diferencia como entre ir a caballo o en automóvil (Baroja 04a:205).

El salto de una a otra sociedad se produce en torno al remolino económico y social que ocasiona la guerra europea del 14. Lo que se llamó «especulación de las navieras» (el fabuloso aumento de los fletes) multiplicó las fortunas de los «osados o inconscientes del país». Se cuenta el caso de uno de esos «nuevos ricos» que «se compró cinco automóviles y estaba construyéndose dos palacetes en Tolosa» (Salaverría 24:20). Era tal la incongruencia de posición que uno de esos «ricos de la posguerra» se resistía a utilizar el cuarto de baño porque «*toos* los agostos se remojaba en el auténtico San Sebastián» (Mora 22:72).

El momento de la guerra europea supone un inesperado fenómeno: la tasa de inflación supera todos los grados que se recordaban. Esto supone alteraciones bruscas de fortuna. Por ejemplo, muchos «covachuelistas» (funcionarios con sueldo fijo) comprueban que, al cabo de poco tiempo, ganan menos que muchos obreros especializados, que se contratan a destajo (Belda 18:210). Estos hechos producen fuertes alteraciones de los niveles de consumo. Paradójicamente, la prosperidad trae como consecuencia una pavorosa «crisis de subsistencias». Es el umbral de la sociedad dineraria, la nuestra.

Véase también:

BURGUESÍA
CORRUPCIÓN
HAMBRE
PRECIOS Y SALARIOS
PRESUPUESTO FAMILIAR
PROFESIONALES
TRABAJO
USURA

Dolor

Las necesidades narrativas hacen que la condición de enfermos afecte muchas veces a los personajes novelados. Era un reflejo más de la realidad. Lo que distingue a la sociedad española de fines del siglo XIX es que, por primera vez en la Historia, comienza a descender sistemáticamente la mortalidad. El hecho es de oceánica trascendencia para el discurrir de la vida cotidiana. Es una paradoja, pero, al enfrentarse con éxito a algunas enfermedades, la consecuencia es que aumenta el número de enfermos. No sólo eso; se empieza a ser sensible al dolor.

Un médico como Pío Baroja, tan fino espectador de las flaquezas humanas, no deja de observar el hecho de que el umbral del dolor es distinto para cada persona. Recuerda el suceso de un sargento de la Guardia Civil, con «fama de severo y de enérgico», que se desmayó cuando le pincharon para un análisis de sangre. «En cambio, hemos visto mujercitas pálidas y finas resistir unos dolores horribles» (Baroja 36:121). Entonces la mortalidad de las mujeres no era todavía mucho más baja que la de los varones, como es hoy, pero ya se acusaba la distinta sensibilidad ante el dolor según los sexos. Quizá sea un fenómeno general, que aún hoy resulta de difícil comprensión.

Otro novelista-médico parte de la observación de que la capacidad para el dolor es variable según los individuos. Una vez que se rebasa cierto umbral, se dispara un mecanismo defensivo por el que «ninguna nueva contrariedad puede acrecentar el sufrimiento» (Juarros 27:14). Es una apreciación sumamente interesante, que ayuda a entender la siempre difícil relación entre dolor y sufrimiento.

El *alter ego* del novelista, Fernando Leguizamón, traduce su obsesión de que «el sufrimiento es un accidente de la existencia humana, que el progreso evitará algún día, porque el hombre acabará por descubrir los remedios para todos los males» (Bueno 35:218). La pretensión es utópica, entre otras razones, porque el progreso médico y farmacológico lo que hace es rebajar cada vez más el umbral del dolor.

Baroja presenta un entrañable personaje, un ciego como consecuencia de la viruela, que razona como aproximadamente lo haría el novelista: «Hay dolores que son como una ventana que le abrieron al alma. En cambio, hay otros que la envilecen, que van envueltos en cóleras sordos, en envidias, en bajas pasiones. Y eso es muchas veces lo peor del dolor, ese légamo de vileza que arrastra. Yo siempre le pido a Dios que, si me envía desgracias, deje mi alma limpia para sufrirlas. El conocer la tribulación, el analizarla, el medirla, es ya un principio de consuelo.» Este último efecto lo compara con el sorprendente valor que supone reconocer y calibrar que se tiene miedo (Baroja 02:76). Baroja redacta precisamente su tesis doctoral de Medicina sobre el dolor. Rechaza la noción clásica de que placer y dolor son polos opuestos.

El dolor está presente en otras muchas situaciones. Sorprende la penetración psicológica de algunas observaciones. Por ejemplo, nos encontramos con un enfermo del estómago que acierta al convertir su dolor en sensibilidad. Razona así: «El hombre sano no padece, pero tampoco siente» (Ramírez Ángel 25b:167). Se entiende así la función humanizadora del dolor. La experiencia dolorosa refina la capacidad de sentir, sin la cual sería imposible el ejercicio de la inteligencia. Hay una conclusión todavía más sorprendente, derivada del razonamiento anterior: «Entre los que padecen, se amista más pronto que entre los sanos. Para que la concordia social fuese un hecho, y no una quimera, todo el mundo debería estar algo enfermo» (p. 180). Una esperanza de la sociedad que se complica y se moderniza es que, con un número creciente de enfermos, tendría que haber más solidaridad. Es un concepto difícil de medir. Por lo menos es imposible decir si nuestra sociedad es más solidaria que la de nuestros abuelos, aunque ellos hubieran dicho «caritativa».

Un efecto no deseado del alargamiento de la vida, y por ello, de la multiplicación de los casos de enfermedad, es que aparece una nueva: la hipocondría colectiva. El adjetivo hay que ponerlo para darle el sentido que tiene la verdadera epidemia. Nuestros abuelos sólo llegaron a atisbar que esa situación podía producirse. Un novelista, a la búsqueda constante de paradojas, detecta la «enfermedad del termómetro», que era la obsesión por tomarse la temperatura de los enfermos del pecho. Esa obsesión complica la enfermedad orgánica misma (Gómez de la Serna 14:100). Es lo que ocurrirá, algunos decenios más tarde, con la manía de tomarse la tensión o de los *chequeos*.

Véase también:

CUERPO
ENFERMEDADES
HIGIENE
LUTO
MUERTE
REMEDIOS

Elecciones

Formalmente hablando, el largo período de la Restauración, por lo menos desde 1876 a 1923, es un sistema constitucional con elecciones regulares y alternancia política. Pero todo eso es sobre el papel, que no es poco. La exigencia de los escritores va más allá. Denuncian las prácticas corruptas, muy particularmente las elecciones, que consideran falseadas o por lo menos alteradas.

Un novelista costumbrista de Huesca relata con detenimiento el ambiente de las elecciones, «en su acepción genuinamente española, es decir, como sinónimo de odios y enconos personales» (López Allué 00:107). Ilustra el juicio con diversos sucesos. Así, los campesinos del Somontano, a la hora de votar, comentan entre ellos: «Ya tenemos la lección aprendida: votemos los zagueros [después de los demás] y entonces, al más dante [el voto al mejor postor]» (p. 47). La operación del sufragio se organizaba así. El maestro y secretario del Ayuntamiento (entre otros cargos), de acuerdo con el cacique-alcalde, «vaciaba el censo en favor del candidato ministerial fuese quien fuese, y así, el Gobierno quedaba satisfecho, el candidato agradecido, el pueblo sosegado y orgulloso del maestro» (p. 35). Era lo que se llamaba *pucherazo,* puesto que, más que una urna, en los pueblos se utilizaba un puchero para depositar los votos.

En la Galicia rural, el asunto no era tan bronco. El día de la elección era de verdadera fiesta, de romería. Llegaban de las aldeas los carros adornados con ramas y a los viajeros las autoridades ofrecían «pipa abierta y comilonas en todas las tabernas» (Camba 19:248).

Otro testimonio cuenta que, para sacar a un diputado *cunero* [el que le indicaban desde Madrid], el cacique local impide que el notario dé fe del acto porque «no lleva la fe de vida». Era un requisito que no había previsto el buen letrado. No sólo eso, los sicarios del cacique introducen abejas en la sala de votación como definitiva maniobra disuasoria (Pérez Lugín 28:268).

Ciges Aparicio narra otras muchas incidencias más o menos festivas, como ilustración del carácter fraudulento de los comicios. Por ejemplo, cuenta la historia del diputado que llega a su distrito para la campaña electoral. Va en el tren rápido y se cambia al correo en la estación anterior, para impresionar al electorado con su modestia (Ciges 25:38). La historia se ha escrito tantas veces, que seguramente resulta apócrifa, pero sigue siendo ilustrativa. Son igualmente tópicas las promesas electorales de la carretera y el puente que promete el candidato al pueblo (p. 99). La campaña electoral se organiza de modo rumboso. Una caravana de automóviles recorre los pueblos con pequeños regalos para los lugareños. Los políticos apadrinan a los nacidos por esas fechas (p. 73). El asunto no sería grave si no mediaran prácticas claramente corruptas, que arrojan muchas dudas sobre la legitimidad del proceso electoral (p. 146).

Pío Baroja dibuja un cuadro no menos triste de las elecciones en un poblachón castellano. La corrupción se apoya sobre la falta de interés y de información política (Baroja 10).

Aunque los testimonios de los novelistas puedan ser parciales, hay un hecho incontrovertible. Las elecciones de la Restauración las solían ganar los ministros que tenían el encargo de organizarlas. Era algo sabido, que no extrañaba ni alarmaba demasiado. Por lo menos proporcionaba una ilusión de sucesión política pacífica. No era poco en un país y un tiempo en los que los asesinatos políticos no eran raros. En menos de una generación tres jefes de Gobierno caen asesinados: Cánovas (1897), Canalejas (1912) y Dato (1921). Se comprenderá el extraño suceso de que en 1923 se hiciera con el poder un general, a través de un incruento golpe de Estado. Fuera de algún político liberal, como Santiago Alba, ninguno más se opuso al pronunciamiento. No hubo ningún muerto.

Véase también:

CACIQUISMO
CORRUPCIÓN
OLIGARQUÍA
POLÍTICOS

Enfermedades

A primera vista, parece que la enfermedad tendría que ser algo natural, que oscilara poco a lo largo del tiempo. No es así, la existencia misma de la enfermedad, sus causas y remedios, las formas de tratamiento, todo eso es muy diferente hoy de la época de nuestros abuelos. Influyen para ello factores de conocimiento científico, pero también sociales y culturales.

Para empezar, durante todo el período considerado está ausente la noción de lo que hoy llamaríamos seguridad social. Una enfermedad grave suponía la ruina para una familia modesta, sobre todo si afectaba a las personas activas (Mas 23:79). Téngase en cuenta que, en la mayoría de los trabajos, si no se trabajaba, no se cobraba. Quizá como una racionalización de esa desgracia, popularmente se responde con una noción fatalista de las enfermedades. Dice un personaje de una patética novela sobre la emigración a América: «Cuando un niño se enferma, es porque Dios lo quiere, y contra esto no hay médico que valga» (Zamacois 13:182). A pesar de lo cual, desde el lado profesional se avanza mucho hacia una consideración científica de las dolencias. Emilia Pardo Bazán pone en boca del doctor Moragas, un médico coruñés amigo de la familia, la consideración de la enfermedad como «una totalidad, un conjunto armónico... Apenas hay males del cuerpo o del espíritu aisladamente» (Pardo Bazán 94:14). Era una concepción muy actual, superadora del positivismo del siglo XIX.

El grueso de las enfermedades lo constituían las infecciosas. De ahí que las causas y circunstancias que precipitaban las dolencias se asociaran a la higiene. Las condiciones de vida de un pueblo manchego llevan a relacionar la incidencia de diversos males con la falta de aseo (López de Haro 16:54). Se pueden leer alusiones a la falta de dientes como síntoma, causa y consecuencia de diversas enfermedades. Así, se mencionan las «bocas desportilladas» de las prostitutas (Hoyos y Vinent s.f.:26) o la boca desdentada como consecuencia de un mal parto (p. 169). El asunto no parecía grave cuando el mal parto solía acarrear secuelas aún más lamentables. Podemos imaginar la prematura vejez de una mujer gallega de cuarenta años, desdentada, que se resiste a llevar dentadura, «huesos falsos en la boca» (Insúa 21:7).

La ciencia médica de finales del XIX realizó un ingente esfuerzo para determinar las llamadas *causas de muerte.* Se trataba de una primera lista de enfermedades, con síntomas detallados, de tal manera que aislaba automáticamente cada uno de los males orgánicos que podían detectarse en la fase final de un enfermo. Pero lo que parece una réplica del «cuadro periódico de los elementos» de la Física lo es sólo por la intención y por la forma. Los diagnósticos están teñidos de subjetividad, se ven influidos por el estado de los conocimientos y aun de las modas de cada época. Un médico de *La Regenta* representa la terapéutica por «el trato social». Sus diagnósticos eran imprecisos y variaban con las modas: «Años atrás, para él todo era flato; ahora todo era cuestión de nervios. Curaba con buenas palabras» (Alas 84:223).

Las estadísticas oficiales inauguran en 1900 una clasificación de «causas de muerte» que comprende 179 epígrafes. Agrupan diagnósticos de muy distinta amplitud y definición. Como es fácil imaginar, una gran parte de los fallecidos lo eran por enfermedades infecciosas, fundamentalmente tuberculosis, fiebres tifoideas y enfermedades infantiles. Eran muchos los fallecidos con diagnósticos desconocidos o definidos de manera harto difusa, como «falta de cuidados» o «debilidad senil». Algunas novelas relatan una causa de muerte muy popular y completamente difusa: «dolor miserere» (González Anaya 23:144). Seguramente era apendicitis. Hay un personaje enternecedor de Baroja, un viejo que se muere literalmente de hambre. Al llegar su último trance, el hombre advierte a sus vecinos: «No, si no tengo nada; no se molesten ustedes; un poco de debilidad.» Y añade el novelista: «nada más —y se estaba muriendo—» (Baroja 11:280). La escena recuerda el suceso tan comentado del torero a quien el toro le hace saltar un ojo. «No es nada, no es nada», decía el animoso matador. El comentarista deja caer en su crónica: «No era nada lo del ojo, y lo llevaba en la mano.» El famoso torero pasó a la historia como *Desperdicios.*

Junto a la desnutrición, seguramente eran la falta de higiene y de atención médica las causas mediatas de muerte más corrientes en la época que cronicamos. Todavía a principios de siglo se podían registrar casos de resistencia popular a la vacuna (López de Haro 16:53). El cuidado médico no sólo era caro, como hemos dicho. Había también ciertas barreras culturales que hacían difícil el acceso al médico. Por ejemplo, en un pueblo manchego, hacia 1915, una anciana se muere estoicamente sin dejar que el médico la explore. Era una extravagante interpretación del pudor (López de Haro 16:70).

Son innúmeras las ilustraciones de casos de enfermedad que acompañan a los argumentos de las novelas. Lo que hay llamamos «estrés» era un difuso estado que acusaban muchas personas de las clases acomodadas. La solución típica era la de pasar una larga temporada en el campo. La enfermedad benigna era una excelente ocasión para el ocio, para intensificar las relaciones sociales. «Como todos los enfermos, sentía la necesidad de hablar» (Blasco Ibáñez 09:113). Es una finísima observación que vale para todos los tiempos.

La atención médica era tan insuficiente que lo que hoy llamamos medicina hospitalaria era prácticamente inexistente. El hospital era más bien un internado para enfermos terminales y pobres. Las clases medias se resistían todo lo posible a tener que ir al hospital. Era el último recurso. La señora de la casa ve cómo la criada empeora de la tisis, pero comenta: «Esa infeliz, mientras yo aliente, no va al hospital» (Zamacois 33:382). Seguramente no había noción de que la tuberculosis fuera contagiosa. Un caso parecido es el de la criada de una casa de huéspedes. Empieza a tener mucha fiebre y se llama al médico. Se plantea la necesidad de trasladarla a un hospital, «pero la patrona, como tenía buen corazón, no se determinó a hacerlo» (Baroja 04:161).

Como puede verse, intervenía entonces un alto componente irracional en todo lo referido a las enfermedades y su curación. Eran muchas las creencias populares que tenían más de magia que de ciencia. Así, algunos expresaban el temor a contraer diversas enfermedades como consecuencia de las relaciones sexuales frecuentes (Mata 18:437). Una creencia muy popular era que las personas de cuello corto eran más propensas a las hemorragias cerebrales (Baroja 00:124).

El tránsito del siglo XIX al XX, tan dinámico e interesante por tantos motivos, supone también la creencia científica de que muchas enfermedades se producen por las condiciones de vida, por lo que se llamó entonces «patología social» (Rodríguez Ocaña 87:24). Los *higienistas* de la época vienen a ser una suerte de moralistas laicos. No trataban tanto de curar enfermedades como de vigilar las costumbres. A esta cruzada se suman muchos otros profesionales (desde luego los que a sí mismos se llamaron, por primera vez, *sociólogos)* y también algunos novelistas. Algunos de ellos habían pasado, incluso, por las aulas de Medicina (Zamacois, Baroja, Trigo). Un texto de uno de los higienistas de la época subraya la confianza en erradicar la primera causa de muerte: las enfermedades infecciosas: «En los países cultos de Europa y América se halla reconocido como axioma el principio de que todas las enfermedades infecciosas pueden extinguirse, si las autoridades ponen eficaz empeño en evitar la propagación de los gérmenes, combatiendo las causas productoras de los mismos» (Martínez y Gutiérrez Pacheco 92:9). La verdad es que cien años más tarde todavía no se han erradicado todas las enfermedades infecciosas, aunque el progreso general ha sido evidente.

La dolencia más literaria fue sin duda la tuberculosis o tisis. Se era consciente de que la temida enfermedad azotaba a los miembros de una misma familia, lo que llevaba a la creencia de su transmisión hereditaria (Espina 14:58). Era, sin mencionarla por su nombre, «la enfermedad maldita». Su cura pasaba por el traslado del paciente a un clima seco y de altura (Aranaz Castellanos 19:78). A veces, esa dolencia se disfrazaba de «neurastenia» para que el enfermo pudiera convivir con otras personas (González Anaya 15:179). Ante los primeros síntomas de la tisis, se envía al chico a un pueblo de la Huerta valenciana, con «alimentación intensa y baños de sol» (Baroja 11:136). Se tenía una gran confianza en la *vis medicatrix naturae,* tanto de la naturaleza del cuerpo como de la exterior (agua, sol).

Una dolencia muy común y genérica en los pueblos eran las «fiebres», que comprendía el paludismo, tercianas, tifoideas, tifus, fiebres intermitentes, entre otras denominaciones. Felipe Trigo las detecta de manera endémica en los pueblos que visita como médico (12:63; 14:107). La observación de otro novelista-médico, Pío Baroja, es muy parecida: «Todos los que vivían en el parador [posada], viejos, jóvenes y niños, estaban escuálidos y amarillos por las [fiebres] intermitentes» (Baroja 08:186). «[En la comarca de Vera de Bidasoa] la gente se muere como chinches de las fiebres [palúdicas]. Todos estos pueblos hacen balsas para que se bañen los cerdos, y esas balsas se llenan de mosquitos, que son los que propagan las fiebres» (p. 200). ¿No sería esta comprobación una de las razones de la mala prensa que tuvo siempre el cerdo?

El tifus se considera una enfermedad endémica, de larga duración, producto inevitable de la falta de higiene (Martínez Sierra 10:133). Se observa su carácter periódico, coincidente cuando se saca el estiércol todos los años para preparar las tierras (López de Haro 16:63). Se llega a creer que el tifus es parte inevitable del paisaje. «El tifus lo tiene todo el mundo en Murcia; está siempre debajo de Murcia a dos jemes [palmos] de profundidad» (Miró 26:64). Naturalmente, el tifus se curaba en casa, como sucedía con casi todas las enfermedades, mediante una larguísima convalecencia (Mata 30:49).

El carácter familiar con que se trataba a las enfermedades llevaba a que se les diera nombres comunes, alejados de los científicos. Así, la gripe era el «trancazo» (Baroja 04a:106) o el cáncer de mama pasaba por el «zaratán» (Miró 21:83). Se comprende que muchas dolencias sean profesionales, por eso mismo inevitables. Así, se dice que el cáncer de estómago es la enfermedad de las criadas: «El cáncer roe sus estómagos por causa de tantas digestiones agriadas por la diferencia de hora [de las comidas], por el recado en medio de la comida, por el mandato súbito» (Gómez de la Serna 23:59).

El tratamiento de las enfermedades en casa facilitaba el papel del enfermo como persona que recibía un trato especial, sobre todo en las largas convalecencias. De ahí que se precie la persona que «hace buena enferma», es decir, «no pedía nada, tomaba todo lo que le daban», contestaba siempre que iba mejorando y no era impertinente (Alas 84:83).

Una última característica que nos aleja hoy de aquel tiempo. En la sociedad de nuestros abuelos los enfermos lo eran de cualquier edad, no sólo los viejos. Se puede recordar el patético cuadro de una mujer de treinta y siete años, que «apenas puede mover sus mortificadas piernas» por el reúma (Jarnés 30:41). Las manos artríticas de los campesinos es una nota que se repite por doquier. Con mucha frecuencia, los niños son enclenques, y las embarazadas temen por su vida.

Véase también:

CUERPO
DOLOR
HIGIENE
LOCURA
MORTALIDAD INFANTIL
MUERTE
REMEDIOS

Españoles

Todo este volumen da cuenta de cómo eran y vivían los españoles de la época de la Restauración. Necesitamos un epígrafe especial para dar cuenta de lo que se contiene en las novelas sobre el *carácter* colectivo de los españoles, el *alma,* como entonces se decía. No se espere una aproximación científica, sino la expresión de los tópicos o estereotipos que circulaban al efecto. Como se verá, algunos están todavía vigentes. Si hemos de creer que existe un mítico *carácter nacional,* este aspecto será seguramente el que confirme mejor la teoría de la continuidad. Es decir, la España de nuestros abuelos es la misma que la que nosotros experimentamos hoy. Aquí tiene que pronunciarse el lector para sus adentros. Simplemente se le ofrece materia para pensar.

El gremio de novelistas llamado aquí a testificar forma parte de la república intelectual. Dicho está que tiene que ser pesimista y hasta jeremíaco por lo que respecta al juicio que le merece el pueblo del que obtienen y al que destinan sus escritos. Forma parte de la ideología regeneracionista, que es la que verdaderamente corta a casi todos los autores de la época estudiada. Quiere decir esto que el resultado del examen sobre el carácter nacional de los españoles por fuerza tiene que ser pesimista. Ofrecemos algunas muestras.

Lo más positivo que podemos sintetizar del carácter del español medio es «la prontitud con que improvisa la moral». Quiere esto significar una suerte de adaptación a la moral de circunstancias. Si está satisfecho, es un hidalgo desprendido. «Pero si se siente menesteroso y apurado, se salta de un brinco todos los artículos del Código Penal» (Bueno 36:10). La piedra de toque es el hambre, «lo cual le permite fluctuar entre la caballerosidad y el cinismo» (p. 16). El mismo autor considera en otro texto que la virtud más llamativa del español es la simpatía que logra transmitir a los demás. Este es más bien un resultado, «la aleación de inteligencia y de picardía» (Bueno 31:60). Otra característica, esta más bien ambivalente, es la «puntillosidad del carácter español; en lo individual no tolera nada y en lo colectivo lo soporta todo sin una rebeldía» (Bueno 35:191). La verdad es que esa reflexión es interesante. Explicaría la paradoja, tantas veces observada, entre la dignidad en las relaciones interpersonales y la sumisión pastueña de los españoles como ciudadanos.

El personaje llamado Fermín, de la novela *Los visionarios,* representa el *alter ego* del autor, Pío Baroja. Discute con un médico comunista y le presenta sus dudas sobre la posibilidad de un régimen de disciplina: «¿Qué comunismo vamos a traer en un país donde nadie acude con puntualidad a las citas, donde no hay posibilidad de cooperación ni de colaboración y en donde, no los niños, sino las personas mayores van echando las cáscaras de naranja en las aceras, sin pensar que el que venga detrás pueda resbalarse y matarse?» (Baroja 32:129). Se alude, una vez más, a la insolidaridad, la indisciplina, como una de las esencias del alma española. Una versión de esa tacha es lo que otro novelista llama la *«analgesia,* [como] enfermedad nacional» (Zamacois 27:262). Viene a ser algo así como la insensibilidad para el dolor ajeno, el cual provoca muchas veces regocijo.

La acrimonia de Baroja asoma muchas veces a estas páginas. Para el de San Sebastián, el español no sólo es indisciplinado, «es demasiado fanático, demasiado vago y casi siempre demasiado farsante» (Baroja 11:167). La triple reiteración del adverbio indica que es la desmesura lo típico del español. Es respecto a la esfera pública donde la visión barojiana es más ácida: «Aquí no hay más que tres cosas: un patriotismo de Madrid, burocrático y falso; un regionalismo, que es una cursilería; un provincianismo infecto, y luego la barbarie natural de la raza. Esto es lo español» (Baroja 08:71).

El comentario sarcástico respecto a lo español se da en casi todos los novelistas de la llamada pomposamente «generación del 98», no sólo Baroja, sino Unamuno y *Azorín.* Dice este último: «Se habla de la alegría española, y nada hay más desolador y melancólico que esta española tierra. Es triste el paisaje y es triste el arte» (Martínez Ruiz 02:164). Claro que más triste es *Azorín.*

Si pesimista es la «generación del 98», no lo es menos la que le sigue, lo que podría ser la de la llamada «novela intelectual», según la certificación de Andrés Amorós. Su eximio representante es Ramón Pérez de Ayala. Es el equivalente novelístico de lo que José Ortega y Gasset sería en lo ensayístico. Esta es la amarga calificación que hace Pérez de Ayala de los españoles, como si los viera desde la distancia de otro continente: «gente miserable, holgazana e inútil, sin fortuna y con ambición, sin trabajo y con Lotería Nacional» (Pérez de Ayala 12:96). No importa que no sea él mismo quien pronuncie directamente este severo juicio. Es sabido que la técnica novelesca permite poner en boca de un personaje fingido lo que el autor no se atreve a expresar personalmente. Pero ese carácter proyectivo la hace por eso tan sincera y valiosa. Véase otro exabrupto de nuestro autor: «Somos una raza con los sentidos romos... El idioma que hemos de usar los españoles es un idioma elaborado, batido y ennoblecido por los místicos... para expresar lo inefable; es decir, que no se tiene nada que decir... Un pueblo que no tiene sentidos, no puede tener imaginación» (Pérez de Ayala 12:132).

El lector dirá si esos rasgos del carácter español los considera pretéritos o actuales, inventados o realistas, representativos del conjunto o sólo referidos a la república de las letras.

Véase también:

ANDALUCES
CARACTERES REGIONALES
CASTELLANOS
PREJUICIOS ÉTNICOS
RELACIONES INTERPERSONALES
SUERTE
TALANTE
VASCOS

Los campesinos confeccionaban su propia ropa y vivían en una manifiesta austeridad. (Foto: Otto Wunderlich)

Éxodo rural

Decimos muchas veces que la sociedad de nuestros abuelos *empezó a moverse* de modo definitivo, después de una secular tendencia estanca. Es ese primer movimiento lo que ha hecho posible que el país que nosotros hemos visto sea el que es. Uno de los síntomas más generales de transformación social fue la movilidad geográfica. Hasta la época de la Restauración era muy tenue el doble proceso de emigración exterior y de cambios de residencia dentro de España. Hacia 1877 sólo Madrid y, a mucha distancia, Barcelona, las provincias vascongadas y algunas andaluzas contenían una apreciable proporción de «forasteros». Comprende esa categoría los nacidos fuera de la provincia. Cuando nos situamos al final del período de la Restauración, esa proporción ha experimentado un notable incremento en casi todas las provincias que inician el proceso industrializador. De modo relativo, la expansión de la tasa de forasteros es más notable en Barcelona, Vizcaya y Guipúzcoa. De todas formas, en 1930 Madrid sigue estando a la cabeza por la proporción de forasteros: 46 por 100 de todos los residentes. Veamos los datos numéricos para las principales provincias.

Porcentaje de cada combinación	Proporción de forasteros*	
Provincias con más del 10 por 100 de forasteros en 1877	1877	1930
Madrid	45	46
Barcelona	21	37
Cádiz	20	13
Vizcaya	18	26
Álava	18	19
Sevilla	14	16
Guipúzcoa	11	21

* Varones nacidos fuera de la provincia del total de varones residentes.

Los porcentajes son muy modestos para lo que hoy se estila, pero estamos viendo una sociedad móvil en *status nascens.* Se determina muy bien el triángulo industrial: Madrid-Barcelona-País Vasco. Es el que atrae población rural que procede de las comarcas cercanas y, cada vez más, de las alejadas. Se tiene la sensación de una sociedad que empieza a moverse. Este es un testimonio de principios de siglo: «Cada capital tiene sus invasores. El comercio de Zaragoza está invadido por los montañeses de la provincia de Huesca. A Córdoba lo invaden los sorianos. A Cádiz, los montañeses de Santander. A Madrid, los gallegos, asturianos y leoneses, y acuden también de todas las provincias. Los catalanes invaden a España entera» (Martínez Baselga 03:202).

Los escritores del momento son sensibles a estos trasvases de población. Se comprende también su indudable carácter selectivo; es decir, emigran los más preparados y dinámicos. Esto significa una creciente descompensación entre los recursos del campo y de la ciudad, y, en último término, entre los de Madrid y los de «las provincias». Un personaje de *Azorín* intuye muy bien ese carácter selectivo: «La emigración del campo a la ciudad es cada vez mayor. Todos quieren ser artesanos, todos quieren dejarse el urbano bigote, símbolo, al parecer, de un más delicado intelecto... Dentro de treinta, cuarenta, cien años, si se quiere, no quedará en el campo más que una masa de hombres ininteligentes, automáticos, incapaces de un trabajo reflexivo» (Martínez Ruiz 02:125). Este texto va a ser el precedente de una larga serie de testimonios que lamentan lo que, con notable exageración bíblica, dio en llamarse *éxodo rural.*

Concha Espina realiza un notable trabajo etnográfico sobre la Maragatería, centrado en el hermoso pueblo de Castrillo de los Polvazares (aunque ella residió más bien en la vecina Astorga para ese «trabajo de campo»). Este es el testimonio que recoge desde la perspectiva de los maragatos que seguían en la comarca: «Ya no quedamos en el lugar más que los viejos, las mujeres y la rapacería» (Espina 14:107). El mecanismo migratorio era el siguiente. Las mujeres se casaban pronto, por lo general antes de los veinte años. Los maridos salían a trabajar a otras tierras, siguiendo la tradición de los arrieros, que fueron siempre los maragatos. Regresaban sólo ocasionalmente para las fiestas. «El que se quedase aquí, sería por no valer, por no servir más que para labores animales. Los maragatos son muy listos y se ocupan en otras cosas de más provecho» (p. 117). El curioso «usaje del país» era que la mujer se negaba a vivir con el marido, a recibirle, a hablarse incluso, cuando venía para las fiestas y no traía suficiente dinero (p. 160). Era una forma de presión social para que los hombres se esforzaran. No deja de ser una extraña reacción puritana. Siempre se dijo que los maragatos eran diferentes. La leyenda dice que son los descendientes de los judíos que se asentaron junto a las minas del Bierzo, cuando los romanos. De ahí su resistencia al trabajo agrícola y su incesante movilidad.

La emigración hacia Madrid era la más numerosa. Provenía de todas las regiones y fundamentalmente de las provincias limítrofes. Se distinguía por contener una fracción notable de mujeres, que llegaban a Madrid, atraídas por las posibilidades de trabajo (Zamacois 13a:158). La villa y corte ofrecía muchos puestos de criadas, «modistillas» y otros servicios. Fue este un extraordinario estímulo para la transformación de la situación y la mentalidad de las mujeres. César Juarros narra la experiencia de una criada madrileña, procedente de un pueblo segoviano, hacia 1930. Se parte ya de un cierto cambio en el modo de vida campesino. «En las eras ya no se ven moños» (Juarros 32:143). Se colige el significado original de «soltarse el pelo». Pero seguían algunas prácticas ancestrales: «los pechos firmes desconocían la necesidad de sostén... [el atuendo pobre se manifestaba en] la desidia de la chambra» (p. 144). Es patente el choque con la vida urbana: «El teléfono inspiraba pánico. Este era el marchamo indeleble del ruralismo» (p. 145).

Por todas partes se aprecia el contraste entre el rudo emigrante y el ilustrado urbanícola. Al forastero se le designa, desde la ciudad, con un epíteto despectivo. Por ejemplo, los aragoneses que llegan a Valencia son los *churros.* La etiqueta tiene su explicación. Bajaban a Valencia a vender medias y calcetines de lana que la familia toda había estado tejiendo durante el invierno. Eran «medias de lana burda y asfixiante, calcetines ásperos que un puñal no podía atravesar» (Blasco Ibáñez 95:13). Era clara la metonimia. Churras eran las ovejas, y su lana, de mala calidad, constituía la materia prima de aquellos bastos calcetines. Así que *churros* terminaron siendo los vendedores. Se cuenta que algunos de ellos se hacían acompañar de algún hijo pequeño, que abandonaban en la calle, con la confianza de que alguien lo recogiera y criara con mejor fortuna (p. 37). El concepto luego se aplica a la diferencia lingüística. En la Huerta de Valencia, «todo el que no habla valenciano es de la *churrería»* (Blasco Ibáñez 98:171).

La emigración que presenta más rechazo es la que se dirige al País Vasco; son los *maketos,* un término muy despectivo. Durante los primeros lustros del siglo, junto al atractivo de las tierras americanas, se refuerza el tirón que ejerce la intensa industrialización vasca. «El dinero está ahora en la industria del Norte» (Mata 26:88). Esta es la visión de un empresario católico bilbaíno a principios de siglo, correspondiente a la ideología del reciente nacionalismo vasco: «[Abomina de esos] *maketos,* llegados de invasión, trayendo con ellos lo peor de España, contaminando con sus vicios la pureza del país [vasco], siempre descontentos y amenazando con huelgas» (Blasco Ibáñez 04:116). Por las mismas fechas, un nativo guipuzcoano expresa el temor de que, con las fábricas que se están abriendo, «haya [al final] más castellanos y gallegos que vascongados» (Baroja 00:176).

Es Aranaz Castellanos quien mejor ha dibujado el sufrimiento de la inmigración de *maketos*. La simple idea de que una campesina vasca se enamore de un inmigrante es vista como una tragedia (Aranaz Castellanos 19: *passim)*. El inmigrante es parte de un grupo de siete que proceden de un pueblo de Zamora. Se trasladan, al llegar el invierno, a trabajar a destajo en las minas de Bilbao. Las mujeres se quedaban en el pueblo de origen a cargo de las tareas agrícolas. Los hombres se hacían lenguas de los «jornales fabulosos» que ganaban en Bilbao: hasta tres pesetas diarias, el triple de lo que podían obtener en Zamora. Al llegar el verano, regresaban al pueblo para recoger la cosecha y sembrar la del año siguiente. Retornaban a la mina otra vez en invierno. Los siete hombres dormían en la misma cama, en un cuarto sin ventilación (p. 33).

El choque de culturas en el País Vasco finisecular se ilustra con esta escena. Se trata de una señora nacida fuera del País Vasco que acepta el paraguas y el brazo de un caballero amigo, que así se ofrece para que la señora no se moje. Los vecinos critican una conducta tan disoluta. Este es un comentario: «Si la señora hubiera sido bilbaína, ni aceptar el paraguas, ni aceptar el brazo, y se marcha corriendo por toda la calle en medio del chaparrón» (Aranaz Castellanos 99:215). Iba estando claro que lo de la emigración interior traería problemas.

Véase también:

CAMPESINOS
CIUDADES
INDIANOS
MADRID
MATRIMONIO
MOVILIDAD SOCIAL
PREJUICIOS ÉTNICOS
VASCOS

Familia

La familia suele ser el centro de los argumentos novelísticos. Es lógico, porque ningún otro grupo es tan general ni concita tantos afectos e intereses. Baroja expone una sutil distinción entre familia y hogar, dos términos que se consideran intercambiables, pero que adhieren sentidos diferentes. «El hogar es la esencia del individualismo; en cambio, la familia es algo que está más bien fuera que dentro del individuo, algo que determina la clase social. El hogar aísla, la familia relaciona. En España la mayoría de la gente tiene familia, pero no tiene hogar» (Baroja 08:31). El hogar, literalmente, es el fuego de la cocina, donde tradicionalmente se reunía la familia; es el lugar de los afectos. La familia, en sentido barojiano, es propiamente el lugar de los intereses, lo que ayuda a determinar la posición social del sujeto. Ambas dimensiones cuentan.

La relación entre los esposos es la medular de un hogar, en el sentido preciso que acabamos de darle. Vista desde la perspectiva actual, la impresión que produce —a través de las novelas— es que esa relación era más bien fría y distante. Algún texto da cuenta de la moda que se imponía en la clase alta madrileña de principios de siglo: los esposos dormían en habitaciones separadas (Mata 20:167).

La distinción de papeles entre los esposos no siempre era la clásica del marido que salía a trabajar y de la mujer como ama de casa. En el ambiente rural santanderino, se manifiesta una curiosa inversión de esos papeles. Los maridos permanecían ociosos, mientras que sus respectivas mujeres trabajaban en el campo o se iban a Madrid como amas de cría (Martínez Sierra 08:239). El lenguaje plantea una discusión que todavía hoy no ha concluido: la norma de cómo debe designar el marido a su cónyuge. La mujer no quiere que su marido diga «mi mujer» porque es vulgar, ni «mi señora» porque es igualmente de gente baja. Debe decir «mi esposa» (Juarros 27:122).

Si las relaciones entre los esposos eran poco efusivas, las de los padres y los hijos destilaban sumisión. Desde luego, las cartas que la hija de familia recibe del novio, su madre se las entrega abiertas (Trigo 09:168). En otro texto el padre ostenta el derecho a abrir las cartas dirigidas a su hija, que era maestra y mayor de veinticinco años (Mora 24:20).

La norma general es que los hijos no debían fumar delante de sus padres, si bien se advierte que, a principios de siglo, «es costumbre que se va perdiendo en las clases artesanas» (Mas 21:23). Por las mismas fechas se recoge la observación de una madre que deja fumar a su hijo, cuando este cumple dieciocho años, pero «sólo cigarrillos turcos», el equivalente de lo que hoy llamamos tabaco rubio (Martínez Sierra 08:211). Por lo general, la relación de los hijos con la madre es mucho mejor que con el padre. En el Madrid de principios de siglo se transcribe la escena del hijo casado que visita a su madre —que vive cerca— todos los días (Ramírez Ángel 24:155). Un caso muy especial es el de la intensísima relación del hijo cura con su madre. *La Regenta* es, sobre el particular, un monumento de penetración psicológica. «Fermín [el canónigo] era la ambición, el ansia de dominar; su madre, la codicia, el ansia de poseer» (Alas 84:218). El canónigo era «un niño que nunca se hacía hombre» para gozar de la protección de la madre (p. 219). ¿Llegaría Freud a leer estas páginas? Nuestros abuelos no podían disponer masivamente del teléfono, pero es un hecho que los parientes o amigos de aquella época se visitaban más entre sí que nosotros.

Es muy difícil precisar el hecho, pero da la impresión de que la llamada sociedad compleja se apoya sobre el *misterio generacional.* No es otra cosa que el impulso que concentra la unidad familiar, de tal manera que los padres sacrifican un buen trozo de su bienestar actual para que los hijos puedan prosperar más que ellos. El sacrificio puede ser incluso de afecto, pero el resultado es una intensa condensación de recursos, de tal manera que la satisfacción se pospone hasta la siguiente generación. Determinados procesos de la marcha hacia la complejidad, como las migraciones o la acumulación empresarial, no se explican sin ese misterio generacional. Se puede detectar también a través de las novelas. Véase este episodio de emulación a través de la familia. Es parte de una historia que se sitúa en el Madrid de principios de siglo. Se trata de una familia de comerciantes de Astorga, que envía a su hijo a Madrid para que continúe sus estudios de música, para los que parecía particularmente dotado. Contaban para ello con una «fácil proporción», es decir, con los medios suficientes como para atender al gasto. Estos recursos provenían de la acumulación de trabajo. «En aquel honrado hogar se trabajaba, se vivía por y para el niño» (Díaz-Caneja 18:46). La idea era «trabajar sin descanso hasta que [el chico] terminara la carrera, y entonces, traspasado el comercio, se irían a Madrid. No era cosa de que el chico malograse su porvenir en Astorga» (p. 47). Parece una historia judía, lo que avala la verosimilitud de la teoría de los maragatos como descendientes de judíos.

Tampoco cabe idealizar el grupo familiar. El tabú del incesto será la norma más universal, pero su conculcación resulta más frecuente de lo que se admite. El impulso narrativo hace que los textos consultados ilustren algunos casos de incesto, que acaban siendo reconocidos. El ambiente desgarrado de *La Busca* permite a Baroja la descripción de un notable caso de incesto. Un hombre de cincuenta y tantos años —viejo, para la época— se casa en segundas nupcias con una muchacha de veinte. Como se puede esperar, el desfase de edad (que entonces significaba todavía más que ahora) favorece el *entendimiento* del hijo del marido con su madrastra. El hombre se acostumbra a la situación y termina «montándoselo» (así lo dice) con la hermana de su mujer. El ambiente social tan arrastrado hacía que la posible sanción social contra esos desvíos fuera muy liviana (Baroja 04:147).

Zamacois cuenta otro caso de incesto que nos acerca a las tragedias griegas. Se trata de una pareja con un mediano pasar. El marido era «un pobre baboso, dipsómano y abúlico». La mujer siente por él desprecio y asco. «Concentró en su hijo cuanto en ella había de afecto», hasta el punto de que «cuando aún el adolescente no había cumplido los quince años, lo hizo suyo». El mozo se enamoró de una mujer y su madre lo mató (Zamacois 33:70). Naturalmente, hay que conceder al relato la parte de *prima narrativa* que exige el género, pero subsiste la impresión de que el incesto era una conducta bastante corriente.

Veáse también:

AMOR
CRIADOS
HOGAR
MATRIMONIO
MUJER TRADICIONAL
NATALIDAD
NIÑOS
PRESUPUESTO FAMILIAR
SEXO
TUTEO
USOS Y COSTUMBRES

Mata fue uno de los novelistas más populares y prolíficos. *Chamberí* es la novela de las menestralas madrileñas.

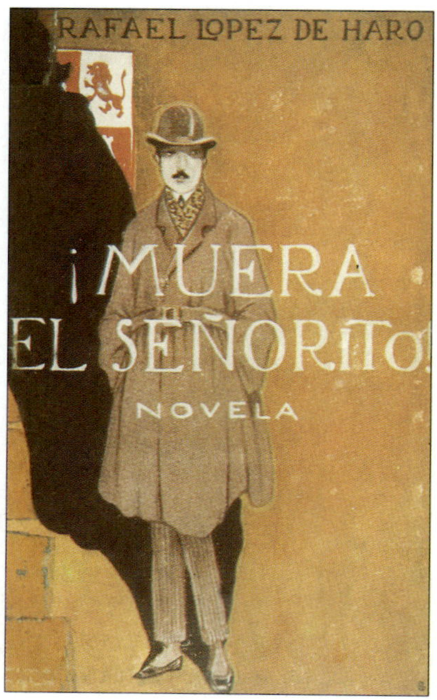

Rafael López de Haro fue un notario rural, discípulo de Felipe Trigo. *¡Muera el señorito!* es la novela emblemática del regeneracionismo. Relata magistralmente el ambiente de un pueblo manchego.

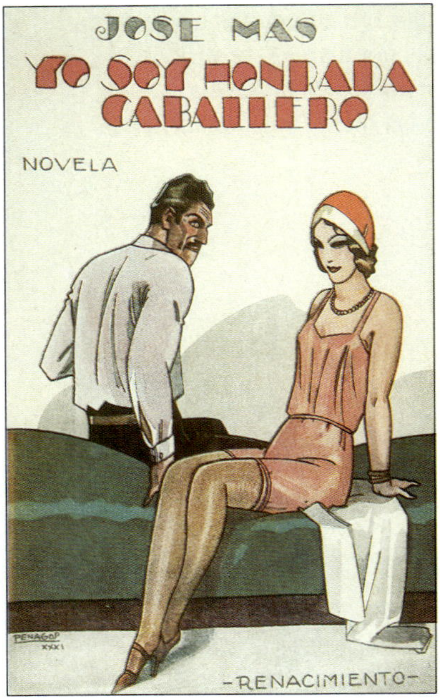

José Mas es un novelista sevillano, pero que sitúa las acciones de sus relatos en diversos ambientes. Esta es una típica novela galante del Madrid de 1930.

Francisco Camba escribe novelas costumbristas sobre su Galicia natal, como esta de *La revolución de Laíño,* sobre el caciquismo.

Esta es una novela erótica y fantástica muy del gusto de la época.

La cubierta de esta novela expresa el nuevo tipo de mujer lánguida de los años veinte.

M. Aranaz Castellanos escribe verdaderos tratados etnográficos sobre el País Vasco, de manera novelada y muy crítica para el nacionalismo.

Blasco Ibáñez es el maestro de la literatura costumbrista con fuertes elementos de crítica social.

Ferrocarril

A mediados del siglo XIX empiezan a extenderse las primeras vías del ferrocarril. La operación fue bastante lenta, interrumpida por crisis económicas, agitaciones y guerras civiles. Pero a finales del siglo se había completado la red básica, de tipo radial, que dibuja el mapa actual. Gracias al tren se supera la velocidad del caballo, que había sido la máxima que había podido alcanzar el hombre en toda su historia. No sólo eso. El tren permite abaratar tanto el transporte de mercancías y de personas, que favorece la constitución de un verdadero mercado nacional y la posibilidad de las primeras migraciones interiores. Gracias al tren se puede viajar de noche y con relativa seguridad, algo que hasta entonces no había sido posible.

Veamos un testimonio de la época sobre la seguridad en los viajes. Al atravesar el tren por la frontera de Port Bou, «salen ocasionalmente partidas de peligrosos bandidos, bien armados, que registran de cabo a rabo el tren y atracan a los pasajeros, [pero lo hacen] en un lenguaje tan respetuoso que sería descortés rehusarlo... [De todas maneras] el oficio de salteador de caminos en la Península no es tan agradable y lucrativo como solía ser antes del ferrocarril» (narración de Samuel Parson Scott en 1883, citado en Castillo Monsegur 90:209).

El tren fue recibido con alborozo por la población, aunque los elementos conservadores lo miraban con desconfianza. Unamuno recuerda cómo, durante la última guerra carlista, los trenes eran la mejor ayuda de los liberales. Los carlistas queman las estaciones con deleite (Unamuno 97:118). Pocos años después, se transcribe el entusiasmo progresista por el tren, «gloria de los tiempos modernos» (Ciges Aparicio 06:42).

Durante mucho tiempo y para mucha gente, el tren significó una radical novedad, a la que se miraba con arrobo. Hay una escena muy ilustrativa. El vecindario de Málaga sale a pasear a la estación para ver pasar los trenes. La llegada del tren era una ocasión de «amable distracción y esparcimiento» (Zamacois 10:14). Un relato de Felipe Trigo anota que los campesinos rompen los cristales de las ventanillas del tren al intentar asomarse y comprobar que no pueden hacerlo (Trigo 09:10). El suceso parece hoy inverosímil, como otros muchos de aquella primera época de los románticos vagones de madera. Todo el mundo comía abundantemente en el tren; después de comer tiraban los restos por la ventanilla (Mata 24:111). Los pasajeros se mareaban con frecuencia, debido a lo que entonces parecía una velocidad extraordinaria (Francés 08:89). Los enemigos del ferrocarril lo consideran una competencia desleal de la «carretería» y un peligro para el campo, porque incendiaba las mieses (Baroja 02:13).

Las compañías de ferrocarriles hacen todo lo posible para que se distingan las condiciones del viaje según la «clase» elegida por los viajeros. El viaje en «tercera» está pensado para billetes colectivos; por ejemplo, soldados (Jarnés 32:14).

Los viajes eran antes poco frecuentes. Por tanto, las pocas personas que viajaban lo hacían por largas temporadas. Se viajaba con muchos bultos, además de los mundos y baúles, que se facturaban aparte. Véase la descripción de los «bultos de mano» que hace subir al tren una mujer que se desplaza de Madrid a su pueblo manchego: «una cesta de esas de dos tapas, un lío de ropas como el petate de un segador, un saco, un costal repleto de cachivaches, una maleta de lona, unas macetas y un botijo» (López de Haro 16:21).

En un primer momento, el ferrocarril supuso una reducción del 50 por 100 del precio del transporte de viajeros, si lo comparamos con el competidor antecedente, la diligencia. Aunque ese ahorro era muy sustancial, hay que retener que, todavía a finales del siglo, el precio de un billete en tren de Madrid a Sevilla equivalía a uno o dos meses de trabajo de un obrero. El ahorro fue todavía más considerable para el transporte de mercancías. Gracias al tren, dejaron de oscilar bruscamente los precios agrarios de unas regiones a otras. Es decir, se logró por primera vez que existiera un *mercado nacional.* Paradójicamente, este hecho benefició sobre todo a las dos regiones con mayor conciencia autonomista, Cataluña y el País Vasco.

Véase también:

AUTOMÓVIL
PRECIOS Y SALARIOS

Fiestas populares

Como todo lo que se refiere al pueblo innominado, las fiestas populares han sido idealizadas, poco menos que como celebraciones litúrgicas. Nada de eso. El proceso es más bien el inverso. La Iglesia ha intentado bendecir lo que, de suyo, eran más bien ritos paganos, un tanto bárbaros. Las novelas proporcionan abundantes testimonios para sostener esa tesis.

Las fiestas de los vascos eran quizá las más primitivas. La novela *Begui-Eder,* de Aranaz Castellanos, es un documento etnográfico de gran significación para comprender la Vizcaya rural de finales de siglo. Durante las fiestas de un pueblo, sobresale una escena terrible. Los mozos compiten con los bueyes para ver quién arrastra más lejos una enorme piedra. Ganan los mozos *(mutillac)* entre alaridos de satisfacción por parte de los apostantes (Aranaz Castellanos 19:190). El baile y la fiesta tienen que cesar al toque del ángelus por la tarde. Ahora bien, el alcalde decide retrasar todo lo posible el toque para apurar más la bulla popular (p. 201).

Siempre se ha considerado la Nochebuena como una fiesta «entrañable y familiar», pero los epítetos no responden del todo a la realidad. Al menos los textos leídos nos recuerdan que la Nochebuena era más bien una fiesta ruidosa y callejera. Se utilizaban instrumentos musicales tan primitivos como almireces y zambombas, para acompañar a las báquicas canciones. Las comparsas «parecían más borrachas de ruido que de vino» (Juarros 27:105). Otro texto de José Francés transmite ese mismo sentido de borrachera y estruendo callejero que significaba en el Madrid de principios de siglo la celebración de la Nochebuena (Francés 12:10). Se recoge en otro testimonio el ambiente licencioso de la *misa del gallo* (la primera de la Navidad): «Es ocasión de mucho holgorio y promiscuidad, en que los hombres suelen permitirse grandes atrevimientos con las mujeres, a favor de la sombra eclesiástica» (Pérez de Ayala 23a:209). El rito era así de bullanguero y pagano: «Pasaban grupos de mujeres y hombres tocando panderos y tambores, zambombas, gaitas, bandurrias, golpeando sartenes, almireces, latas; vociferando, cantando, brincando, haciendo contorsiones y gambetas. Era un delirio jubiloso, un frenesí, una embriaguez victoriosa, una locura feliz» (p. 210). Esta exposición nos acerca más a las excentricidades de los carnavales que a una ceremonia religiosa.

La gran polémica moral de las fiestas era entonces la de si se permitía o no el baile «agarrado». No era mayor problema para las clases acomodadas, pero los moralistas lo consideraban pecaminoso según se descendía de posición social. Una curiosa interpretación es la de que el baile «agarrado» simboliza la dependencia de la mujer: «En cuanto el abrazo de la danza se cierra, la mujer es realmente cautiva, voluntariamente esclava y dócil. Sin someterse a la voluntad, a la fuerza, al dominio del hombre, es imposible bailar bien» (López de Haro 30:113).

Las fiestas de los pueblos no sólo no pierden brillo, sino que lo ganan, con el inicio del llamado éxodo rural. Los emigrantes vuelven al pueblo para las fiestas, ocasión que se les presenta para lucir sus progresos (Mas 23a:138).

Véase también:

BEBIDA
COMIDA
OCIOS
RITOS SOCIALES
TOROS

La salida de los toros en Madrid era el momento para echarse a la calle, para verse unos a otros. (Foto: Alfonso)

Gordura

Si miramos hacia atrás en la Historia, seguramente podríamos comprobar que el hambre colectiva genera una especial admiración por los tipos gordos, lustrosos. No hay que llegar hasta las primeras estatuillas que se conservan del cuerpo humano. Con los criterios actuales, esas «Venus esteatopigias» serían simplemente mujeres obesas. El tipo deseable —por imposible— sería hoy el opuesto, el que corresponde a las modelos.

La época que consideramos es, también en esto, de transición. Seguramente empieza por una exaltación de la belleza exuberante para pasar pronto a la imagen opuesta. Un autor actual comenta: «Entre 1895 y 1910, domina, en toda España, la mujer metida en carnes... La gordeta está vinculada con una sociabilidad bullanguera y extrovertida, exhibicionista en las carnes y en las palabras... A partir de 1912-14 se impone una silueta y un tipo femenino más abstracto» (Salaün 92:151).

No es sólo cuestión de época, sino de edad, sexo y clase social. La gordura se considera como un elemento positivo para los niños y las mujeres; no tanto para los varones. El aprecio por la gordura se manifiesta más en las clases populares. Al famoso torero *Caracho (¿Cagancho?)* le gustaban las mujeres abundantes en carnes. Así al abrazar a su amante, siente «los dulces pliegues de la exuberancia», y dice así: «No hay nada que me reviente más que encontrar un hueso. Para mí un hueso siempre será el recuerdo del esqueleto, lo que no debe ni suponerse» (Gómez de la Serna 26:37). Hay que conceder una prima retórica al autor de ese texto. Hay que sospechar que un torero hable con el lenguaje de las «greguerías», más propio de su biógrafo.

El ideal de la mujer opulenta lleva a otro retorcimiento literario. La descripción de una mujer que hace el autor con ánimo despectivo lleva a imaginarla como delgada. En cambio, cuando quiere transmitir una imagen jocunda, busca el tipo robusto. Véase el siguiente contraste: «Doña Micaela [la esposa], acecinada, aplastado el seno por un justillo de dril, vestida de negro, parecía la efigie de un viernes de cuaresma, así como

María Egipcíaca [la amante], abundante y mantecosa, [era] el estafermo del jueves lardero» (Pérez de Ayala 23:57). Los amigos de Ana Ozores, la protagonista de *La Regenta,* se alegran de verla después de una convalecencia. Se congratulan de que hubiera engordado: «¡Qué sólidamente robusta volvía!» (Alas 84:604).

Si la gordura hace a las mujeres más lustrosas y deseables, «la delgadez es el ideal estético de la belleza masculina en España» (Pérez de Ayala 12:229). Un varón gordo se ve más bien como una persona enferma. «Los carniceros concluyen engordando lastimosamente las más veces, y aun adquiriendo, en facciones y hechuras, cierta semejanza corporal con los descuartizados animales» (Ramírez Ángel 24:76). Baroja señala que, entre los guipuzcoanos de vida sedentaria «se destacan algunos tipos de gordura un poco monstruosa» (Baroja 36:78).

El elogio de la gordura se deduce de esta extravagante escena. Es una familia con 18 hijos, que se pesan después de un opíparo banquete. Dan una media de 100 kilos por persona, lo cual es motivo de regocijo (Francés 22:139). Felices ellos que no vivían angustiados por los riesgos de la hipertensión y las enfermedades coronarias.

Véase también:

BELLEZA
COMIDA
CUERPO
GREGUERÍAS
MODA
MUJER MODERNA
MUJER TRADICIONAL

Greguerías

Con el nombre de *greguería* se quería traducir el ruido y bullicio de la multitud. Ramón Gómez de la Serna dio a la palabra otro sentido, que es el que prevalece. Llamó *greguerías* a las frases sueltas, punzantes, paradójicas, con un punto de humor y otro de ternura, que se atreven a comparar lo incomparable. Una de las primeras ilustraciones del nuevo género es esta: «el reloj, una de esas pequeñas máquinas que van pespunteando el tiempo» (Gómez de la Serna 14:99). No está claro el parentesco con la acepción tradicional. Se dice «ruidosa greguería» para indicar el bullicio propio de los jóvenes. De ahí quizá la preferencia por esta innovadora forma de expresión por parte de algunos escritores jóvenes, típicamente vanguardistas.

No hay ninguna duda de que Ramón Gómez de la Serna, a sus veinticuatro inconformistas años, es el feliz inventor de las greguerías. Ahora bien, con ello no hizo más que sintetizar un tipo de retórica, que empezaba a ser muy popular a principios de siglo. Por ejemplo, repárese en esta arriesgada comparación: «Los cables telefónicos se pasan el día murmurando» (Ramírez Ángel 11a:10). Se trata de una típica greguería, sólo que enunciada por otro autor y publicada un poco antes del oficial descubrimiento de Ramón Gómez de la Serna (1912). Este último escribió más tarde: «Por el teléfono sin hilos se oye toda la ratonería del mundo» (Gómez de la Serna 26:106). Saludaba así a la radio, medio que fue el primer escritor en cultivar.

Digamos que la greguería trasciende a su descubridor. Es la expresión estética de una época. Como tal, se encuentra presente en muchas novelas, que así reconocen implícitamente el magisterio de Ramón Gómez de la Serna. A título de ilustración, apuntemos algunas greguerías, debidas a diferentes autores y contenidas en los textos leídos para esta historia íntima de una época. Las agruparemos por un estricto orden cronológico, para indicar que la generación literaria viene a ser una cuestión de estilo.

Para aminorar ese susto que produce el telegrama, se cierran estos en el papel azul, optimista, que finge siempre la noticia feliz.

(De Burgos 23:15)

Las farolas son guardias civiles iluminados.

(Gómez de la Serna 23:93)

Los olivos se lanzan a bailar un minué.

(Jarnés 30:169)

¡Qué odio les tienen los [coches de] ocho cilindros a los charcos!

(López de Haro 30:19)

[Medias grises] piernas de estatua de plata.

(López de Haro 30:25)

[Piropos] proyectiles que dispara el deseo.

(Bueno 31:175)

Los pájaros son las plumas que se les caen a los ángeles.

(Vidal y Planas 31:29)

Los sepultureros, jardineros de la Eternidad, abonaban la tierra enterrando.

(p. 169)

[Descripción del tráfico urbano en Madrid:] agonía de bocinas y el ruido de chatarra de los tranvías buscando, azorados, rincones donde esconderse.

(Juarros 32:42)

No puede ser este un estudio literario, pero estamos hablando de novelistas. Así pues, quede como recordatorio de un estilo común, el de la greguería, dominante en la etapa final de la Restauración. Seguramente es consonante con otras innovaciones en el campo artístico. Entona muy bien con el gusto conceptuoso del español culto. Nos recuerda algo que este libro no se ha preocupado de destacar. A saber, que muchas de las novelas leídas son verdaderos monumentos estéticos. Confirman el marbete de «edad de plata» para la época en que se estamparon. Certifican que los autores seleccionados, aunque populares, no dejan de ser exquisitos artesanos del idioma. Repase el lector curioso los cientos de palabras nuevas, expresivas, que traen las frases recogidas para este estudio. Aunque sólo fuera por esa elegancia formal, valdría la pena salvar estos textos del olvido. Meditemos si el castellano actual no se está empobreciendo.

Véase también:

BELLEZA
GORDURA

La mujer tenía un gran trabajo en la casa humilde.
(Foto: Alfonso)

Hambre

La época de nuestros abuelos es la de transición entre una sociedad agraria y estanca a otra que sienta los pilares de la industrialización. El camino es tortuoso. Empieza a notarse la presión demográfica, lo que, a su vez, incide sobre las llamadas crisis agrarias o de subsistencia. Son estas, expresiones eufemísticas de los publicistas para indicar que se trataba de hambrunas recurrentes, cíclicas. Es decir, una parte de la población vivía al borde mismo de la subsistencia material; en menos palabras, pasaba hambre. Sabemos las fechas de «vacas flacas», los períodos concretos de malas cosechas, que suelen coincidir con epidemias, agitaciones y otras calamidades. Estas son algunas de las fechas críticas: 1882-83, 1885, 1889-1891, 1895-96, 1904-05, 1917-18, 1930-31 (De Miguel 87:236). Los períodos críticos significan una disminución de las cosechas de cereales y por lo menos una contención de la tendencia general al descenso de la mortalidad. En algunos casos, cuando a la hambruna se suma una epidemia, se registra incluso un aumento de la cifra de fallecidos (1883, 1885, 1890, 1918). Son datos fríos, pero que esconden una profunda miseria.

Un país con tales marcas de necesidad, por fuerza tenía que enaltecer la penuria como una prueba de fortaleza. Este es el caso de muchas familias anónimas, forzadas a emigrar. Aunque con otros límites, el hambre está presente en las biografías de muchos escritores y artistas. A propósito de uno de ellos (Valle-Inclán), un personaje de *Troteras y danzaderas* (la novela de la bohemia madrileña) comenta: «Solamente entre españoles se encuentra el tipo de hombre que ha hecho compatible el hambre con el orgullo y a quien no envilece la pobreza» (Pérez de Ayala 12:17). Otro personaje redarguye con un tono entre amargo y cínico: «El hombre harto propende a la bondad, así como el famélico a la malignidad; tan es así, que yo a veces dudo si la residencia de los afectos es el corazón o el vientre» (p. 237).

El hambre colectiva no hubiera sido tan acuciante si no hubiera coexistido con una prematura urbanización. De tal manera que la bolsa de pobreza más llamativa afecta a los suburbios de las grandes ciudades. El hecho estimula la curiosidad de algunos novelistas, de modo eminente Baroja, Blasco Ibáñez y Zamacois.

Baroja estudia, con alardes etnográficos, la economía de la «busca» de residuos urbanos, en la que todo se aprovecha. Los traperos entraban cada mañana en la ciudad para recoger cualquier tipo de desperdicios. «Las hojas de verdura iban a los serones; el trapo, el papel y los huesos, a los sacos; el cok medio quemado y el carbón a un cubo, y el estiércol al fondo del carro» (Baroja 04:210). Como puede verse, era una economía del reciclaje, mucho antes de que aparecieran las ideas ecologistas. Los traperos no sólo recogían, sino que distribuían los distintos desperdicios a las fábricas correspondientes. Los residuos orgánicos aprovechables los guardaban para alimentar cerdos y gallinas. Por último, «lo que no servía para nada se echaba al pudridero y, convertido en fiemo, se vendía en las huertas próximas al río [Manzanares]» (p. 212). No dejaba de ser una ingeniosa economía simbiótica.

Más cruda es todavía la misma operación de la «busca», analizada por Blasco Ibáñez por las mismas fechas. Los traperos recogían y juntaban las sobras de comida de las casas ricas, luego las calentaban y repartían el guisote o rancho entre los vecinos de los suburbios. Con los restos, todavía cebaban gallinas y cerdos, que naturalmente vivían con ellos mismos en las míseras casuchas (Blasco Ibáñez 05a:72).

Zamacois vuelve a la exposición de la vida de los basureros: «profesión más rudimentaria ni más asquerosa no existe, pero da de comer». La escena vuelve a situarse en el Madrid de principios de siglo. Todo lo aprovechaban, todo tenía valor, no sólo trapos o papeles, sino latas de conservas, cabellos de mujer, los desperdicios de las casquerías, los huesos, las cenizas (Zamacois 33:10). Era admirable el afán, pero por debajo alentaba una radical miseria. En el campo se podía ocultar mejor, pero la ciudad la hacía visible.

Véase también:

CLASES POPULARES
COMIDA
CONFLICTOS
DINERO
HIGIENE
MORTALIDAD INFANTIL
USURA

Higiene

La verdadera *revolución social* de la época no fue la que así se llamó, sino otra más silenciosa, que consistió en el dominio de las enfermedades, sobre todo las infecciosas. El tránsito de un siglo a otro significa un hito histórico: el descenso de la mortalidad infantil. Dos fueron los fundamentos de esa decisiva tendencia: la mejora de la alimentación y sobre todo la preocupación por la higiene. A principios de siglo se editan una serie de manuales de Higiene que van a ser muy difundidos. Podemos citar, como influyentes, *Patología social española,* de Pedro Martínez Baselga (1903); *Cultivo de la especie humana,* de Enrique D. Madrazo, y [lecciones de] *Higiene del Dr. Forns,* de Pedro Mayoral (1909). No podemos entrar en un análisis de estas fuentes, que nos llevaría a la escritura de otro libro. Baste decir que, a pesar de su ingenuo cientificismo, la labor de estos médicos higienistas fue muy meritoria.

Según uno de los textos citados, los habitantes de los pueblos «se comen únicamente las reses que se mueren de enfermedades comunes e infecciosas... Hay muchos pueblos donde la mayor parte de los vecinos están llenos de cicatrices del cauterio, a consecuencia de la operación en sus pústulas malignas» (Martínez Baselga 03:60). El testimonio es consonante con otros que podemos recoger a través de las novelas. Por ejemplo, Baroja hace esta anotación de la vida rural andaluza: «Estos vagabundos y medio gitanos comen los animales muertos por enfermedades y enterrados. En la aldea donde estuve antes, de médico, se mataron y se enterraron cuatro cerdos muertos de carbunco, de pústula maligna. Pues a los pocos días, una banda de gitanos los desenterraron y se los comieron. Y además no les pasó nada» (Baroja 32:145). Se entiende la frase popular: «Lo que no mata, engorda.»

Las apreciaciones de Baroja son doblemente válidas, como médico y como novelista. Hace esta fina observación sobre las consecuencias de una deficiente nutrición y de las malas condiciones higiénicas: «En Madrid, la talla de los jóvenes pobres y mal alimentados que vivían en tabucos era ostensiblemente más pequeña que la de los muchachos ricos, de familias acomodadas que habitaban en pisos exteriores» (Baroja 11:284).

Las preocupaciones de los higienistas no necesitan llegar a estos casos extremos de malnutrición o de condiciones de manifiesta insalubridad. Empiezan por el consejo elemental de lavarse cotidianamente, una práctica que tardó en incorporarse a los hábitos de los españoles. Una novela describe el caso de una mujer pulquérrima, que «en la limpieza llegaba a lo empalagoso. A diario, sin calentar agua, enjabonaba su torso y los domingos hacía limpieza total de su cuerpo» (Mora 22:72). Por lo visto, esa práctica era el extremo de limpieza corporal que se podía pedir. El jabón fue durante mucho tiempo un artículo de lujo. Las mujeres campesinas de la Maragatería guardan una pastilla de jabón como una joya. Comenta una lugareña, al ver una pastilla de jabón: «Yo también tuve una pastilla» (Espina 14:59).

El *alter ego* de *Azorín* cuenta que, al llegar a una posada de pueblo, le preguntaron cortésmente «si quería agua para lavarse» (Martínez Ruiz 02:245). Lo del lavatorio era, al parecer, una extravagancia de los forasteros. Felipe Trigo es testigo del horror al agua que tenían los habitantes de un pueblo de Sierra Morena: «nadie bañaríase por nada de este mundo...; se lavaban la cara por las fiestas» (Trigo 12:25). Entre los pobres emigrantes que se embarcan para la Argentina, la creencia es firme: «Todo lo que sea bañar a los niños antes de los doce años es un crimen» (Zamacois 13:181). En un pueblo de Salamanca el médico considera que sólo debe bañarse uno durante los meses de verano (Zamacois 14:222).

Naturalmente se trataba de hacer de la necesidad virtud. El agua y el jabón eran artículos realmente caros. Una casa higiénica estaba fuera del alcance de la mayor parte de los presupuestos. Luego es lógico que se racionalizara la miseria. Véanse, como ilustración extrema, las extrañas ideas sobre la higiene que manifiesta uno de los traperos de los suburbios madrileños: «Cuando hace frío o cuando hiela, duerme uno tan ricamente con el calor de la mula y del estiércol, que da gloria.» El cuarto donde dormía era realmente una cuadra llena de telarañas, pero también aquí se ve el provecho: «[la telaraña] tamiza el aire, le quita los malos bicharracos que dan las enfermedades, se come a los microbios y demás insectos» (Blasco Ibáñez 05a:122).

Varias veces se repite la escena de alguien que lava a un niño cubierto de roña, que nunca ha visto el agua. Este es el caso del servicial capellán con el hijo adulterino del noble gallego en *Los pazos de Ulloa* (Pardo Bazán 86:170). Claro que hay otro clérigo en la novela, para quien «la última de las degradaciones en que podía caer un hombre era beber agua, lavarse con jabón de olor y cortarse las uñas» (p. 175). Hay una escena patética en la que el niño de la corrala madrileña llora desconsolado porque su madre quiere que se lave; el agua le da frío y pavor (Zamacois 33:112).

Las prácticas de higiene corporal se introducen como un refinamiento de las mujeres jóvenes de las clases acomodadas. El cuarto de baño, con los afeites correspondientes, se considera como ocasión próxima al pecado. La pasta de dientes constituye un elemento voluptuoso: «le enfriaba y aromatizaba la boca de un modo delicioso» (Insúa 11:117). Como puede verse, las prácticas de higiene eran un factor de diferenciación social.

Véase también:

BELLEZA
CUERPO
DOLOR
ENFERMEDADES
MUERTE
PARTO
RELACIONES INTERPERSONALES
REMEDIOS

Sólita estampa de la ribera del Manzanares, ya contaminado por la industria de la lavandería. (Foto: Alfonso)

Hogar

La vida cotidiana es sobre todo vida doméstica, en torno a la casa, como escenario físico donde se aloja la familia. Se puede llamar hogar porque el fuego de la cocina es el símbolo de la unidad familiar, de la intimidad.

La casa, como elemento físico, como arquitectura y decoración, constituye el símbolo de la posición familiar. En Galicia sobre todo, «el arte popular es la arquitectura». El triunfo social se significa a través de la piedra, del monumento de la casa o del hórreo (Camba 19:13). El *pazo* gallego se construye con elementos de ostentación, como almenas, miradores o inmensas chimeneas. La casa burguesa española cuida más el aspecto exterior (que se vea desde fuera) que la comodidad interior.

El hogar es la manifestación de la capacidad económica. La posición social se mide por el número de habitaciones. Este es un factor de ulterior diferenciación social. Una familia de menestrales del Madrid de principios de siglo organiza así el mínimo espacio con que cuenta: «El padre y los tres hijos varones dormían entre la sala y la cocina... En la [única] alcoba dormían la madre y las dos hijas» (Insúa 12:61-90). Hay que imaginar el grado tan tenue de intimidad y de vida familiar que podía darse en una distribución como la descrita.

El hogar de la época que comentamos no es sólo un modo de vida íntimo, sino de producción. En un hogar rural de final de siglo se hace el vino, el aguardiente, el vinagre, el jabón, las conservas; se tienen melones colgados, higos secos; se organiza la matanza; se fabrican polvorones, arrope y toda clase de dulces (Trigo 01,I:48). Esa intensa labor productiva ocupaba principalmente a las mujeres, incluidas las del servicio. De ahí lo fundamental que era el «cargo de una casa», es decir, el presupuesto de ingresos y gastos, muy complejo para una familia acomodada (Mata 16:317). Las economías de un hogar de clase media obligaban a mirar con cautela el consumo de luz (Palacio Valdés 31:44). Antes de la electricidad en las casas, ese consumo era muy oneroso, por lo que las familias modestas procuraban acoplarse al ritmo de la luz solar. La electricidad (que se llamó «luz», sin más) abarata el coste, pero durante mucho tiempo el coste del kilovatio fue sumamente elevado. En 1890 sólo se consumía en España un kilovatio/hora por habitante y año, pero son ya siete en 1900. En esa fecha el precio del kilovatio/hora venía a equivaler al salario diario de un jornalero (De Miguel 94).

Aunque hace un siglo empieza a desarrollarse lo que después se entenderá como sociedad industrial, todavía muchas familias vivían dentro de los márgenes de la mera subsistencia. De ahí que el bienestar de una familia descansara sobre una despensa bien provista, que era la pieza que distinguía a los ricos de los pobres (Trigo 12:4).

La extensión de la casa y la disposición de las habitaciones es lo que, al final, determinaba la posición social. Un símbolo muy claro es si se contaba o no con un cuarto especial para el aseo. Por lo general, las abluciones se realizaban en cada dormitorio, con lavabo y palangana, en el mejor de los casos. Hay una mención muy temprana de la existencia de un «retrete inodoro» en una casona rural asturiana, aunque puede que sea una idealización (Palacio Valdés 31:277). La mujer burguesa se distingue por disponer de un cuarto tocador para su aseo y afeites (Trigo 12:152). Se considera un símbolo de elegancia el hecho de que marido y mujer de la clase acomodada duerman en habitaciones separadas, sin que eso signifique mal entendimiento (Palacio Valdés 87:291). Una sutil observación de los clientes de los hoteles distingue la «habitación de matrimonio» de las «habitaciones de dos» [amantes]. «Hay algo repulsivo en la habitualidad de una alcoba legal en que se ronca, y hay algo endiabladamente seductor en los nidos nefandos a los que se acude sin pensar en el sueño. Mientras las buenas casadas no aprendan bien esta verdad, habrá maridos infieles» (López de Haro 08:56).

La casa burguesa solía disponer de un «cuarto de respeto», el dormitorio mejor soleado e instalado, «donde solían parar los principales huéspedes» (Espina 14:53). La casona rural disponía de tanto espacio que la familia podía alternar la vida en la parte de abajo (más fresca) para el verano y la de arriba para el invierno (Martínez Sierra 05:52).

Dentro de una casa, la cocina era la prueba de la pulcritud. Era una pieza con varios usos (Mata 16:144). La limpieza general de la casa se solía hacer los sábados. «Estar de sábado», para un hogar acomodado, era tener la casa revuelta para la limpieza. Las alcobas eran las partes más oscuras de la casa, muchas veces mal ventiladas (Zamacois 23:446). La luz no era siempre un criterio de comodidad. Antes bien, ciertos ambientes burgueses determinaban que «la sala de recibir y demás habitaciones serias» debían estar en la penumbra (Pérez Lugín 15:85).

A lo largo de la época que consideramos la decoración de las casas burguesas experimenta un notable cambio. La tradición era el gusto por el abigarramiento: el mayor número posible de objetos, en el suelo y en las paredes. Todo ello incitaba a no moverse, porque era imposible hacerlo en aquel «archipiélago, donde uno no se podía manejar sin práctico» (Pardo Bazán 89:108). La descripción que hace la novelista es crítica, lo que indica que ya estaba cambiando el gusto, al menos en ciertos ambientes. Baroja nos expone muy bien lo que significa la transformación del gusto: «Las habitaciones de la condesa se hallaban atestadas de muebles y ofrecían cierto aire de tienda de antigüedades y hasta de prendería. Este aspecto sobrecargado no disgustaba a la anciana señora. En cambio, a su nuera le molestaba y le parecía horrible infracción de las leyes del buen tono y de las pragmáticas de la moda. En el tiempo, según tales pragmáticas, los cuartos habían de encontrarse casi vacíos, con muy pocos muebles y muy pocos cuadros» (Baroja 32:8).

El nuevo estilo de la decoración interior se manifiesta muy bien a través del gusto de un arquitecto distinguido, que figura en la ficción como el autor del Hotel Ritz, de Madrid. Su dormitorio «apenas tenía muebles: un armario de roble, de tres puertas, sin espejo; una cómoda, también de roble; una cama turca, una butaquita baja, dos sillas, una mesilla redonda a la cabecera de la cama y dos o tres pieles de cordero para formar una alfombra. Las paredes, de estuco portugués, desnudas. El suelo, de baldosines rojos. Ningún cuadro» (Insúa 25:148). El hecho de que fuera un arquitecto distinguido quien expresara ese nuevo gusto, indica que esta era la dirección del cambio futuro.

El paisaje doméstico de la época de nuestros abuelos difería del actual en un detalle: las moscas y otros insectos. Hay una descripción de un niño durmiendo, con las moscas que entran y salen de la boca, de los oídos, que hoy nos sonaría a exótico (López Allué 00:26). El «enjambre de moscas» que cubría el ambiente de las casas o de los lugares públicos es un dato episódico que aparece repetidas veces (Espina 14:225; Baroja 11:203). Incluso en el paisaje doméstico de la gran burguesía bilbaína de finales de siglo, las cucarachas correteaban tranquilamente por la mesilla, «dejando oír su menudo y precipitado patear» (Aranaz Castellanos 01:317). En un cortijo manchego, la vajilla dispuesta sobre la mesa se cubre con pañitos de encaje por los «enjambres de millones de moscas» (Mata 18:445). Es un detalle, este de los insectos en la vida doméstica, que las más cuidadas películas de época no han sabido reproducir. Sin esa compañía, la recreación resulta artificial.

La casa burguesa contenía una profusión de objetos, algunos de memoria tan entrañable como el «huevo de madera para el remendado de los calcetines» (Ramírez Ángel 11d:200). Precisamente, el contraste con una institución total, es que en esta última el número y variedad de esos objetos se reduce a un mínimo. Un personaje que pasa por diversos ambientes ve cómo, en el seminario, no puede guardar más objetos personales que los que caben en un baúl. Más tarde, en el cuartel, se reducen todavía más sus pertenencias: las que caben «en la angostura de su mochila». Dentro del servicio militar, el hecho de estar recluido en el calabozo supone una ulterior de los objetos personales: «los que podía guardar en el bolsillo» (Jarnés 32:66). Acaso sea esta una buena definición de autonomía personal y de nivel de vida: el número de objetos de que puede uno disponer como marco de la vida cotidiana.

Véase también:

CRIADOS
FAMILIA
HIGIENE
MUJER TRADICIONAL
USOS Y COSTUMBRES

Retrato de una familia acomodada. (Foto: Compañy)

Horario

Una de las excentricidades de la vida cotidiana actual de los españoles es el horario retrasado respecto de las otras sociedades complejas. No es una supervivencia rural, no es una herencia insuperable, porque, como vamos a ver, nuestros abuelos no mantenían esa pauta. La paradoja es esta, que hace menos de un siglo los españoles vivían acordes con lo que hemos convenido que es el horario adelantado de los países industriales. La transición podría ser la de los años treinta, en los que ya se empezaba a trasnochar, a retrasar el ritmo cotidiano. Veamos el horario típico de un funcionario madrileño, hacia 1930: «A las ocho de la mañana, todos en pie. Una hora después, don José salía para el Ministerio. A las dos sentábase a comer. Con un periódico delante. Oyendo al mismo tiempo la radio y las frases enconadas de doña Jesusa [su mujer]. A las cuatro, una vueltecita por la oficina. Luego, paseo por el centro de Madrid. De siete a siete y media, en Calcuta [tertulia en una cervecería]. Cena a las nueve y media. Otra sesión de radio y lectura de diarios. Las doce en la cama» (Juarros 32:26). La verdad es que era un horario tranquilo, pero más cercano al actual. Era el final de un largo ciclo. El origen correspondía a un horario más adelantado.

Nuestros abuelos, y más todavía nuestros bisabuelos, eran bastante madrugadores, por lo menos los de las clases laboriosas. Era lo que correspondía a la tradición campesina. En Asturias, los campesinos de finales de siglo se levantaban a las seis de la mañana (Palacio Valdés 31:217). En Jaca, a principios de siglo, «la primera misa en la catedral era a las cuatro de la mañana en el buen tiempo y a las seis en invierno». Recuérdese que el invierno de Jaca es particularmente duro. La narración precisa que a esas horas matutinas «en la iglesia había siempre gente» (De Burgos 23:36).

Una boda, en Pasajes, a finales del siglo pasado, se señala para las cinco y media de la mañana (Palacio Valdés 87:11). La misma novela describe otra boda en Madrid a las siete de la mañana (p. 219). Nadie parece extrañarse de esas ceremonias tan tempranas. Los personajes se levantan a las cinco y media en invierno y a las cinco en verano (p. 76).

Las observaciones anteriores coinciden con otras crónicas de la época: «En los colegios de frailes se levantan los niños a las seis o las siete de la mañana en invierno y no cesan de trabajar hasta las nueve de la noche» (Martínez Baselga 03:358). En Madrid, a principios de siglo, los colegios empezaban a las ocho de la mañana (Trigo 31:177). Era aquel un mundo más diligente del que habíamos supuesto.

Con todo, hay que precisar. La hora de levantarse oscilaba mucho según la clase social. Palacio Valdés anota el orden en que se sitúan las diferentes clases sociales madrileñas a la hora de levantarse. Es a fines del siglo XIX. Primero lo hacen «los barrenderos, los mozos de cuadra, los pinches de cocina. Un poco más tarde encontrará usted a los horteras abriendo las tiendas, alguna vieja que va a oír misa, lacayos que salen a pasear los caballos. Luego empiezan a salir los empleaditos de las casas de comercio y los escribientes de las oficinas del Estado, que llevan todo el peso de ellas; las modistillas. A las once ya hallará usted gente más distinguida, oficiales del ejército, estudiantes, empleados de tres mil pesetas [al año; un sueldo alto], corredores de comercio. A las doce empiezan a salir los peces gordos, los jefes de negociado, los banqueros, algunos propietarios; pero sólo después de las dos de la tarde podrá usted ver en la calle a los ministros, a los directores generales, a los títulos de Castilla, a los grandes literatos» (Palacio Valdés 90:142). Es todo un ejercicio de estratificación social medido por el reloj. El gobernador civil de Toledo no se levantaba antes de las tres de la tarde; seguía con su horario madrileño (Baroja 01:141). La mujer de un cacique de *Vetusta* (Oviedo), un poco antes del comienzo de la Restauración, «se levantaba a las doce, almorzaba y hasta la hora de comer leía novelas o hacía *crochet*. Por la noche iba al teatro o mantenía una tertulia» (Alas 84:142). Así pues, la moda de retrasar el horario viene de imitar a las clases ociosas, los de arriba.

En ese Madrid señorial de los comienzos de la Restauración había lugar para las clases ociosas, pero las clases laboriosas trabajaban con un ímpetu notable. Véase la descripción del horario de un empleado: «A las siete de la mañana voy al comercio a despachar la correspondencia y asentar en los libros; a las diez he de estar en la notaría, donde trabajo hasta la una de la tarde. Vengo corriendo [a casa], como, a la oficina hasta las seis; desde allí a despachar con el senador, y aún suelo traerme a casa algunas cosillas para entretener los domingos» (López de Haro 07:34). Ni qué decir tiene que los sábados eran días de trabajo. Como contraste, véase el horario de un señorito madrileño en los años veinte: «Se levantaba tarde, iba a la oficina al mediodía y trabajaba ese día hasta las dos. A las dos solía comer en el Círculo. Después de comer, tenía su tertulia hasta la seis.

A las seis marchaba al *cine*. A las diez iba a cenar. Después de cenar jugaba al *poker* hasta la una o las dos» (Baroja 31:12).

La hora de comer más frecuente era a las doce del mediodía. Este era el horario rural (Mata 13:64), pero también el de una familia de un diputado madrileño (Martínez Sierra 05:142). Para la clase alta malagueña esa era «la hora solemne del yantar» (González Anaya 15:30). Esta era también la costumbre de un colegio de jesuitas, el de Gijón (Pérez de Ayala 10:190). En casa de un *chueta* distinguido de Mallorca «se comía al uso antiguo: a las doce en punto» (Blasco Ibáñez 09:113). Ya vemos que esa costumbre tradicional subsiste hasta bien entrado el siglo XX. La clase media valenciana participa de ese mismo hábito. Si se retrasa la hora de la comida, ello supone un desarreglo, «y eso, en la vejez, es llamar a la muerte» (Blasco Ibáñez 95:87). La fijeza del horario acompañaba a otros ritos igualmente repetidos: «A las doce en punto, ni minuto más ni minuto menos, la sopa en la mesa, y de tal modo, que comemos todos los días casi las mismas cosas, en el mismo orden y en la misma cantidad» (Unamuno 14:118). Era también la hora establecida en el ambiente de las familias hidalgas de Santander (Espina 09:59; Díaz Caneja 25:11).

La norma de comer a las doce empieza a quebrarse en ciertos ambientes urbanos. Algunas familias de la clase media madrileña, a principios de siglo, comen a la una (López de Haro 16:98; Díaz-Caneja 18:121). En el ambiente financiero del Bilbao finisecular se retrasa la hora de la comida hasta la una y a veces hasta más allá de las dos de la tarde (Aranaz Castellanos 01:267). La clase alta madrileña de los años veinte gusta de pasear hasta más allá de las dos, para comer después (Aguilar Catena 29:279).

La hora de la cena presenta más variaciones; depende naturalmente, del horario anterior y de las exigencias del día siguiente. A principios de siglo, los madrileños de clase media cenaban a las ocho de la tarde, o antes si tenían intención de ir al teatro, que empezaba a las ocho y media (Díaz-Caneja 18:11; Aguilar Catena 24:195; López de Haro 16:209). En el ambiente universitario de Santiago, a finales de siglo, la cena era a las diez (Pérez Lugín 15:19). En los medios literarios de Madrid, por las mismas fechas, la sobremesa de la cena se prolongaba hasta la medianoche (Bueno 31:115). Seguramente, la generalización de la electricidad hizo mucho porque se retrasara el horario.

Hay una divertida tensión entre los españoles (sobre todo los madrileños), dispuestos a retrasar cada vez más el horario, y el Gobierno de turno, empeñado en contener ese avance. No hay que decir que los gobernantes salieron perdiendo. El intento arbitrista más chusco fue el del general Primo de Rivera, quien remite en 1929 una de sus famosas «notas» sobre el particular a los periódicos. La propuesta era que, en lugar de la comida de las dos de la tarde y la cena de las nueve y media, se hiciera «una sola comida formal, familiar, a mantel, entre cinco y media y siete de la tarde» (Vila-San-Juan 84:95). Un esfuerzo europeizador tan bienintencionado no pasó del papel para general rechifla de la población.

Véase también:

BEBIDA
OCIOS
TIEMPO
TRABAJO
USOS Y COSTUMBRES

El simón madrileño exigía que el auriga fuera a la intemperie. (Foto: Alfonso)

Hortera

Se podría escribir la historia de la vida cotidiana de la Restauración a través del proteico significado de esta palabra: *hortera.* Se aplica, desde luego, mucho mejor a la sociedad madrileña, con su mezcla de valores preindustriales, señoriales, y el cambio rapidísimo hacia una vida cosmopolita.

Hasta bien entrado el siglo XX el hortera era simplemente el dependiente de comercio, sobre todo de las tiendas de tejidos. Era una figura joven, atractiva, pues para su oficio debía mantener «hechura, garbo, gracia y vergüenza» (Mas 21:91). Se trataba de una personificación del madrileño, por lo general bien vestido. De acuerdo con la fina observación de Concha Espina, los madrileños por la calle son «dueños de una cierta elegancia antigua, que no se observa en otras naciones; es un matiz aseñorado, un punto de gracia y distinción, que trasciende... en el irreprochable atavío de burgueses y oficinistas, hasta en su negligente paso, lento y rítmico al intenso resplandor meridional, como si nada perentorio les obligase a una marcha descompuesta y servil» (Espina 29:98).

Con el tiempo, el vocablo *hortera* fue degenerando hasta comprender casi lo contrario de lo que al principio significaba. Al ser un dependiente de tiendas cuya clientela era acomodada o elegante, el hortera tuvo que extremar sus formas, su lenguaje, su atuendo, para no desentonar. En Madrid se resalta la figura del «hortera letrado», que era el dependiente de comercio, que leía mucho y hablaba con estudiada parsimonia y abuso retórico (Ramírez Ángel 25a:74,80). Pero ese mismo esfuerzo resultaba falso y desde luego ridículo cuando el dependiente regresaba a su medio natural, el que resultaba proporcional a sus ingresos, más bien modestos. Baroja emplea la expresión «hortera de tienda de sedas» para referirse a la figura del «dependiente de comercio satisfecho y petulante» (Baroja 32:236). Concreta más: «Allá en Bilbao hay hortera que gana cincuenta duros al mes y compra zapatos de quince para lucirse en la calle del Correo y que le tomen por marqués» (Baroja 36:193). Ya sabemos la importancia que los españoles han dado siempre al calzado. La presión social tenía que condenar el desclasamiento, el quiero y no puedo de estos recién llegados a las clases medias.

Pronto se pasa a ridiculizar al hortera por su afectada indumentaria (Martínez Sierra 05:113). Es el tipo humano que pierde el sentido de la medida: es el que bebe champán en las escenas amatorias (Belda 10:110). Simplemente es el que hace el ridículo en diversas situaciones sociales (Belda 31:30).

El desprecio por el hortera revela un uso social muy característico de la vida española, y más de la del tiempo que comentamos. A saber, el culto a la apariencia. El hortera es el que no sabe aparentar bien. El nuevo rico tendrá mucho dinero, pero no puede compensar su falta de finura natural. Eso es «proceder como un hortera mal educado» (Aguilar Catena 29:146).

El modo de ser achacable a los horteras incluye el desprecio por el modo de hablar: frases hechas, cursis, relamidas. Es el lenguaje de horteras, barberillos (ayudantes de peluquería), faquines (mozos de cuerda) y zapaterillos (dependientes de zapaterías) (López Pinillos 10:117,232).

Hay una sin par presentación de la figura física del hortera con el pelo cortado a raíz, con bigote y «andando con los pies en ángulo recto, a causa de las tablas del mostrador». Esa era la posición a la que le obligaba el trabajo de despachar muchas horas detrás del mostrador (González Anaya 23:8). No era precisamente una figura muy airosa.

En el fondo del desprecio al hortera late el recelo general contra los comerciantes. Es una supervivencia de la mentalidad hidalga. Comprar y vender eran ocupaciones poco honorables, incluso estigmatizadas. De ahí la asociación con los judíos.

Véase también:

ATUENDO
BELLEZA
CLASES POPULARES
MODA

Ilegitimidad

Una sociedad tradicional no quiere decir que lo fuera en todos los casos. Concretamente la sociedad de hace un siglo era rural, tradicional, preindustrial, si la comparamos con la de hoy. Ahora bien, esa sociedad de nuestros abuelos no era todo lo coherente que se puede suponer. El peso de la religión era sobresaliente, como lo era el de la familia tradicional. Todo ello llevaba a una intensa presión social para acomodarse a ciertas normas de comportamiento. Sin embargo, las excepciones eran muchas. Tenemos, por ejemplo, la noción de ilegitimidad, el hecho de que los niños nazcan fuera del matrimonio. Podemos calcular la *tasa de ilegitimidad* como el número de niños nacidos fuera del matrimonio por cada 10.000 madres no casadas, de quince a cuarenta y nueve años. No tenemos datos para antes de 1900, pero la evolución durante los primeros decenios del siglo es como sigue:

Tasa de cada combinación	Tasa de ilegitimidad *		
Fechas	Total España	Madrid	Barcelona
1900	180	346	89
1910	157	317	94
1920	160	276	98
1930	138	228	73

* Nacidos por cada 10.000 mujeres no casadas de quince a cuarenta y nueve años.

Digamos, como comparación, que la tasa de ilegitimidad en 1900 era doble que la actual. Es decir, estamos ante un fenómeno de desorganización social, o de permisividad de las costumbres, que afectaba de modo muy intenso a la sociedad de nuestros abuelos. No se puede interpretar ligeramente como una consecuencia del carácter rural de aquella sociedad. La prueba es que Madrid contaba con las tasas máximas, muy superiores a las de Barcelona y a las de España en su conjunto. La explicación está en que, efectivamente, se trataba de una pauta típicamente rural, sólo que muchas mujeres solteras, al quedar encinta, viajaban a Madrid. El ambiente más cosmopolita de Madrid permitía mejorar el que pudiera subsistir una mujer soltera con un hijo, aunque fuera bajo la forma vicaria de prostitución. Además, Madrid contaba con una notable oferta de plazas para niños expósitos.

Las novelas nos confirman de modo cualitativo algunas de las observaciones anteriores. Por ejemplo, se demuestra el hecho de que la ilegitimidad se veía con cierta resignación. Es el caso, por ejemplo, del progenitor menor de edad, que no puede reconocer al hijo; la madre lo acepta con naturalidad (Mata 18:337). En Madrid funciona una maternidad pública para madres solteras (Mata 20:175). Hay, además, una casa-pensión privada, regentada por comadronas, que acoge a las embarazadas solteras (Mata 33:128). En un pueblo de Asturias las mujeres se dejaban embarazar para poder ser amas de cría. Su destino era usualmente Madrid, donde este servicio lo demandaban muchas madres de clase acomodada (Pérez de Ayala 26:44). Las novelas de Galdós son una excelente guía para conocer el extraño mercado de las amas de cría, tan asociado a la ilegitimidad. Estas arriesgadas mujeres se proveían de un cachorro de perro que las mantenía el flujo de la leche materna, su herramienta biológica de trabajo.

La aceptación, un tanto fatalista, del hecho de la ilegitimidad no quiere decir que no hubiera sanción social contra esta transgresión de la norma. La había y fuerte. La prueba es que el lance conducía muchas veces a la prostitución. Se recogía a los niños ilegítimos en las inclusas, pero las condiciones sanitarias eran tan defectuosas que la mayoría fallecía al poco tiempo. La sociedad no acababa de aceptar al expósito. Por ejemplo, los conventos de monjas se negaban a admitir, como profesas, a las que habían sido incluseras (Zamacois 33:49). No se oculta la historia del torero famoso que procede de la inclusa («ser de la cuna», «cunero»), aunque la historia aparece forzada por la prima narrativa (Pérez Lugín 24:66). El mismo autor describe al hospicio como «el desconsolado vivir de los hijos de nadie, que no esperan a nadie y nadie les espera» (p. 75). Precisamente la excepción del inclusero que llega a famoso matador (*Currito de la Cruz)* evidencia lo excepcional del caso. El triunfo social era así más triunfo.

Véase también:

ABORTO
FAMILIA
MORTALIDAD INFANTIL
PARTO
PROSTITUCIÓN

Indianos

Un tipo humano muy característico de la época que nos ocupa es el *indiano,* esto es, el que emigra a América y regresa después a su tierra. Se circunscribe a Galicia y a las provincias cantábricas. Este es el primer misterio. ¿Por qué no emigraron también del Sur, cuando esas provincias tenían igualmente una fuerte presión demográfica? Es más, en el Sur la propiedad se hallaba mucho peor repartida. La verdad es que es un misterio histórico difícil de resolver. El hecho es que la emigración hacia América es selectiva por la región y seguramente también por la clase social y el tipo de personalidad. Hay una relación evidente: las provincias que alimentan esa emigración no manifiestan tantos conflictos como las del Sur, que se abstienen de emigrar. Un personaje de Baroja, trasunto del novelista, explica con ironía estas relaciones: «la protesta se amortigua con la emigración. La gente más inteligente se embarca y se marcha a América... La gente fuerte se va. Los débiles se quedan, y los cucos se marchan a Madrid, y desde allí corrompen más al pueblo» (Baroja 08:203).

La corriente emigratoria surge al oponer el polo atractivo de la América idealizada con la realidad mísera de la España que se abandona. Argentina, sobre todo, se ve como la tierra de promisión. Allí «se vive en pleno negocio, todo es vida comercial, todo el mundo está a ganar dinero, no se pierde el tiempo en murmuraciones, no existe miseria crónica, no hay lugar a esa envidia que motiva el hambre» (Insúa 12:349).

Las historias de los indianos acentúan casi siempre un origen muy humilde. El «americano» de una aldea gallega es el indiano que pasó por una «juventud miserable, llena de humillaciones» y que regresa triunfante a su tierra «ansioso de desquitarse» (Camba 18:28). Otra historia es la del indiano semianalfabeto (sólo sabe firmar), que empezó de mozo de cuerda. Con los ahorros, a la vuelta de América, se hizo rico propietario de minas en Bilbao (Aranaz Castellanos 99:27). Más dramático es todavía el argumento del rapaz gallego que se escapa de casa y se enrola como pinche en un barco holandés con destino a América del Sur. La familia lo «abandona a su suerte» y termina como líder revolucionario (Bueno 24:25). Este tipo de historias seguramente se repetían de boca en boca a la hora de las tertulias; eran, a su vez, estímulos para fomentar nuevas vocaciones migratorias.

La función de la emigración es clara. Supone un refuerzo de la moral de superación, de esfuerzo, de emulación. Por eso mismo necesita la coronación de la vuelta del indiano más o menos triunfador, ya que la mayor parte de los emigrantes no regresan. El presidente de un banco, que emigró de joven a la Argentina, razona que «para ser hay que padecer» (Mora 26:56). El hijo de un maestro de la costa cantábrica emigra a México para que su padre «no tuviera que sufrir las burlas de los chicos», tan doliente era, al parecer, la posición del maestro. El padre paga el pasaje al hijo, y este le devuelve pronto el dinero. El maestro reconoce que a su hijo «los estudios no le tiraban; era un temperamento a la americana». La emigración supone el descubrimiento de escondidos valores en el chico, como las «dotes de comerciante». El indiano regresa para construir una gran escuela en su pueblo de origen como homenaje al padre (Díaz-Caneja 25: *passim).*

Otra historia similar es la del emigrante vasco que empieza a los doce años como pinche de cocina en un transatlántico. Llega a hacer una gran fortuna, pero conserva sus características originales (Bueno 35:37).

Todavía otra historia, esta de Sevilla. La hija del torero famoso se casa con un empleado y emigran a América. El torero les anima para que aprendan «lo que cuesta ganar el dinero» (Pérez Lugín 24:51). Una y otra vez aparece la misma conclusión del proceso migratorio como una especie de crisol de la voluntad.

El signo extremo más conspicuo del éxito del indiano es el matrimonio a su vuelta. El caso típico puede ser el del «americano» de un pueblo de Asturias que regresa para casarse con la novia que dejó hace más de veinte años (Francés 22:66). El suceso parece un tanto inverosímil, pero las novelas lo repiten una y otra vez. Hay incluso una historia de un casamiento del indiano, «por consejo terapéutico», con una joven de quince años (Belda 18:29). No es el único caso. Otro sucedido es el del indiano de cuarenta años que se casa con una moza de dieciséis. En realidad, la «compra» por una compensación económica que da al padre de la novia, sin que esta se entere (Espina 27:52). Todavía está el argumento de un indiano de Bergantiños, de cincuenta años, que pretende a una joven de veinte (Mas 28:288). Todas las historias llevan a la misma conclusión, que el indiano recibe el reconocimiento de su triunfo a través de la boda con una mujer con muchos menos años que él. La cuestión era enraizarse otra vez en la tierra de origen. Incluso, como símbolo, el indiano vuelve a practicar la religión que había perdido (Alas 84:19).

Además del casamiento, lo que el indiano pretende es comprar tierra en su pueblo (López de Haro 17:18) o edificar una gran casona. Así se pueden ver en Santander todas esas mansiones de los indianos, «con más esplendidez que buen gusto» (Espina 27:111). El indiano gallego no quiere una casona vieja, sino que se hace levantar un palacete de nueva planta. Para lo cual manda venir al arquitecto de Barcelona, trae las vigas de hierro de Bilbao y los mármoles de Italia (Insúa 21:31). Muchas veces las casas de los indianos responden al estilo francés que habían visto en las casas de los ricos de América.

Está, por último, la historia del indiano gallego que vuelve rico, pero que oculta su riqueza para probar si los parientes le guardan verdadero afecto. Así pudo descubrir quién de ellos le quería realmente, no por su dinero (Pérez Lugín 28:43). Parece un asunto bastante inverosímil, pero las novelas están llenas de ellos.

Véase también:

ÉXODO RURAL
MOVILIDAD SOCIAL

La máquina irrumpe en las faenas agrícolas y hace más visible el proletariado rural. (Foto: Vicente Barberá Masip)

Intelectuales

En un sentido amplio, los escritores aquí convocados a declarar pertenecen al gremio intelectual, el que vive del intelecto, o por lo menos el que no trabaja con las manos. Esa circunstancia no les impide, sino que les aviva, la capacidad para expresarse críticamente cuando retratan a los intelectuales. La palabra siempre tuvo un deje despectivo. Como es sabido, la importó de Francia Emilia Pardo Bazán, al tiempo quizá que lo hiciera Rubén Darío. Corría el año 1898, que es cuando se data el origen de la expresión, a partir de un famoso artículo de Zola. La historia es muy conocida. Lo curioso es que la fecha coincida con la atribución de la «generación del 98», que quiere decir un grupo de intelectuales irritados por la pérdida de las últimas colonias. Realmente, la irritación no fue tan intensa, ni lo fue de modo especial para el grupito de la «generación del 98». Pero pasaron a ser los primeros intelectuales propiamente tales. La verdad es que lo son todavía más la gavilla de los escritores, más prosaicos, que pasan por regeneracionistas. Escriben a caballo de los dos siglos. A partir de entonces la vida pública española no se entiende sin la crítica de la correspondiente «generación» de intelectuales, que proporciona cada período de fechas y de circunstancias políticas. La relación entre intelectuales y políticos suele ser de resentimiento y envidia por uno y otro lado.

Blasco Ibáñez narra con sarcasmo la historia del intelectual de café, lector del Ateneo, periodista mendicante, que trabaja de «negro» para un político. Llega a escribirle un libro entero, lleno de citas eruditas, algunas inventadas. El «autor» que firma el volumen lo único que hace es recopiar por sí mismo el manuscrito del «negro» para que vaya a la imprenta con la letra del firmante. Es un enfermizo culto a la apariencia (Blasco Ibáñez 05a:139). La mujer del «negro», embarazada, lleva los bultos de ropa que tiene que entregar en un taller. Se resiste a que el marido le ayude a acarrear los bultos. «Él era un señorito, un intelectual, una futura eminencia. ¿Qué dirían sus amigos, aquellos camaradas de café, si le veían en la calle cargado como un mandadero?» De nuevo el culto a la apariencia (p. 259).

Un autor típicamente regeneracionista, Antón del Olmet, escribe una novela que traduce las ideas costistas de oligarquía y caciquismo. Hay una escena de un político corrupto que envidia a Unamuno (sin citarlo por su nombre), el intelectual por excelencia. Así se le describe: «El fray Luis ateo, espiritual y desdeñoso como aquel monje rimador, tan libre y tan fuerte como una roca, tan alto como un picacho, sonríe desde la cumbre de su genio, y espera, sin apetecerlo, la hora de convertirse en estatua» (Antón del Olmet 21:179). Seguramente, a partir de estas palabras, Victorio Macho esculpió la soberbia estatua de Unamuno.

Manuel Bueno es el escritor que con mayor sorna se refiere a los intelectuales del 98. Los presenta como «una forma de bohemia menesterosa, que despertaba más prevención que simpatía» (Bueno 36:23). El juicio completo es este: «Fue una generación de mentalidad más crítica que creadora, un poco pesimista porque presentía la catástrofe [de la pérdida de las colonias], pero no tan desnuda de patriotismo como se ha supuesto» (p. 55). La verdad es que no hay que suponer falta de patriotismo en Unamuno, Baroja, *Azorín,* los Machado, Maeztu y el resto de la pléyade. Otros serán sus defectos. Como su superior virtud fue el definitivo arreglo de la lengua española. Eso sí es patriotismo.

Véase también:

PERIODISTAS
TERTULIA

Jesuitas

Pocas instituciones habrá tan españolas como la Compañía de Jesús. Aunque quizá habría que añadir que nada tan español como el antijesuitismo. El alegato mayor contra los jesuitas se contiene en *A.M.D.G.,* la controvertida novela de Pérez de Ayala. Dice en ella uno de los padres de la Compañía: «¿Qué más da que la canalla, la hez, la cloaca nos odie? Con nosotros están los buenos, las clases acomodadas y los ricos... Nuestros Superiores han demostrado siempre una rara habilidad para captar las voluntades de los que mandan» (Pérez de Ayala 10:195). El libelo de Pérez de Ayala es una minuciosa exposición de las intrigas de los jesuitas para «captar la voluntad de los que mandan», o por lo menos de los que tienen dinero y apellidos. Hay que decir también que ese mismo deseo de aliarse con la clase instalada hizo que la Compañía cribase muy bien las vocaciones para seleccionar a sus miembros. Ninguna orden religiosa logró incorporar una hueste tan preparada, disciplinada, atenta a los diferentes campos del saber. Paradójicamente, fue esta especial competencia lo que granjeó a los jesuitas la enemiga de los intelectuales.

Más que la crítica a la Compañía propiamente dicha, los intelectuales atacan el *jesuitismo,* esto es, la moral pragmática y de circunstancias. Considérese este desahogo de Pérez de Ayala: «La moral jesuítica ostenta una rara y sapientísima provisión de cuantos artilugios, sonsacas, socaliñas, fraudes y aun saqueos puedan descubrir los hombres con el fin de apropiarse los bienes ajenos a favor de resquebrajaduras legales; estudia los casos de conciencia y los resuelve deliciosamente sin que la restitución sea menester en ninguno de ellos» (p. 67). Debe recordarse que *A.M.D.G.* aparece en 1910, un momento de agrias polémicas en torno a la llamada «ley del candado», que trataba de cerrar la apertura de nuevos colegios religiosos. La primera década del siglo alcanza el ápice de las polémicas ideológicas en torno al militarismo y al clericalismo.

El aspecto que atraía e irritaba más de la acción jesuítica es que no se encerraba en el convento, sino que salía a la calle, para arreglar el mundo. Aranaz Castellanos pinta magistralmente el tipo de «jesuita de moda» en Bilbao a finales del siglo. «Se pasaba las horas muertas en el confesonario, saturándose de chismografía doméstica.» Esta información detalladísima la empleaba luego para confeccionar «admirables sermones en contra del teatro, los bailes, la prensa liberal, los paseos públicos» (Aranaz Castellanos 99:71).

La moral jesuítica se traduce, por ejemplo, en este ardid de un director espiritual de la burguesía bilbaína, realmente de las mujeres de esa capa social. El jesuita indaga «cuántas veces al mes la señora peca con su amante». Se establece la media en cuatro veces. El consejo del confesor consiste en «recomendar que busque pretextos para no verle, por el momento, más de tres veces al mes; luego dos, y más adelante, una» (Bueno 24:252). Se trata, claro está, de una caricatura del jesuitismo.

Blasco Ibáñez tiene también un libelo contra los jesuitas, en este caso, los de Deusto, un poderoso núcleo de influencia política y económica, que llega hasta nuestros días. A finales del siglo XIX, el antecedente de lo que sería (a partir de 1916) la Universidad de Deusto entroniza a San José «con un arco de focos eléctricos», que para entonces tenía que sonar a provocación vanguardista. «Era natural que fuese San José el escogido para esta glorificación; el santo resignado y sin voluntad, con la pereza gris de la impotencia, hermoso molde escogido por aquellos educadores para formar la sociedad del porvenir» (Blasco Ibáñez 04:59). Hay un personaje curioso en la novela, el jesuita casamentero que hace y deshace noviazgos. Logra convencer a sus hijas espirituales de que es pecado oponerse a esos consejos sobre la conveniencia de unos u otros pretendientes. Como es natural, los consejos van en la dirección de reforzar la endogamia de la clase burguesa. Ni siquiera era fundamental la prueba de que el novio elegido fuera un católico practicante y consecuente (p. 266).

Baroja lanza también sus dardos contra la moral jesuítica. Considera que los *Ejercicios* de San Ignacio no pasan de «sencillas vulgaridades» para aterrorizar a las almas sencillas. «Una página de Poe hubiera impresionado más que toda aquella balumba terrorífica del infierno ignaciano» (Baroja 01:138).

Una manifestación de la táctica jesuítica era la de organizar «misiones» por los pueblos. El formato era el de una pareja de padres, de tal forma que resultaban complementarios. Uno de ellos actuaba como un loco, predicando «a zarpazos»; el otro muy melifluo, arrullador como paloma (Insúa 11:253).

Era una guerra de competencias. Los jesuitas trataban de invadir el terreno de la influencia social e intelectual, la misma que se habían reservado a sí mismos los escritores. Es lógico el resentimiento de la república de las letras contra los padres de la Compañía. Con la misma lógica se entiende el libro del padre Ladrón de Guevara *Novelistas malos y buenos,* publicado en 1910, en plena polémica sobre la cuestión religiosa. De Pío Baroja dice que «no le cuadra el nombre de Pío, sino el de impío, clerófobo, deshonesto» (p. 55). La verdad es que don Pío era un anticlerical recalcitrante, pero no merece la calificación de deshonesto. Por lo mismo, parece injusto que al estilo de Emilia Pardo Bazán lo defina como «realismo deshonesto» (p. 327). Claro que Felipe Trigo es «sumamente deshonesto» (p. 437). De Palacio Valdés dice el vademécum que es «malo por ambos lados» (p. 326). A Blasco Ibáñez le dedica este juicio: «A los jesuitas de Deusto trata de ponerlos en ridículo, pero no acierta» (p. 464). El veredicto lo tiene la Historia.

Véase también:

ANTICLERICALISMO
RELIGIOSIDAD POPULAR
SECULARIZACIÓN

El atuendo debe distinguir bien el sexo y la clase social. Los niños se visten de mayores. (Foto: Alfonso)

Jovencitos

La pirámide demográfica de hace un siglo se apoyaba sobre una base muy ancha, de niños, adolescentes y jóvenes. Era la natural consecuencia de una alta fecundidad. Sin embargo, se trataba de una mayoría silente a efectos sociales. Los niños, adolescentes y jóvenes contaban poco socialmente, eran población sin personalidad. Desde luego, el elenco de personajes de las novelas no incluye muchos adolescentes ni tampoco demasiados jóvenes. Algo parecido se podía decir de la pintura, que retrata adultos con preferencia a otras edades.

En realidad, la noción de adolescencia, tal y como la entendemos ahora, no existía en la época de nuestros abuelos. Se pasaba casi directamente de la niñez a la juventud. Abundan los testimonios de que «el primer sello de mujer», es decir, la primera regla tiene lugar a una edad que hoy entraría de lleno en la adolescencia (Francés 11:145). Se dice de manera circunloquial: «Contaba Pilarito diecisiete abriles, y era un tierno y precioso capullo que acababa de abrirse a la pubescencia» (Acosta 20:69). De una muchacha de dieciocho años se dice que es «apenas púber» (Pérez de Ayala 12:215). El rito de la primera comunión no era para pasar de niño a adolescente, sino de niño a hombre (Unamuno 97:45).

La edad adolescente era muy indefinida. Para las clases laboriosas, significaba la plena incorporación al trabajo. Para las clases acomodadas, equivalía a una niñez ampliada. Así, puede verse la escena de chicos y chicas entre quince y veintidós años que juegan a la gallina ciega y a otros juegos parecidos en el Retiro madrileño. El esparcimiento tardíamente infantil aparece vigilado por los adultos de las respectivas familias (Ramírez Ángel 16:160). Una madre de una chica de quince años se queja de la «libredumbre en que vive... no la podemos sacar de la escuela sin que llore». Era una edad tardía para estudiar, más propia según su madre «para gobernar los atropos de una casa, cuanto más para salir al campo» a trabajar (Espina 14:91)

Un rasgo de la educación infantil de aquella época era la radical separación de chicos y chicas. Lo cual provocaba una actitud de extremada timidez en los chicos. Los de la clase media sólo podían hablar con «criadas y muchachas fáciles», ya que ni siquiera acompañaban a sus madres cuando salían de visita (De Burgos 23:11).

El rito de paso de la adolescencia a la juventud estaba marcado por la inseguridad. «El primer cigarrillo, la primera mujer, la primera propina abrieron en mi pubertad ese período de petulantes hazañitas denominado gráficamente *edad del pavo»* (Ramírez Ángel 16:160). Los veinte años marcan la edad límite «para que me llamen chico; para volver tarde, de noche, a casa; para fumar delante de todo el mundo; para recibir cartas; para saber dar conversación a las mujeres» (p. 217).

Son muchas las denominaciones de adolescentes o jóvenes que acarrean un matiz despectivo o ridículo. Así, tenemos los *pisaverdes,* que son los que «a los veinticuatro años de edad no sirven para nada y tienen que ser mantenidos por sus padres hasta que ellos se mueran y les dejen el trabajo de malgastar la herencia» (Retana 19:47). Otras etiquetas son: *pollito bien, lechuguino, barbilindo, tobillera* (Retana 19: *passim).* Están también el *niño gótico* (Hoyos y Vinent 27:150), el *pollo de fruta* (López de Haro 30:102), o el *pollo líquido* (Ramírez Ángel 24:61). Aparecen los *gomosos,* que son los de «postura graciosa y cumplido indumento» (Insúa 21a:114), entre otras figuras similares de *niños lipendis, pisaverdes, petimetres, figurines y currutacos* (Insúa 21a: *passim).* Todas estas etiquetas se aplican más bien a los jóvenes de las grandes ciudades, de las clases ociosas.

Los estudios no conseguían alargar la edad juvenil como sucede ahora. Un joven podía doctorarse en Medicina a los veintiún años (Díez-Caneja 27:289). Se entraba en la Universidad «con pantalón corto». El ambiente estudiantil universitario era de jolgorio un tanto aniñado. Decididamente, era una sociedad sin papel adecuado para los jóvenes, que por eso eran más bien *jovencitos.*

Véase también:

ADULTEZ
NIÑOS
NOVIAZGO

Justicia

La penosa marcha de la sociedad de la Restauración hacia un sistema democrático tropieza con el inevitable escollo del mal funcionamiento de la Justicia. Después de todo, es la parte de la burocracia que más cerca tiene el público; de ahí las quejas. Es una crítica que asoma continuamente a los escritos de los regeneracionistas. Es también una observación intermitente de las crónicas de los viajeros de otros países. Dice uno de ellos: «Cuando se apresa algún ladrón, rara vez es juzgado por un tribunal; la justicia en España es de resultados muy dudosos y la mercancía demasiado valiosa como para hacer pruebas con ella.» Así que se les aplica la «ley de fugas» (descripción de Samuel Parson Scott en 1883, citado en Castillo Monsegur 90:209). Era la versión española de la famosa «ley de Lynch», sólo que a la chita callando.

Las obras de Baroja son un demoledor alegato contra la corrupción de los juzgados: «Todos se entendían con los pinches y escribientes, los cuales les arreglaban sus asuntos; daban un carpetazo a los procesos molestos, arreglaban o empeoraban un litigio y mandaban a presidio o sacaban de él por poco dinero. ¡Qué admirable maquinaria! Desde el primero hasta el último de aquellos leguleyos, togados y sin togar, sabían explotar al humilde, al pobre de espíritu, proteger los sagrados intereses de la sociedad, haciendo que el fiel de la Justicia se inclinara siempre por el lado de las monedas» (Baroja 04:300). Obsérvese que no se trata tanto de la prevaricación de los jueces, sino de la perversión de toda la maquinaria judicial. Se comprenderá ahora que las elecciones no pudieran ser limpias y que la corrupción política fuera tan fácil. La crítica fundamental era contra el clasismo del sistema legal y judicial. «Las leyes son como los perros: ladran a los que llevan blusa y mala ropa» (Baroja 04b:109). Lejos del ideal de la imparcialidad, ese sistema hace que las mismas conductas sean ensalzadas o castigadas según la procedencia social del sujeto. «Negociar y robar es lo mismo... Negociando eres una persona decente, y robando te llevan a la cárcel. En el mundo hay dos castas de hombres: unos, que viven bien y roban trabajo o dinero; otros, que viven mal y son robados»

(Baroja 04a:240). Estas palabras las pone el autor en boca de un pícaro. Ahora bien, revela tanto la concepción del mundo por parte de don Pío como la que podía atribuirse al grueso de los escritores. Este es un caso donde se aprecia perfectamente que el autor hubiera corrido un mayor riesgo de haber dicho esos mismos juicios por su boca. La ficción permite ponerlas en boca de un personaje imaginado. En donde se demuestra que la literatura es una ayuda para sobrevivir.

Uno de los fallos de legitimidad del régimen de la Restauración fue el continuo socavamiento por parte de los intelectuales. Las novelas transmiten ese clima de escasa confianza en las instituciones, de las que la Justicia es sólo un caso. La corrupción no es más que la consecuencia necesaria de esa creencia. Le dice la patrona al «otro yo» que representa el novelista (Andrés Hurtado): «Defraudar a la comunidad no podía ser tanto como robar a una persona. Casi todos los ricos defraudan a la Hacienda y no se les tiene por ladrones» (Baroja 11:224). Esta vez sí que el comentario sirve para la España de nuestros abuelos y para la de los nietos. Es una manera de reconocer que formamos parte de la misma estirpe.

Véase también:

CORRUPCIÓN
DELINCUENCIA
ELECCIONES
POLÍTICOS

Locura

Hemos hablado de las enfermedades, pero hay que reservar una breve entrada para la locura. En la época que nos ocupa, la locura comprendía un conjunto mal definido, residual, de situaciones, más próximo a la delincuencia que a la enfermedad propiamente tal. Había un fuerte estigma social contra los enfermos mentales, muy superior al de los que sufrían males orgánicos. Al protagonista de una novela de César Juarros, se le oculta que su madre murió en un manicomio. El hombre razona así: «No había visto nunca un loco; pero tenía firme la idea de que un loco era algo vergonzoso, humillante. Como haber estado en presidio o peor» (Juarros 27:283). El autor era precisamente médico militar y psiquiatra, así que debió de conocer muchos casos de «locos olvidados». El manicomio era un lugar hermético, cuyos acogidos apenas recibían visitas. Eran como muertos civiles.

El aislamiento del enfermo mental llega hasta este punto extremo. El hijo de una familia bien situada comete un delito. Para no tener que ir a la cárcel, lo declaran loco y lo encierran en un manicomio. La familia ya no habla nunca de él, como si no existiera (Belda 18:*passim).* La enfermedad mental era el ostracismo civil.

El estigma hace que el loco, o simplemente el retrasado mental, aparezca como una figura risible. «Los locos, cuando no son agresivos e inspiran miedo, son motivo de gran risa para todo el mundo; viendo aún en la enfermedad un castigo del cielo, quiere aumentar el rigor de ese castigo con sus burlas» (Belda 18:331).

Son muchas las novelas en las que se produce un quebranto físico de la salud debido a un disgusto, una contrariedad, una desilusión amorosa (por ejemplo, Alas 84, Díaz-Caneja 18). Concha Espina habla de «medrosía», una especial melancolía de las mujeres (Espina 14:267). *La Regenta* padece ese mal. Hay que conceder la prima narrativa a ese recurso para acentuar el dramatismo, pero evidencia que se iba teniendo una idea cabal de la enfermedad psicosomática. La verdad es que la facilidad para enfermar por una cuestión anímica era un lujo que sólo podían permitírselo las clases acomodadas. Era ya un principio de una concepción moderna de la enfermedad.

Véase también:

DOLOR
ENFERMEDADES
REMEDIOS

La estampa describe la acción de *Flor de Mayo,* de Blasco Ibáñez. El pescado no podía ser barato. (Foto: Vicente Barberá Masip)

Luto

La muerte era una circunstancia mucho más visible en la época que nos ocupa. No se debía sólo a una mortalidad elevada, sino a que se trataba de un rito de tránsito (el definitivo) que había que jalonarlo con cuidado.

El rito mortuorio era un acto social, en el que a veces podía participar todo el pueblo. El velatorio suponía la expansión a través de lloros, lamentos y gritos (Mas 23:73). En un cortijo de Andalucía tiene lugar el velatorio de un niño. Las mozas, venidas de los cortijos vecinos, pasan la noche delante de la cajita blanca. No hay color negro porque «los niños van directamente a la Gloria y su muerte debe causar alegría, no tristeza». Los concurrentes repetían la frase ritual «¡angelicos al Cielo!» a la «madre acongojada, para que rechazase de su corazón la pena que sentía» (Martínez Olmedilla 08:119). Naturalmente se trataba de una piadosa racionalización en una época caracterizada por una alta mortalidad infantil.

En la Galicia rural eran llamativos los ritos funerarios, que se centraban en la organización de un gran banquete. «Se comía y se bebía sin tasa; la vecindad de la muerte excitaba el apetito y hacía más alegre la posesión de la vida». El banquete terminaba en promiscua bacanal: los mozos «retozaban a las mozas». La creencia ancestral era que «el único modo de vencer a la muerte es crear» nuevos hijos. Los asistentes al banquete, borrachos, danzaban ruidosamente en torno al muerto. Imitaban el zumbido de los abejorros con el acuerdo de que quien interrumpiera el ruido, sería el primero en morir. El espectáculo más parecía un aquelarre (López de Haro 17:184:188).

La muerte de un agricultor acomodado del Somontano, a fines de siglo, genera una intensa actividad «para honrar al muerto y para holgar los vivos». Matan nueve carneros para un gran banquete. La viuda comenta que hay que disponer «lo mejor en todo, cueste lo que cueste. Tendría una pena horrible si dijeran que había sido miserable en esta ocasión». La viuda y la hija pasan el día entero en la cama, «sacrificio impuesto por la etiqueta del país en estos casos». Mientras tanto, los numerosos invitados dan cuenta del convite: «carnero cocido y almendras tostadas» (López Allué 00:79-83). La imaginería popular ha acuñado esta sentencia, que no puede ser más breve ni más expresiva: «El muerto, al hoyo; el vivo, al bollo.»

El luto es la certificación del rito funerario. No hay una norma fija, sino que cada familia adopta su personal interpretación. Está el caso de una duquesa, quien, al morirse su marido, «se viste de luto riguroso» y «obliga a la servidumbre a renunciar dos años al uso de prendas que no fuesen negras» (Bueno 35:25).

Se insiste mucho en que el luto impide ir al teatro, pero curiosamente no al cine, quizá por lo novedoso del espectáculo (Mata 21:310). El luto plantea pequeños dramas domésticos. Así, la familia madrileña de clase media, al estar de luto, tiene que elegir para el veraneo «una plaza humilde, donde no les conozcan». Veranear en el mismo lugar de costumbre hubiera sido incompatible con el luto (Ramírez Ángel 24:71).

El luto equivalía al traje negro, que podía «aliviarse» según fuera pasando el tiempo. Una indicación somera del ritual, para una mujer elegante, era la *pena* o cinta negra que se colocaba en el sombrero (Gómez de la Serna 17:175). Al final todos estos elementos para ocultarse del mundo conseguían casi todo lo contrario: llamar más la atención. Una viuda debía hacerlo si quería volver a casarse, sólo que de la manera más discreta posible.

Véase también:

DOLOR
MORTALIDAD INFANTIL
MUERTE

Madrid

El lector que haya llegado hasta aquí, sea cual sea el orden seguido, podrá comprobar que son muchas las referencias a Madrid. Así es por exigencia del método, parcial como cualquier otro. La mayor parte de las novelas consultadas se imprimen en Madrid, que es donde residen muchos escritores. Pueden provenir de distintas provincias, pero terminan por recalar en la acogedora villa y corte. Este es un sesgo inevitable, pero por otra parte se puede hacer de la necesidad virtud. Madrid acaba siendo una síntesis de todas las Españas, al menos de los ambientes urbanos. Es la piedra de toque para comprender la otra realidad complementaria, la de la España rural y profunda. Realmente algunos novelistas escriben en Madrid narraciones un tanto melancólicas, y posiblemente idealizadas, del país rural que dejaron atrás. Mainer sostiene que el ambiente urbano en torno a 1900 genera poca literatura en España. La excepción es Madrid, «La ciudad casi por antonomasia» a efectos literarios (Mainer 93:41).

Madrid es una ciudad llena de contrastes y paradojas. Es una gran urbe con aires cosmopolitas, pero con muchos elementos ruralizantes. Los símbolos de Madrid (el oso y el madroño, San Isidro) son claramente rurales. En la época que relatamos, los madrileños se podían reunir en un «establo de la calle de Serrano» a hablar de negocios (Aguilar Catena 24:138). En aquel entonces eran muy corrientes las «vaquerías» dentro del casco urbano; en ellas se estabulaban las vacas, se ordeñaban y se servía la leche a los clientes. Esta institución dura hasta que se rebasa la mitad del siglo XX. Por increíble que pueda parecer hoy.

A principios de siglo se desarrollan las «colonias de hotelitos» en el extrarradio. Era una original manera de integrar el campo con la ciudad. Se describe uno de esos hotelitos con corral en una barriada de las afueras, a las que llegaba el tranvía eléctrico. Cuenta con un amplio jardín, que se aprovecha para corral, con cabras y gallinas. La señora de la casa vende los huevos a una tienda vecina a 1,50 pesetas la docena, que era un precio altísimo: el equivalente a un jornal diario (Díaz-Caneja 13a:69).

Son muchas las descripciones del Madrid extramuros de la ribera del Manzanares. Obsérvense los elementos ruralizantes: «Tendederos de ropa mísera..., un aduar de gitanos..., casuchas de adobe renegridas de humo..., en los socavones de algún declive, viviendas de una sordidez aún mayor, a cuya puerta, sobre dos ladrillos, se encendía un fuego como de nómadas» (Camba 29:75). Parece un paisaje africano. Volveremos sobre ello.

No era sólo el paisaje suburbano lo que nos acercaba a la vida rural. En pleno barrio de Argüelles, a principios de siglo, «en la acera las viejas hacían calceta para el marido, y los hombres, sentados en el encintado, liaban estoicamente gruesos cigarrillos» (Ramírez Ángel 24:157). No era una estampa precisamente metropolitana. El autor citado, que fue cronista de la ciudad, la define como «un pueblo grande que no tiene prisa» (Ramírez Ángel 16:153). Téngase en cuenta que el Madrid de aquel tiempo era el polo de atracción de la gran corriente de inmigrantes del campo, los *paletos*.

No sólo era Madrid un poblachón rural, sino que se asentaba en un paisaje todavía más desolado de lo que es hoy. No se puede idealizar un paisaje madrileño boscoso, porque nunca existió. Esta es la realidad que describe Baroja a principios de siglo. Se trata del paisaje de la carretera de Madrid a Fuencarral (que hoy es denso casco urbano): «La tierra era estéril; en la carretera, sólo a largo trecho había algún arbolillo raquítico y torcido, y en algunas partes, cuadros de viñas polvorientas. La carretera se extendía llena de polvo y de carriles hechos por los carros entre los arbolillos enclenques» (Baroja 01:60). Bien es verdad que el autor seguramente añoraba el paisaje fragoso de Guipúzcoa.

El contraste era evidente entre una apariencia rural y la altísima proporción de forasteros residentes (más de la mitad de los adultos) y visitantes. Era esta una característica típicamente metropolitana. El hecho lo reconocen los textos consultados (Trigo 09:80).

Una característica muy madrileña ha sido siempre la extroversión, el vivir la calle, el salir a pasear por las afueras. Son continuas las referencias a la costumbre de salir a bailar, a comer y beber, en torno a los merenderos alejados del centro. Sobre todo, las tardes de los domingos era una diversión que atraía a una multitud de madrileños (Pérez Lugín 24:282). El *paseo* de la Castellana lo era literalmente. Unos iban caminando, otros en carruaje, pero todos estaban allí para verse. «Era tal el número y la apretura de carruajes, que a veces tenían que pararse todos por imposibilidad de avanzar ni de retroceder» (Pardo Bazán 89:101). Eran los primeros atascos de tráfico, hace un siglo, todavía con coches de caballos. Pocos años más tarde Pedro Mata describe un verdadero atasco en la calle Bailén: «automóviles, ómnibus de hoteles cargados de baúles, tranvías y camiones» (Mata 21a:88).

La extroversión de los madrileños les impele a mantener un ritmo acelerado de gasto. Madrid exige ganar mucho dinero (Trigo 09:38). Ello hace que menudeen las casas de empeño y que destaque la figura del bohemio que vive del «sablazo». La estructura social madrileña no responde a una economía productiva, sino parasitaria. No es una ciudad industrial, sino «villa y corte». El cronista Ramírez Ángel asiste a «la metamorfosis del Madrid de los jornaleros» que pasa a ser «el Madrid de los negociantes, de los triunfadores, de los ociosos, de los favorecidos» (Ramírez Ángel 16:93). En realidad, Madrid es un mundo heteróclito en el que cabe todo, el jornalero y el ocioso, el hortera y el financiero. Curiosamente, se pueden separar de acuerdo con el ritmo circadiano. «Por la mañana [Madrid] desparrama el rebaño de los famélicos que van a conquistar el dinero; por la noche, congrega... a los triunfadores... Este pueblo se aturde con venenoso aguardiente al amanecer y termina embriagándose con vinos de marca» (p. 95).

El contraste mayor es entre el centro señorial y el alfoz suburbial. Hasta muy entrado el siglo XX, esos suburbios no son propiamente industriales. Mantienen un aire rural, de aldea miserable, donde se congregan las clases menesterosas, traperos, mendigos, prostitutas, delincuentes. «Todo aquel rincón, por su suciedad y quietud, más que un arrabal, parecía un pueblo» (Zamacois 33:36). Debemos a Baroja las páginas más inspiradas para describir la atmósfera de los barrios bajos del Madrid preindustrial: «La corte es ciudad de contrastes... Vida refinada, casi europea, en el centro; vida africana, de aduar, en los suburbios» (Baroja 04:51). El autor ironiza sobre la retórica de esa frase. Toda la novela es un alegato fortísimo sobre el carácter «africano» del extrarradio madrileño. Véase, por ejemplo, la descripción de una *corrala* barriobajera, formada por un gran patio, al que daban unas galerías con muchos cuartos. Algunos de ellos eran sólo «chiscones oscuros, sin ventilación alguna, construidos en los huecos de las escaleras y debajo del tejado» (p. 70). «Era la corrala un mundo pequeño, agitado y febril, que bullía como una gusanera. Allí se trabajaba y se holgaba, se bebía, se ayunaba, se moría de hambre; allí se construían muebles, se fabricaban antigüedades, se zurcían bordados antiguos, se fabricaban buñuelos, se componían porcelanas rotas, se concertaban robos, se prostituían mujeres» (p. 72). Era, en fin, el submundo azacanado que vivía de manera simbiótica con el Madrid visible y vertical.

El centro del Madrid de hace un siglo, y durante mucho tiempo, era la Puerta del Sol, que no es tal puerta, sino plaza un tanto irregular. Era tal la muchedumbre que transitaba por el centro que parecía que «todo Madrid viviera en la Puerta del Sol» (López de Haro 07:25). Un personaje de Zamacois (él mismo, claro está) sostiene que el carácter de *plaza* de la Puerta del Sol es lo que ahoga a Madrid. A una plaza se va a no hacer nada. Las ciudades modernas tienen *calles* concurridas, porque se va a alguna parte, a comprar y vender. En cambio, el público de la Puerta del Sol está allí para charlar (Zamacois 23:256).

Unos novelistas captan la luz, otros el ambiente. José Francés percibe los ruidos de Madrid. Léase en voz alta esta descripción onomatopéyica de las calles madrileñas: «El rumor tronitroso de los tranvías y su claro campaneo. El romance ingenuo y viejo que cantaban unas niñas. Los compases chulos y pícaros de un organillo. El vocerío de los periódicos nocturnos» (Francés 16b:141). A primera hora de una tarde de verano, los sonidos eran estos: «El murmullo de las conversaciones, el ris-ras de los abanicos, el tan-tan de los tranvías, el rodar de los carruajes, los pregones de los vendedores de helados y de décimos» (Francés 15:183). Y también los sonidos propiamente urbanos: «Bajaba bramando de velocidad el tranvía. Vibraba el timbre de un cinematógrafo próximo. Se oía el jadeo fatigoso y enorme de la fábrica próxima» (p. 166).

Un comentario general sobre las condiciones de vida de Madrid es que sufre los rigores de un clima extremoso. Zamacois relata el Madrid de fines de siglo bajo la nieve, los habitantes ateridos, con sabañones, que hoy no reconoceríamos (Zamacois 96:65). Ramón Gómez de la Serna hizo una bella greguería al respecto: «Las únicas personas que pueden resistir el frío de Madrid son las estatuas» (Gómez de la Serna 23:134).

Madrid es una ciudad que crece y se transforma, a mayor ritmo que ninguna otra de las españolas. No hay más que recordar la estampa de la calle Serrano hace un siglo: «poco tráfago; tiendas sin lujo y destinadas en su mayoría a la venta de artículos de primera necesidad; los niños jugando delante de las casas; las porteras sentadas formando corrillos, departiendo en voz alta con los mancebos de las carnicerías, pescaderías y ultramarinos» (Palacio Valdés 90:5). Es evidente que la actual calle de Serrano (una de las más comerciales de la capital) no tiene nada que ver con ese cuadro. Pero las transformaciones no son sólo recientes. Zamacois perfila un agudo contraste entre el Madrid de finales de siglo y el de los años veinte. No ha transcurrido el lapso de una generación y la disonancia no puede ser mayor. Por un lado está el Madrid de la luz de gas y el quinqué, de los tranvías de mulas, «de las mujeres con falda de percal y medias de algodón a rayas, pañuelo a la cabeza y mantón alfombrado». Frente a esa ciudad «muy goyesca todavía», se alza el Madrid europeizado de los años veinte: luz eléctrica, tranvías, teléfono, motocicletas, autobuses, aeroplanos, Metro, tango, *foot-ball*. «Los automóviles han enseñado a las nuevas generaciones a peinarse hacia atrás»; otra greguería (Zamacois 23:444).

Véase también:

CIUDADES
ÉXODO RURAL

Marginados

El concepto, desde luego, es actual. En tiempo de nuestros abuelos no había propiamente marginados, quizá porque los márgenes eran amplísimos. Y sin embargo, a través de los escritos de ficción, podemos reconstruir un abigarrado mundo de pobres, desclasados, rebeldes, parásitos. Hay que dar cuenta de ellos si queremos ser equitativos con la reconstrucción de la sociedad de nuestros abuelos.

Los pobres eran propiamente de solemnidad, es decir, los que vivían de la caridad pública. Veamos la descripción de esos pobres casi oficiales en un pueblo de Jaén (¿Úbeda?) a comienzos de siglo. Es la celebración de la Nochebuena. La tradición manda acordarse de los pobres. El Ayuntamiento les cede un patio y la leña para hacer una gran hoguera con que poder desentumecerse. Se añade una habitación baja para que los necesitados se refugien ya de madrugada. Al amanecer del día de Navidad les dan un café con leche y una barra de pan a cada uno. A la hora de la comida el secretario del Ayuntamiento les reparte una ración de «cocido bueno y abundante, pan, vino y bellotas para postre» (Aguilar Catena 21:100).

Baroja pinta un retrato magistral de un cónclave de mendigos para recibir la clase de Doctrina: «No se veían más que caras hinchadas, de estúpida apariencia, narices inflamadas y bocas torcidas; viejas gordas y pesadas como ballenas, melancólicas; viejezuelas esqueléticas de boca hundida y nariz de ave rapaz; mendigas vergonzantes con la barba verrugosa, llena de pelos, y la mirada entre irónica y huraña; mujeres jóvenes, flacas y extenuadas, desmelenadas y negras; y todas, viejas y jóvenes, envueltas en trajes raídos, remendados, zurcidos, vueltos a remendar, hasta no dejar una pulgada sin su remiendo. Un gran número lo formaban los ciegos; había lisiados, cojos, mancos. Todo aquel montón de mendigos, revuelto, agitado, palpitante, bullía como una gusanera» (Baroja 04:78). Como puede verse, la pobreza es aquí algo físico, casi pictórico.

Otro grupo resueltamente al margen de la sociedad era el de los gitanos, a menudo confundido con el de los pobres. Tenemos un espléndido informe etnográfico de los gitanos acampados en los arrabales de Madrid, debido a la pluma de Blasco Ibáñez. Observa una curiosa discriminación entre los sexos. Los maridos permanecían todo el día ociosos. «Desayunaban con una copa de aguardiente o un mendrugo y aguantaban el hambre todo el día, en plácida vagancia.» Jugaban, cantaban, cazaban pájaros. Mientras, las mujeres se pasaban todo el día azacanadas en la ciudad, mendigando o afanando lo que podían (Blasco Ibáñez 05a:302).

La discriminación por sexos entre los gitanos es un rasgo que anotan otros autores. Véase esta colorista estampa. Es «un gitano, un hastial como un castillo, cómodamente sentado a la mujeriega: sobre un pollino y muy peripuesto... mientras la gitana, joven, pero desfigurada y deforme por una avanzada preñez, llevaba del ronzal, renqueante y sin poder tirar, al rucio. La gitana era el prototipo de la esencia de la mugre. El gitano, un consumado cuatrero con seguridad, iba silbando y fumando una tagarnina» (De Acosta 20a:129). Hoy diríamos que estas calificaciones son la expresión de un prejuicio étnico, pero eran entonces el sentir general. El novelista no hace más que transmitir el común sentir sobre los gitanos: «Raza errabunda... de atávicas y groseras costumbres...; espíritu hermético a todo lo extraño...; raza ágil y felina, astuta y ardiente, valerosa y taimada» (p. 130). Es claro que la general inquina contra los gitanos no es más que la descripción exagerada de las virtudes y vicios de los españoles. Según eso, lejos de alojarse en los márgenes de la sociedad, los gitanos serían su médula.

Son muchos los tipos que se consideran extravagantes, no ya en la sociedad, sino a la escala de cada unidad vecinal. Por ejemplo, está el arquetipo del tonto del pueblo. Podemos recurrir a las anotaciones que hace López de Haro sobre un pueblo manchego hacia 1915. Aparece la imprescindible figura de la tonta del lugar, una criatura monstruosa, ilegítima, que, en lugar de hablar, gritaba y babeaba. «Vivía en el arroyo, de alguna limosna y disputando a los perros, en los muladares, las piltrafas de carroña. Como era repugnante..., la echaban a escobazos de las puertas y le apedreaban los chiquillos» (López de Haro 16:38). La pobre chica cumplía una triste función: recordar al vecindario que los demás estaban hechos como Dios manda.

No siempre los marginados lo son por características innatas, como el físico. Hay veces donde la colectividad margina deliberadamente a un individuo, por razones azarosas o caprichosas. Diríase que el conjunto social *necesita* de un culpable, para zaherirlo y quizá librarse así de las responsabilidades de cada uno. Este es el caso de un pueblo salmantino, donde el vecindario da en decir que un vecino es brujo, lleva consigo un mortal maleficio (Zamacois 14:82). Como consecuencia, el pobre hombre recibe toda clase de insultos, desprecios y golpes. Su figura se hace tan odiosa como necesaria. Las desgracias parecen menos si se logra aislar una persona que las causa.

Un caso estrambótico de familiaridad con el marginado es el de otro pueblo castellano que cuenta nada menos que con un conocido bandolero. Es una figura «muy popular en la región, tanto por su ensañada hostilidad hacia los ricos como por las limosnas que repartía entre los pobres». Estos últimos le ayudaban a desasirse de las redes que le tendía la Guardia Civil (Zamacois 27:132). Parece una reconstrucción romántica, pero el hecho se describe como contemporáneo y sin que llame especialmente la atención.

Una coincidencia en muchos casos de marginación es que se trata de personas venidas de fuera. La norma la cumplen fielmente los gitanos, que son itinerantes, pero se aplica a otras muchas situaciones. Hay un tipo espléndido, que es el señor Exuperancio Monegal, un catalán que regenta una casa de citas en el Madrid de principios de siglo. El hombre considera que «a n'aquesta profesió yo sirvo a la Patria». Antes había tenido otras, no menos dudosas, como jugador profesional, vendedor de pornografía, *tonto* de una compañía de titiriteros, y director de un «periódico de chantajistas» (Francés 11:40). En la literatura clásica habría sido un pícaro. La picaresca sobrevive en una tierra donde se hace necesaria. «La hidalguía y el hampa siempre se han llevado muy bien en España» (Bueno 36:78). El indefinido gremio de los artistas, bohemios, cómicos y a veces escritores es intermedio entre el hampa y la hidalguía. Tienen un privilegio, que es el derecho a colocarse al margen de las costumbres (Zamacois 23:239). El canon por ese privilegio es que la sociedad instalada se reserva el derecho a aislarlos, excluirlos y, si se tercia, a denigrarlos (Francés 14:115). Por lo menos algunos de esa hueste, para vengarse, escriben novelas.

Véase también:

DELINCUENCIA
HAMBRE
PROSTITUCIÓN

Matrimonio

La *prima narrativa* hace que la mayor parte de los argumentos de las novelas giren en torno a la constitución de un matrimonio o a su disolución. Así pues, podemos disponer de un sinfín de testimonios sobre este significativo tránsito de las biografías de muchos personajes. En torno al matrimonio se fijan numerosas normas sobre la familia o la organización de las relaciones interpersonales.

El rito de la boda supone un jolgorio colectivo que trasciende con mucho a la significación del contrato o del sacramento. El banquete, con el baile consiguiente, puede durar un día entero; algunos continúan la juerga otro día más (la *tornaboda).* La colación típica para entretener tan larga expansión es «jerez con pastas» (Martínez Sierra 08:191).

El rito de paso, que es la boda, incluye muchas veces pesadas bromas. Este es un ejemplo de un pueblo de la comarca de Béjar (¿Guijuelo?). Los vecinos dan una estruendosa cencerrada a los recién casados y les meten piedras en la cama y magnesia en el orinal (Mas 23a:29). Más aún, los mozos obligan a los novios a uncirse a un arado, engalanado con cintas y cencerros. El pueblo entero «daba grandes gritos jaleando a la yunta humana». Los novios tiraban del pesado arado, con enorme esfuerzo, como si fueran bueyes. Se aceptaba la bárbara ordalía quizá como un símbolo del calvario del matrimonio (p. 35). Desde luego, una escena tan primitiva y brutal como la que manifiesta esa costumbre sirve para desmitificar el supuesto aire bucólico de la vida campesina.

Encontramos una curiosa disquisición sobre los días no convenientes para casarse. Los martes eran un día nefasto según la tradición clásica. Los domingos quitan solemnidad al rito porque la iglesia está ocupada con otras liturgias. Los lunes amanecen con la tornaboda de los martes. Los sábados hacen perder la misa del domingo por la misma razón de la tornaboda. Así que sólo quedan los días centrales de la semana: miércoles, jueves y viernes (Aguilar Catena 19:114). Todo había que cuidarlo mucho, puesto que la boda suponía para muchas parejas el brusco tránsito del superficial conocimiento a la intimidad total. El autor citado nos cuenta el caso del primer beso que intercambian los novios, precisamente en la noche de boda (p. 143).

Uno de los sucesos demográficos más reveladores de la época que nos ocupa es el inicio de una decisiva tendencia: el retraso en la edad de matrimoniar. Era un atisbo de modernidad, o al menos de movilidad y cambio social. Una sociedad agraria tradicional se distingue por un casamiento temprano, normalmente acordado por las respectivas familias. Esta decisión conduce a una alta fecundidad. A partir de los lustros finales del siglo muchas parejas deciden retrasar el momento de casarse. Ello se debe a un conjunto de razones. Los matrimonios se deciden cada vez más por los novios, sin tanta intervención de las respectivas familias. La emigración obliga a prolongadas ausencias de los mozos. Crecen las exigencias económicas respecto a lo que significa fundar un nuevo hogar, cada vez más, fuera de la familia de origen. De modo latente, el retraso del matrimonio era una manera bastante eficaz de limitar la descendencia de modo legítimo. La nueva pauta se refuerza año tras año. Estos son los datos estadísticos:

Tasas de cada combinación	Indicadores de matrimonio		
Fechas	Casamiento precoz (1)	Casamiento juvenil (2)	Nupcialidad precoz (3)
1887	274	751	—
1900	253	737	94
1910	225	730	72
1920	193	684	71
1930	164	681	57

(1) Mujeres de 15-24 años que están o han estado casadas por 1.000 mujeres de esa edad.
(2) *Ídem* de 25-29 años.
(3) Mujeres de 15-24 años que se casan por cada 1.000 mujeres no casadas de esa edad.

La razón fundamental para ir posponiendo el matrimonio se debe a la emigración de muchos mozos. La prueba es que ese descenso de los índices de matrimonio temprano se acentúa en las provincias septentrionales, que son las que nutren la emigración transoceánica. En cambio, los índices más altos corresponden a las provincias rurales del Sur, que por el momento contienen la emigración.

La situación tradicional se explicita por el caso que describe Palacio Valdés en una escena que corresponde a la época de los años sesenta, anterior a la Restauración. Se da por supuesto que a los quince años una mujer debe estar dispuesta a casarse, aunque se dice que para casarse a esa edad hay que tener dinero (Palacio Valdés 86:II:142). Quizá no fuera esta la norma, sino un caso particular; la prueba es que el mismo autor da otra versión. En novela posterior, pero referida a las mismas fechas, se comenta que es una barbaridad que una mujer se case a los quince años. Se transige con la excepción porque la chica era huérfana de padre y madre (Palacio Valdés 16:81).

A comienzos del siglo XX, la abuela considera como tardío un casamiento en el que la novia tiene veinte años. Recurre al argumento de la tradición: «Mi abuela se casó de catorce años. A ti te casé a los quince» (Pérez de Ayala 23:64). A caballo entre los dos siglos ya había empezado la nueva tendencia al retraso de la edad de matrimoniar. Una madre exclama: «A los dieciocho años sólo se casan las locas que no saben ni el arreglo de la casa» (Baroja 01:120). Como es natural, la edad modal para casarse se retrasa todavía un poco más para los varones. Este es el modo como un padre contempla el rito de paso de su heredero: «Cuando [su hijo] cumplió los veintiocho años, su padre hizo tres cosas: a) felicitarle; b) regalarle una bicicleta; c) depositar en sus oídos la noticia de que el momento de pensar en el matrimonio había llegado» (Juarros 32:11).

Una curiosa norma es la de que a las hijas hay que casarlas por orden de edad. Si no se hace así, se puede sospechar que la chica que queda soltera y con más años «puede tener algún defecto oculto» (López Allué 00:180).

No sólo la emigración hacía retrasar el matrimonio. También conseguían el mismo efecto las dilatadas guerras coloniales o las azarosas oposiciones a los cuerpos funcionariales. Un militar de carrera debía anticipar una fianza para poder casarse, procedimiento bastante disuasorio (López de Haro 07:93).

El matrimonio presentaba entonces una significación muy distinta para varones y mujeres. El estado matrimonial era mucho más beneficioso para la mujer; de soltera, tenía mucho más disminuidos sus derechos. «Las dos enfermedades de la mujer son: la soltería y la viudez. La enfermedad del hombre es... la mujer, es decir, el matrimonio. El matrimonio es la salud de la mujer. El celibato es la salud del hombre» (Pérez de Ayala 23:264). El comentario es irónico y hasta cínico, pero revela muy bien lo que entonces se pensaba.

La noción de que la mujer cambia más su forma de vida por el matrimonio, en comparación con el varón, la emite un personaje de Baroja, una vez más, él mismo (Baroja 36:154). Un suceso extravagante, pero iluminador, es el que cuenta Emilia Pardo Bazán. Una mujer decide proponer el matrimonio a un pintor. Ante la negativa de este, la mujer se mete monja (Pardo Bazán 05:55). La decisión tenía su lógica. Una mujer de entonces tenía unas contadas posibilidades, en el tiempo, de casarse. Si no las aprovechaba, se decía como elipsis lo de «quedarse para vestir santos» (Espina 26:83). El hombre soltero, en cambio, tenía más posibilidades a cualquier edad.

Las mujeres establecen una suerte de competencia por casarse cuanto antes y del mejor modo posible. Si el matrimonio se aplaza suele ser por «culpa» del pretendiente. Una observación interesante es la de que la mujer fea se casa antes que la guapa. La razón es paradójica. El hombre se siente incómodo con una mujer guapa, que se ve más tentada de «tontear» con otro. Incluso sospechan de una mujer «avispada y desenvuelta» por la misma razón. Por eso «anteponen la tonta, figurándoseles que su misma bobería garantiza su virtud» (Zamacois 27:39). El argumento resulta peregrino, pero realista. No dice mucho de la sensibilidad de los hombres, pero cumple el principio consolador de lo que se llama función social de la ignorancia. En este caso habría que decir «de la fealdad». El refranero popular cultiva esta noción paradójica de que la mujer hermosa es de mal casar. «Al que tiene mujer hermosa, o castillo en frontera, nunca le falta guerra.»

Otro rasgo de la evolución de una sociedad rural a otra urbana o compleja es el paso del matrimonio de conveniencia o arreglado entre los padres al matrimonio por amor entre los novios. El sesgo dramático de las novelas obliga a resaltar los males del método tradicional y las venturas del matrimonio por elección.

En un pueblo de Huesca, a finales de siglo, se recurre al matrimonio arreglado entre los padres, sin intervención alguna de los novios. Se considera que es la mejor fórmula, la que consigue más estabilidad, siempre que haya algún interés económico que cuidar. La racionalización es que en este tipo de matrimonios «realizados como una compraventa, empieza el cariño, cuando en los otros, en los que el amor consagra y bendice, empieza el aburrimiento» (López Allúe 00:161).

A comienzos de siglo, entre los maragatos, las bodas se apalabraban entre los más próximos parientes de los interesados. Todo el mundo parecía satisfecho con este tipo de arreglos (Espina 14:24). Hay un caso límite en el que el matrimonio se conviene entre las madres respectivas cuando sus hijos no han llegado a la pubertad (Pérez de Ayala 23:52).

El matrimonio arreglado llega a su máxima expresión cuando se trata de un enlace entre primos. Es la mejor manera de que «todo quede en la familia», de conservar el patrimonio. Es la solución para la vida miserable que le espera a una viuda con una hija pequeña (Aguilar Catena 24:149). Hay casos en los que fracasa el matrimonio arreglado entre primos (Hoyos y Vinent s.f.:90-122).

Los «arreglos» matrimoniales indican que estamos en una época donde el interés económico gobernaba muchas relaciones que hoy consideraríamos como afectivas. Por ese lado no se puede decir que el desarrollo de la sociedad ha significado el avance del materialismo.

Una novela de Pedro Mata (autor popularísimo en su tiempo) contiene una significativa conversación entre una madre y una hija a propósito del matrimonio. La hija sostiene que el amor es la única condición para casarse. La madre arguye que el amor es algo accesorio en el matrimonio, «porque viene después». Por tanto, «los matrimonios mejores son los que conciertan las familias. ¿Quién puede tener más interés por la felicidad de los hijos que los propios padres?» (Mata 26:151). La conversación es un símbolo del intenso cambio generacional que se estaba produciendo.

El interés no es sólo pecuniario. Uno se puede casar por vanidad, por mantenerse en la clase a la que pertenece (Trigo 01:72). Hay una fuerte presión social para que una mujer se case «para que viesen los demás, para que no digan, para ser una boca menos [en la casa paterna]». La protagonista que escucha esas razones, se resiste íntimamente a ellas, añorando de todas formas el romántico casamiento por amor (Insúa 11:173). Más que romántico iba a ser el venidero, con su ineludible secuela del divorcio. Pero nuestras abuelas no lo sabían.

El caso extremo de matrimonio por interés es el de la mujer que se casa con un idiota para heredarle a través de los hijos. Como no consigue quedarse encinta, se acuesta con diversos conocidos para ver de concebir un hijo. De esta forma el vástago mantendría la herencia (Insúa 21). La trama es demasiado «novelesca», pero a través de tan estrambótico argumento, comprendemos la polémica de valores que estamos analizando.

El matrimonio por interés plantea el conflicto de hasta qué punto se puede asimilar una movilidad social desmesurada. Es lo que los sociólogos llaman *hipergamia.* Hay un caso sumamente interesante. Se trata de una cigarrera que tiene un hijo con «el primer comerciante de la villa». Después de algunos años, logra casarse con el amante, un poco en secreto. Es este segundo paso el que no le perdona la buena sociedad porque «no era señora de nacimiento». La pobre no puede hacer ostentación repentina de la nueva posición. Poco a poco va adoptando el atuendo de «señora». Primero es la «mantilla de velo» (las mujeres de clase baja usaban pañuelo), luego «guantes» y, al cabo de los años, «¡oh escándalo!, el sombrero». Al llegar al «abrigo de terciopelo», la buena sociedad (el coro de la tragedia) se revela. «Fue un verdadero motín.» Las comadres se santiguaban al verla y hablaban de ella siempre por su mote, entre otros desprecios (Palacio Valdés 88:8).

Una forma de desigualdad social más tolerable, ante el matrimonio, era la diferencia de edad. Se ilustraba con el matrimonio por amor entre un catedrático de cuarenta y cinco años y la alumna de diecinueve (Martínez Sierra 10:155). Un caso más extremoso es el de un conde, de sesenta años, que se casa con una mujer de diecinueve (Insúa 25:53). La diferencia de edad entre los sexos se justifica con este razonamiento de la sabiduría popular: «Son pocos los hombres que a los sesenta [años] no están tan jóvenes como los de cuarenta y poquísimas las mujeres que a los cuarenta no están tan viejas como las de sesenta» (Pérez de Ayala 23a:113).

La diferencia de edad se explica por la comprensión del matrimonio como un trueque. Si el novio ofrece seguridad económica, puede ser talludito. Si la novia ofrece belleza y salud, tiene que ser joven. El principio se ilustra con la historia de un hidalgo bien situado de un pueblo pesquero de la ría de Arosa. Al llegar a los cuarenta años, decide casarse y busca para ello una mujer joven, forastera, no pescadora, «dispuesta a acompañarlo y a alegrarle el retiro» (Camba 18:7).

La sociedad de nuestros abuelos no era tan puritana como se puede suponer. Lo que podríamos llamar *matrimonio de hecho* es una realidad, perfectamente aceptada, al menos en los ambientes populares (Palacio Valdés 96:26). El hecho de «convivir maritalmente» se aceptaba sin dificultad, ya que se entendía la imposibilidad legal del divorcio (Mata 21:175).

La consideración del matrimonio como un trueque lleva a la selección natural a través de esa institución. Es decir, las personas menos dotadas proponían la boda o no se casaban. Este es el caso del *tión* de Huesca, «nombre que se aplica en el país a todos los solteros rancios más o menos defectuosos, los cuales se obligan a trabajar en beneficio de la casa [del heredero] y este, a su vez, a mantenerlos sanos y enfermos, vestidos y calzados» (López Allué 00:118). Es una reminiscencia de los pactos feudales.

Hay una resistencia más moderna al matrimonio, la que personifica una criatura literaria de Manuel Bueno, solterón por principio. El principio era el de no obligarse con los parientes consaguíneos, «los cuales se atribuyen en lo futuro ciertos derechos a molestar al recién llegado a la familia» (Bueno 35:264). El nudo de los conflictos matrimoniales reside en que no son sólo dos personas las que se casan, sino dos familias las que, al emparentarse, se hacen afines. El eterno conflicto se resuelve muchas veces en las novelas con el recurso literario de la ironía. «Ahorcarse» es el sinónimo popular para «casarse» (Ramírez Ángel 24:91). «Oíslo» es la esposa, como en los clásicos (De Acosta 22:24). La suprema ironía es que el acto sexual, vituperado como nauseabundo por la moral aceptada, se convierta en algo sagrado, si media el contrato matrimonial (Pérez de Ayala 23a:125). Todavía es más odioso el contraste si se trata de un contrato mercantil más que otra cosa.

Véase también:

ÉXODO RURAL
FAMILIA
MUJER TRADICIONAL
NOVIAZGO
RITOS SOCIALES

Familia campesina modesta. (Foto: Otto Wunderlich)

Moda

Una sociedad que empieza a ser móvil en todos los sentidos (económico, geográfico y social) instituye la moda en el vestir. Quiere esto significar que la indumentaria se adapta a las diferentes clases sociales. La clase acomodada puede permitirse el lujo de cambiar de atuendo, según la temporada y conforme a los gustos que se emiten de manera cíclica. Las clases rurales no pueden seguir este ritmo y tienen que hacer estable y rígido el traje elegante para algunos días: de ahí la supervivencia del traje regional. A la mujer burguesa le acomete el frenesí de los vestidos. La historia está ya en *La de Bringas,* de Galdós (1884).

La moda para la clase alta «venía de París», aunque se confeccionara de este lado de los Pirineos. Ese difuso origen exótico la hacía inasequible para la capa siguiente, la de la burguesía media. Lo cual significaba un estímulo para que, teniendo dinero, se pudiera romper esa barrera. Así se cuenta, a primeros de siglo, que los ricos huertanos de Murcia importaban directamente la moda de París, antes incluso que los madrileños (López de Haro 08:95). Era una exageración, pero se quería decir que la adscripción de la indumentaria según la clase social se puede quebrar con dinero. La verdad es que no hay más que ver las fotos de principios de siglo para darnos cuenta de la uniformidad en el modo de vestir según la categoría social. Las novelas recogen ese uso. Por ejemplo, una modista iba «de manto», no podía llevar vestido completo como una señorita (Martínez Sierra 05:165).

El uso social se va abriendo poco a poco. Concha Espina escribe lo siguiente respecto a un pueblo de la Montaña: «Ya la moda, con visos de cultura, ha nivelado mucho aquí el indumento de las clases, sobre todo en la mujer: las aldeanas cortan su traje festivo por un patrón de señorita y, salvo el coste de los géneros, la esposa del indiano [la rica] se distingue muy poco de la antigua molinera» (Espina 27:119).

En un primer momento sólo las mujeres relacionadas con el teatro o con la vida mundana se atrevían a pintarse y maquillarse. Se ridiculiza a las mujeres que empiezan a imitar esas extravagancias (Retana 19:94).

Unos pocos años más y empieza a admitirse el maquillaje y la pintura para las mujeres de clase media.

Una evolución rectilínea es la de la longitud de la falda. A finales de siglo empiezan a verse los tobillos, espectáculo que hasta entonces sólo se reservaba a las adolescentes (llamadas por eso *tobilleras).* Año tras año, a partir de entonces, la falda va alzándose cada vez más. A principios de siglo es ya bastante generosa la porción del cuerpo femenino honesto que se puede enseñar: «A despecho de premáticas y admoniciones religiosas, van las señoras en invierno tan escotadas y tan frescas, y se recortan el vestido por una altura equidistante de las rodillas a los pies» (González Anaya 21:102).

La revolución de la moda femenina se produce en los años veinte, coincidentes con una notable afluencia económica. Así se presenta por un testigo de la época: «Es la moda del ceñimiento inverosímil, agria, aceda, desenvuelta y picante, a la que se deforma con un desplazamiento del talle, en una aspiración efebiana, en una graciosa contradicción entre la línea auténtica del desnudo y la fingida de la envoltura... No se come. Se está en la moda del no comer. Se pica, se charla, se da al espíritu lo que se niega al cuerpo para que no aumenten las grasas» (Aguilar Catena 29:258). Es decir, la moda exigía un tipo físico que tenía que acompañarse de unos hábitos alimentarios de secularizada abstinencia. La norma sólo podía valer para una minoría de mujeres acomodadas y ociosas. La afluencia económica, que todavía no puede ser general, permite ese lujo a un selecto grupo de mujeres.

Véase también:

ATUENDO
BELLEZA
CUERPO
GORDURA
HORTERA

Mortalidad infantil

Durante la primera época de la Restauración, la mortalidad infantil era muy elevada. Se debía al influjo de las enfermedades infecciosas, la falta de higiene y las «crisis de subsistencias» (hambrunas por malas cosechas). Epidemias y hambrunas forzaban una trayectoria en zigzag de las líneas de mortalidad infantil. Sabemos, por ejemplo, que en determinadas fechas (1880, 1882-83, 1885 y 1900) mueren la cuarta parte de los niños nacidos en el año correspondiente. A partir de 1900 desciende poco a poco esa tasa, hasta situarse alrededor de 16 muertes por cada 100 nacidos hacia 1930. (Para tener una idea, actualmente no llega al 1 por 100.)

Cuando, al doblar el siglo, comienzan a publicarse estadísticas regulares de natalidad y mortalidad por provincias, los médicos del momento se alarman de la magnitud de las cifras. Señala uno de ellos que Madrid se distinguía por ser la única provincia en la que el número de fallecidos sobrepasaba el de los nacidos (Ulecia Cardona 03:168). La alarma por la enormidad de las cifras de niños fallecidos se basaba en la consideración de que gran parte se debían a causas «evitables» (p. 165). La noción de que hay muertes evitables, sobre todo las de los niños, es el signo de que se ha ingresado en un estadio de modernización demográfica. Si se puede conseguir que mueran menos niños, tampoco habrá que parir tantas criaturas.

Los datos sobre mortalidad de niños hacia 1879 ayudan a detectar el problema en el punto de partida. España presentaba cifras comparables a las del resto de los países europeos si se considera la estadística durante el primer año de vida. Ahora bien, respecto a los niños de uno a cinco años, las tasas españolas revelan una mortalidad más alta que la del resto de los países europeos (Fernández García 91:408). Esta comparación nos indica que la causa específica de la alta mortalidad española debía de ser la inadecuación nutritiva e higiénica, más que la sanitaria propiamente dicha.

Las novelas leídas no pueden darnos estadísticas precisas, pero sí testimonios muy expresivos. Seguramente son exagerados, pero eso mismo nos permite inferir que a principios de siglo se empezaba a tomar conciencia del problema. Rememora un personaje de *La esfinge maragata:* «La abuela tuvo trece hijos y no le quedan más que dos» (Espina 14:38).

La mortalidad infantil hay que situarla en el contexto de unas deficientes condiciones de vida que hacían elevar los fallecimientos a todas las edades. Véase este lacerante testimonio: «La abuela paterna había fallecido hacía tres años, a los cincuenta y dos, de una apoplejía. El abuelo, que contaba sesenta y uno, era alcohólico, y el padre también. La madre, una mujer de mal carácter, nerviosa, muy violenta. Paría un hijo cada año, y antes de cumplir tres, se le morían todos, y casi todos de meningitis» (Mata 21b:214). A una campesina asturiana, «los hijos le nacían y morían sin llegar a la pubertad» (Francés 22:31).

Había una alta proporción de fallecimientos infantiles en las zonas rurales aisladas, pero también en Madrid. El hijo pequeño de un modesto funcionario madrileño enferma sin que sepan por qué. Su madre dice que la criatura tiene «empacho de tristeza», un eufemismo para no querer decir que lo que tenía era hambre. El médico recomienda «una buena alimentación, un reconstituyente y baños de mar». Los padres deciden enviar al niño con sus abuelos en un pueblo de Cáceres, donde el pequeño muere (Díaz-Caneja 13:25-46). El pobre no llegó a ver el mar.

La alta mortalidad de los niños madrileños a finales del siglo pasado se correspondía con un dato muy particular: Madrid concentraba un gran número de incluseros. La razón es que muchas madres solteras de diferentes provincias venían a Madrid a abrirse camino. La Inclusa de Madrid merece este comentario: «Tantos críos como entran en esa casa, tantos como mueren. Es una fábrica de angelitos para el Cielo» (Fernández Flórez 24:135). El monumental estudio del higienista Philiph Hausser, *Madrid bajo el punto de vista médico-social,* recoge la estadística de la Inclusa de Madrid durante los años ochenta. Cada año mueren entre el 10 por 100 y el 20 por 100 de los niños recogidos en la fecha correspondiente. La cifra equivalía a las tres cuartas partes de los niños que ingresaban cada año, que eran los que más se morían. Esta incidencia de la mortalidad le parece al autor «aterradora» (Hausser 02,II:453). Más expresivo es el testimonio que aporta Zamacois a una novela ambientada en el Madrid de 1900. Describe así la Inclusa, «el cuarto destinado a ataúdes, cajitas blancas, de tres palmos de largo, que a diario la muerte se lleva por docenas» (Zamacois 33:49).

El color blanco, asociado con el simbolismo mortuorio de los niños, contribuía a alejar la idea de tristeza. Si no había luto, el duelo era menor. Asistimos al episodio del entierro de un niño: «Todo era blanco allí: las paredes estucadas de la alcoba, el féretro, la corona de rosas ceñida a la frente del cadáver, componían la pesadilla de una blancura sin fin»

(Zamacois 10:150). El mismo autor nos retrata de otra manera la noción fatalista de que la muerte era algo natural y hasta estético para la infancia: «Una chiquilla enclenque, flaca, en quien la tuberculosis ya había mordido..., tenía una boca graciosa y en sus ojos claros esa dulzura de resignación que embellece a los niños que han de morir pronto» (Zamacois 33:24). Todavía más fatalista y resignada es esta extraña teoría, casi oriental: «La vida, durante la infancia, es tan frágil, porque los niños acaban de salir de la tierra, y esta les reclama, y poco a poco les atrae y acaba por llevárseles» (p. 49).

Al tiempo que se expresaba todo ese fatalismo respecto a la muerte de los niños, comienza a cundir la idea opuesta, la de que hay que sentir la muerte infantil. Se trata, por tanto, de fallecimientos evitables. Un temprano texto, ambientado en el Madrid de los años anteriores a la Restauración, nos permite ver la escena de «un carro fúnebre pintado de blanco que conducía el ataúd de un niño». Lo interesante es la reacción de la protagonista, quien «con expresión de profunda pena», después de pasar el carro, exclama: «¡Qué lástima me da de los niños que se mueren!». Y no era el suyo (Palacio Valdés 87:83). Más tierno aún es el caso de un duelo por la muerte de un niño en la Huerta de Valencia. Los vecinos se sienten culpables de que a su familia le habían dado de lado por ser inmigrantes. El autor quiere recoger el lado de los buenos sentimientos de estos humildes huertanos. Ofrecen a la familia del niño muerto «grandes vasos de agua, con vino y azúcar, para que llorasen con más desahogo». Organizan un barroco ritual con velorio, mortaja y entierro multitudinario (Blasco Ibáñez 98:234).

No hay muchas noticias en las novelas sobre las causas de la mortalidad infantil. La misma idea de la resignación con que se aceptaba el hecho, hacía ociosa la especulación sobre la causa del óbito. Una curiosa razón del fallecimiento de un niño se debe a que la nodriza era poco saludable, «remamada» se dice expresivamente (López de Haro 07:107). La mortalidad de sobreparto de muchas mujeres y, de modo más general, la lactancia artificial contribuían a la alta mortalidad de los infantes (los niños lactantes).

Véase también:

ENFERMEDADES
FAMILIA
ILEGITIMIDAD
LUTO
HAMBRE
MUERTE
NATALIDAD
PARTO

Movilidad social

Decimos que la sociedad de nuestros abuelos se empieza a mover si la comparamos con épocas pasadas, más estancas, porque el cambio afecta a muchos casos individuales de movilidad. Casi siempre significa que la ocupación del hijo es más alta que la del padre, pero también empiezan a conocerse casos de movilidad a lo largo de una misma biografía. Es lo que se llama *éxito*. Tradicionalmente sólo se reservaba a los toreros, a los que les tocaba la lotería o a los que recibían una inesperada herencia. Una sociedad empieza a modernizarse cuando menudean los ejemplos de movilidad social que se deben a otras causas menos azarosas. Conviene advertir que las biografías de los novelistas reseñadas ilustran muchas historias de movilidad social y geográfica. Van por delante de una sociedad, todavía con muchas resistencias al cambio.

La herencia del tío de América, improbable como es, aparece repetidamente en las novelas de la primera época (Palacio Valdés 18:193). Es un manido recurso literario para dar dramatismo a la acción. Realmente lo que viene a significar es que la movilidad era escasa.

Otra manera de decir que no hay permeabilidad social es reconocer que la única vía razonable para que los hijos sean más que los padres se abre a través del seminario. En la Ibiza de finales de siglo sólo había un centro de enseñanza media: el seminario. «Los payeses y patronos de barca que deseaban para sus hijos una suerte mejor, los llevaban a él» (Blasco Ibáñez 09:207). Era más bien la huida del trabajo manual. Se intuía que esa era la manera de ascender socialmente. Los curas luego ayudaban al resto de la familia. Benjamín Jarnés (seminarista, maestro y militar) introduce su experiencia biográfica cuando reconoce que, en el Aragón rural de principios de siglo, no quedaban más opciones que «el azadón o la gramática latina». Es decir, o se seguía de labrador, o se estudiaba para cura (Jarnés 32:10).

Una vía de movilidad algo más moderna, pero todavía típica de una sociedad con escasas oportunidades, es la del matrimonio. La presión social no tolera fácilmente este tipo de movilidad, y menos aún si el que sube por este medio es varón. Este es el caso de don Romualdo, que «en su juventud le nombraban Romualdo a secas. Pertenecía entonces al laborioso ramo de horteras, del gremio de ultramarinos». Logra casarse con una mujer de una familia acomodada, «lo que le permitió sacudir el ominoso yugo de la dependencia mercantil». Consigue lo que se proponía, que era hacerse rentista, es decir, dejar de trabajar. Para demostrar su nueva posición, antepone el «don a su nombre de pila». Era ya un señor honorable (De Acosta 22:27). Lo era sólo desde su perspectiva. Para los demás, su vía de movilidad aparecía harto dudosa. No se olvide que el cruel populacho ha acuñado para esos casos el grosero vocablo de *braguetazo*.

La movilidad a través del matrimonio no tiene que ser en pos del dinero, sino, partiendo de una buena posición económica, aspirar a un título nobiliario. Este es el caso de «una de esas oscuras millonarias bilbaínas que, al amparo del AMDG [la Compañía de Jesús] hacen una boda aristocrática... Casi siempre insignificantes físicamente, pertenecen a su modo a una aristocracia de la banca» (Hoyos y Vinent s.f.:208). Son varias las novelas que relatan episodios de jesuitas casamenteros, precisamente en el ambiente de la «fiebre del oro» bilbaína de finales del siglo pasado. La diligencia de los buenos padres no era para favorecer la movilidad social, sino para conseguir una mayor fortaleza endogámica de los ricos de «la margen derecha» (se entiende, de la ría).

La sociedad española de la época que nos ocupa no era todavía lo que se dice una sociedad abierta. Por tanto, no había que esperar una gran movilidad por los estudios, a no ser que concurrieran otras circunstancias. Para seguir una carrera universitaria era imprescindible ser de una familia con posibles. Tenemos, incluso, el caso del terrateniente andaluz, que no confía en los estudios para que los hijos pudieran continuar con las fincas (Mas 35:41). Esta reacción era típica de las regiones meridionales, donde los estudios se reservaban muchas veces a la clase intermedia de los administradores o apoderados. En cambio, los campesinos de la mitad septentrional se obligaban a que sus hijos siguieran una carrera, aunque fuera intermedia (típicamente la de Magisterio). Tenemos el caso del hijo del modesto cacique de un pueblo de León que estudia porque así lo impone su madre (Martínez Sierra 05:28).

La movilidad educativa se refuerza cuando se acompaña de otras vías. Así, el hijo del tendero logra hacerse ingeniero industrial, instala una «fábrica de luz» [un salto eléctrico] y se casa con la hija de un banquero. Viven en la misma fábrica (Francés 24b:138). Lo del empresario viviendo en la misma fábrica no era ningún desdoro.

Más que los estudios, por sí mismos, la vía de movilidad mejor aprovechada era la de las oposiciones a diversas plazas de la función pública.

Bastaba con escoger alguna de las «carreritas cortas» para poder salir del ambiente campesino humilde (Mata 30:89). En Barcelona, a principios de siglo, figura una academia para estudiar «carreras especiales: contable, perito agrónomo, policía, topógrafo» (Jarnés 32:77). Era la señal del inicio de las nuevas clases medias, todavía con ínfima representación.

La posibilidad de ascender a través de los certificados educativos, refuerza el espíritu de superación de las clases humildes: «Todas las plazas que implican lucha científica o exámenes rigurosos se las llevan los pobres que trabajan, que son listos, tienen talento y son buenos estudiantes» (Martínez Baselga 03:210).

Los procesos de movilidad social no hubieran tenido tanto éxito si no se hubieran acompañado de una incipiente movilidad geográfica, por lo general de corto alcance. Véase, por ejemplo, el plan de aspiraciones de una joven zaragozana, de origen humilde, que emigra a Barcelona. «Tenía bien trazado su camino. Primero, mecanógrafa; después, jefe de sección de correspondencia, tal vez secretaria del inspector general [de un Banco]. Se casaría fácilmente con algún empleado de la Casa. ¿Y por qué no con el gerente?» (Jarnés 32:17). Realmente fue el cuento de la lechera. Nuestro personaje se hizo corista (p. 88), luego prostituta (p. 151) y por fin, como retiro, cupletista en un ínfimo café cantante de su ciudad de origen (p. 210). Pero los sueños iban a cumplirse pronto para otras muchas mujeres. Si examináramos las biografías de los novelistas consultados, se podría comprobar que muchos de ellos se sujetan a fuertes procesos de movilidad geográfica. Aunque casi todos residen en Madrid, por lo menos largas temporadas, y describen la sociedad madrileña, su infancia suele transcurrir en alguna provincia alejada. Tres de ellos (Aranaz Castellanos, Insúa y Zamacois) nacieron en Cuba y uno en Filipinas (Álvaro Retana).

El proceso de movilidad geográfica se mantiene porque aspira a ser social. Este es un testimonio de principios de siglo: «Todas las porterías están ocupadas por gentes recién llegadas del pueblo. De las porterías salen los obreros...; los barrenderos, los pequeños empleados de los municipios, diputaciones, hospitales, y porteros de todos los centros oficiales proceden siempre de la última invasión» (Martínez Baselga 03:203). Este proceso explica la creciente concentración urbana de Madrid, una ciudad que cada vez demanda más servicios.

Son innúmeros los testimonios narrativos que nos presentan el nuevo fenómeno del ascenso social a través de la escala de ocupaciones. Este es el caso de Alejo, *chauffeur* de un arquitecto distinguido de Madrid. Este le consigue un crédito y el criado monta un *garage* con seis taxis. Adquiere un *hotelito* propio en la Guindalera. La historia se completa con la del arquitecto, cuyo padre había sido maestro de obras y el abuelo albañil (Insúa 25:83:149).

No siempre el esfuerzo se coronaba con el ascenso. La España de principios de siglo no era tan próspera como para posibilitar muchas historias de ascenso social. Había una clase media muy esforzada, al filo siempre de la mera supervivencia. Salvemos para el recuerdo la historia del pasante madrileño, perteneciente «a una familia humilde, que trabajaba mucho por medrar cuanto antes, yendo por las mañanas a una oficina del Estado, por las tardes [de pasante en un bufete de abogados] y poco antes de cenar a una academia, donde explicaba cierta asignatura de Derecho. Ponía en acción esa infame máxima que aconseja: *mientras seas yunque, aguanta*» (Gómez de la Mata 19:61). Nuestro anónimo héroe moría a los treinta y dos años de tuberculosis; dejaba diez hijos.

Dentro de las viejas clases medias, el ascenso social era, como vemos, muy difícil. Más oportunidades empiezan a tener las nuevas clases medias, es decir, las derivadas del proceso industrializador, pero afectaban sólo a contadas zonas del mapa español. Anotemos la historia del pescador de la comarca de Bergantiños, que deja la ruda tarea de la pesca para montar una grúa con la que se pueden subir las lanchas al muelle. El negocio prospera (Mas 28:141). Es todo un arquetipo el chico del caserío de Tolosa que llega a ser «dueño de una de las mejores fábricas de papel de Guipúzcoa» (Salaverría 24:9).

Hay un período especialmente oportuno para el enriquecimiento a través de los negocios, el que corresponde a la guerra europea. Subieron vertiginosamente los precios de los fletes y de las materias primas, lo que supuso una oportunidad de oro para los exportadores (Mata 26:263). Claro que esta inesperada fortuna significó, para muchos, el «matute [contrabando] en gran escala» (Mata 16:188). La percepción de esos episodios de enriquecimiento desmesurado produjo un gran desasosiego social. En Asturias contrasta este «mundo pintoresco de agiotistas, intermediarios y pródigos», producto de la guerra europea, con el de los «americanos», los asturianos humildes, enriquecidos en América. Estos últimos representaban «fortunas lentas, metódicas, agobiadas por un esfuerzo cotidiano y un espíritu de sacrificio siempre despierto». Los nuevos ricos, en cambio, amasaban «fortunas rápidas, de una fulgurante temperatura, de una locura agresiva de conquista y de botín» (Francés 22:121).

Véase también:

ÉXODO RURAL
INDIANOS
TRABAJO
MUJER TRADICIONAL

Muerte

Los publicistas de hace un siglo consideraban la tasa de mortalidad del momento como «superior a la de todas las demás naciones de análogo clima y estado de civilización» (Martínez y Gutiérrez Pacheco 92:22).

El final del siglo pasado representa un hito histórico: el momento en el que empiezan a descender sistemáticamente las tasas de mortalidad. Este dato por fuerza tiene que cambiar las ideas respecto a la muerte. Pierde significado la noción tradicional que aceptaba resignadamente el fallecimiento como tránsito a la otra vida. Así la describe un autor conservador, de un modo sarcástico: «Para el español, morir equivale a ganar unas oposiciones a una plaza de ultratumba que la religión le garantiza mejor retribuida que todas las de la tierra» (Bueno 31:151). La concepción secular de la muerte es la que formula, como greguería, Ramón Gómez de la Serna: «Donde menos está ya la muerte es en el muerto» (Gómez de la Serna 14:65). Es decir, la muerte es fundamentalmente un hecho de los demás, de los allegados del fallecido. Un personaje vasco expresa su deseo de una muerte repentina, para no sufrir (Baroja 00:125). En su tierra, esto tenía que sonar a herejía.

No todo era secularización. Contaba mucho más la noción mistérica de la muerte de cada uno. En el campo gallego, sobre todo, sobrevivían extrañas supersticiones milenarias. Desplazaban la ignorancia respecto a las verdaderas causas de los fallecimientos. «Canoval *tenía el aire,* a Helena le habían dado el cirio, el rapaz de Peregrina consumíase como si un vampiro le chupara la sangre; la hija de Roque amarilleaba como el mal ruin; la de Carmen enflaquecía de mal de ojo; lo de Jesús tenía un *ramo cativo»* (López de Haro 17:129). Es decir, estos pobres paisanos gallegos eran condenados en vida. La muerte les asediaba. Lo único que podía hacerse era conjurarla. Pero el procedimiento no era seguro. Seguían viviendo amedrentados.

Sin entrar en cálculos demográficos, se reconoce implícitamente que, en los comienzos del siglo, la esperanza de vida se mantenía entre los cincuenta y los sesenta años. Pero se recuerda que la generación de los respectivos abuelos había vivido todavía menos (Martínez Sierra 10:221).

Para una sociedad tradicional, la muerte es más bien inevitable. De ahí el fatalismo, la superstición y también la religión. La causa fundamental de la muerte inevitable era el conjunto de las enfermedades infecciosas. Incluso en la guerra de Cuba, las bajas se dan más por enfermedad que por acciones bélicas (Ciges Aparicio 06a:326).

Una causa muy común de fallecimiento era, para las mujeres, la muerte de sobreparto, realmente una variante de las enfermedades infecciosas. El hecho se aceptaba con cierta resignación, como parte del castigo bíblico («parirás con dolor»). Las escenas son terribles. Felipe Trigo presenta el testimonio de una mujer embarazada que tiene que sustituir al marido enfermo en la operación de la siega. La mujer «parió sobre unos haces y murió de insolación y de hemorragia. La cría murió también» (Trigo 14:53). Sin llegar a esas exposiciones trágicas, las novelas relatan simplemente que las mujeres mueren de parto o de sobreparto (Zamacois 29:164; Francés 08:40; Miró 15:76).

Una causa de muerte que podía darse en esta época es simplemente el hambre. A un pescador de la Albufera, a finales de siglo, «se le habían muerto dos hijos por comer mal» (Blasco Ibáñez 02:124).

Las estadísticas sobre el suicidio nos indican que esta era una forma de morir más corriente en la época de nuestros abuelos que actualmente. Las narraciones consultadas dan cuenta de abundantes situaciones que conducen a ese trágico final. Tenemos el caso de las relaciones con la cuñada, lo que lleva a que esta se quite la vida (González Anaya 15:354). Está también el suicidio del recluta (Ciges 06:59) o el del artista fracasado (Martínez Olmedilla 08:166).

Sabemos también por las estadísticas que los niños se morían más durante el verano y los adultos en invierno. Una espléndida crónica del Madrid de 1900 *(El delito de todos)* anota de pasada que durante el invierno las funerarias tienen más trabajo (Zamacois 33:250).

No hay mucha información a través de las novelas leídas respecto de la mortalidad epidémica. Quizá las epidemias no se veían como tales, tan continuas eran. Una novela, referida a un pueblo ganadero de la sierra de Béjar, da cuenta de la «horrorosa epidemia de gripe que causó la desolación del pueblo» (Mas 23a:32). Sabemos por las estadísticas que Salamanca fue, efectivamente, una de las provincias más castigadas por la epidemia de gripe de 1918. Lo fueron especialmente las zonas agrarias, todavía no se sabe muy bien por qué.

Un influyente médico se quejaba en 1918 (antes de la epidemia de gripe): «Descartada Rusia, la mortalidad de España es la mayor entre las naciones cultas, y este sacrificio inútil de vidas significa, para la raza, una sangría suelta que conduce a la degeneración y, para el país, un derroche de nuestra decadencia económica y política» (Murillo 18:122).

El hecho que puede sorprender es que, para los españoles de los testimonios novelados, la muerte es un suceso natural, no demasiado trágico. Es tal la familiaridad con la muerte que se puede describir una vivienda encima mismo del depósito de cadáveres (Mata 23:232). La agonía de un enfermo podía llegar a ser una suerte de espectáculo. Al moribundo se le encendía «la vela de la agonía» en el ambiente rural de la Montaña (Espina 09:33). En torno al lecho del moribundo se juntaba «una muralla de hombres y mujeres, ávidos de contemplar aquel espectáculo, siempre nuevo y altamente sugestivo» que era ver morir a una persona (López Allué 00:214).

Los novelistas reseñados no sólo se ocupan abundantemente de la muerte. Hay a veces un signo trágico en sus vidas, sujetas a todo tipo de vaivenes. Felipe Trigo se suicidó. Manuel Ciges Aparicio fue fusilado por los nacionales en 1936, pero José María de Acosta y Manuel Bueno fueron fusilados por los republicanos. Antonio de Hoyos y Vinent muere en la cárcel en 1940. Algunos otros fallecen en el exilio, como Luis Araquistain, Joaquín Arderíus o Ramón J. Sender. Hasta tenemos el caso de Luis Antón del Olmet, que fue asesinado por otro de los novelistas consultados, Alfonso Vidal y Planas.

Digamos, como resumen, que el *modo de vida* de nuestros abuelos difería grandemente del que hoy nos caracteriza. Pero todavía es mayor el contraste cuando consideramos el *modo de muerte.*

Véase también:

ABORTO
DOLOR
ENFERMEDADES
HIGIENE
LUTO
MORTALIDAD INFANTIL
REMEDIOS

Mujer moderna

El filósofo Julián Marías sostiene que el final del siglo pasado se corresponde con el período en que más se han gustado entre sí hombres y mujeres (Marías 80:34). Se trata de una intuición, pero que podría probarse. Por lo menos la lectura de las novelas la corrobora. Esa fase histórica se corresponde con el último episodio en el que la mujer es, ante todo, resueltamente femenina. Un par de decenios más y el panorama es otro. La intuición podía ser ahora que nunca se había producido hasta entonces un período en el que las mujeres estuvieran más satisfechas de sí mismas. No bastaba sólo con gustar a los hombres, esa es la novedad. Surge el tipo de la «mujer interesante», se entiende, interesante por sí misma, sin referencia a ningún hombre (Gómez de la Mata 19:75).

El suceso no lo es sin polémica. La mujer que abandona las tareas domésticas por otras actividades (estudios, trabajo) es vista por el común de los hombres como «atropellaplatos» (Hoyos y Vinent 27:148). No se trata de que hubiera mujeres con una vida más o menos «alegre». Eso no era ninguna novedad. Las *cocotas* son más bien de la generación anterior. Lo nuevo es la *libertad* que empieza a alcanzar la mujer moderna, sin que ello signifique necesariamente mayor accesibilidad sexual. El modelo podría ser este: «Pilar Marquina era uno de esos tipos tan frecuentes en la mujer madrileña, que unen a la excesiva libertad de palabra y costumbres una altiva y fina castidad» (Francés 21b:115).

La mujer moderna de los años veinte es también un arquetipo físico, o mejor, una manera de cuidar el cuerpo y el atuendo. Naturalmente, nos referimos a un reducido estrato de las clases con posibles. Esta es su descripción: «Se encarga vestidos a granel, llamativos y cursis; compra sombreros de fantasía y zapatos de ternera blanca; se unta mucho carmín y mucha tinta de kohol; se hace la *ondulación permanente* y taconea por Madrid, si no con garbo, con atrevimiento y abundancia» (Espina 29:68).

Estamos hablando de un hecho social, la irrupción de la mujer moderna, que se produce frente a notables resistencias. Hoy es un hecho cotidiano, pero en los años veinte la lectura de una tesis doctoral de una mujer provoca una manifestación de estudiantes en Madrid. El tumulto fue tal que «se suspendió la circulación en la calle de San Bernardo» (Espina 29:90).

Hay que imaginar lo que significó, en el lapso de sólo una generación, que las mujeres pasaran de no enseñar los tobillos a cruzar las piernas, enseñar las pantorrillas y fumar en público (Trigo 19:37).

Lo que hace cambiar a las mujeres es la suma de estímulos: «las películas, las novelas, el teatro de costumbres, las crónicas de la aristocracia, las revistas de modas y de deportes». La chica moderna «va y viene sin tapujos de carabina por doquier que se le antoje. Guía su automóvil. Hace excursiones alpinistas. Monta a caballo. Juega al tenis. Y no perdona esparcimiento, atrevimiento ni viaje». Nótese que esto era así en Granada, «una ciudad muy levítica», donde esas arrogancias tendrían que llamar mucho la atención (González Anaya 29:47).

Concha Espina, como el resto de las escritoras, encarna la mujer moderna. Quizá intente su autorretrato en *La virgen prudente,* un alegato moderadamente feminista. Se resume así: «La mujer moderna aprendió a ser buena al tiempo que a ser fuerte y hermosa. El baño, la gimnasia y la conciencia limpia, le parecieron tres obligaciones ineludibles y constantes» (Espina 29:18). Asombra que el baño pudiera ser una reivindicación, pero estamos hablando de nuestras abuelas. Doña Concha pudiera ser la más admirable de todas ellas.

La reivindicación daba un paso más. Era la presunción de que una mujer joven, sola, elegante, no tenía por qué ser una «horizontal» [casquivana] o una «aventurera» (González Anaya 21:20).

Algunos autores de novelas eróticas o sicalípticas proponen la superación de la noción tradicional que impedía el goce sexual a la mujer. Se sostiene ahora que la mujer está orgánicamente constituida para la sexualidad mejor que el hombre (Trigo 20:99). Aparece incluso la mujer como símbolo sexual, quizá por mimetismo con el cine. Se habla así, con imagen futurista, de «la Venus del automóvil» (López de Haro 16:216). En el último período de la época considerada se enuncian los nuevos valores de las mujeres emancipadas, con tono entre crítico y admirativo: «Cinismo. Despreocupación. Poca vergüenza. Prosaísmo. Positivismo. Falta de poesía. Falta de idealidad. Pero al propio tiempo, también sinceridad, lealtad, franqueza. Ansia de independencia y de mejoramiento. Odio a la farsa. Concepto más exacto del propio valer» (Mata 30:301). Las nuevas parejas de las profesiones artísticas o liberales descubren el valor de la igualdad. «Los dos son jóvenes, tienen la misma estatura; él usa el pelo muy largo, ella lo lleva muy corto, y en una palabra, son tan parecidos que en la cama, con el pijama puesto, resulta difícil a primera vista saber cuál es el hombre y cuál la mujer» (p. 247). Naturalmente, en los años veinte sigue habiendo «chicas de vida alegre», como en la generación anterior, pero la diferencia fundamental es que ahora pueden trabajar en un empleo corriente (Mata 32:163).

Véase también:

AMOR
MUJER TRADICIONAL
SEXO
TABACO
TRABAJO DE LA MUJER

La novedosa exigencia del deporte femenino permite que pueda verse la turbadora rodilla. (Foto: Archivo Espasa Calpe)

Mujer tradicional

Estas páginas demuestran una presunción, que una sociedad es lo que es según domine uno u otro tipo de mujer. Es el opuesto a la otra presunción que subyace en los libros de Historia, donde apenas aparecen las mujeres. Las novelas presentan esa ventaja como fuente, que la trama suele presentar tantos personajes masculinos como femeninos. Un hecho patente que queda como recuerdo de leer las narraciones de la época es que las mujeres vivían todavía peor que los varones. Anotemos la visión de un médico de principios de siglo, cuando retrata la apariencia de las mujeres de pueblo: «Todas están histéricas, y con treinta años de edad tienen la piel arrugada y mohosa, porque han parido ya ocho o diez muchachos, que se las han comido..., puesto que no puede hacerse leche sin comer y aquellas pobres mujeres no comen» (Martínez Baselga 03:59).

El juicio de los novelistas no es menos crítico que el de de los médicos. Se entiende la etiqueta de *misógino* con que se caracterizó a Baroja, precisamente porque fue sensible a la miseria anímica de la mujer de sus años mozos. «La vida de la mujer española es realmente triste. Sin sensualidad y sin romanticismo, con la religión convertida en costumbre, perdida también la idea de la eternidad del amor, no le queda a la mujer española sostén espiritual alguno» (Baroja 08:28). Un juicio parecido se deriva de la observación de Concha Espina, y aquí no podemos hablar de resentimiento contra las mujeres. Si acaso se puede recordar que la experiencia de doña Concha respecto a la relación con algunos hombres no fue precisamente enriquecedora. Sea como sea, este es su desengañado testimonio sobre las mujeres, que pone en boca de un hombre: «Van a la iglesia como nosotros al casino, a matar el tiempo; su personalidad se reduce a no tener ninguna; viven de imitaciones, de prestado. Todo en ellas es doméstico, menudo, servil, de insignificante moralidad» (Espina 29:62). Otra mujer con gran personalidad, Carmen de Burgos, se refiere a las mujeres de Jaca de finales de siglo. Describe un ambiente levítico, sumamente tradicional, en el que «el miedo al qué dirán y el temor al castigo de Dios eran los dos polos de su vida [los de las mujeres]» (De Burgos 23:204).

La crítica a la situación de la mujer tradicional la realiza López Pinillos mediante un curioso ardid argumental. Es la historia de una maestra en un pueblo andaluz. Para ser verdaderamente independiente y tener personalidad, no ve otra opción que prostituirse. Este es el brutal resumen del dilema: «Aquí no hay término medio: o una mujer no es de nadie, o es de todos» (López Pinillos 10:274). La salida más diplomática a ese temible dilema es que la mujer tiene que dominar el arte del disimulo y la apariencia. «Toda mujer, desde pequeña, lleva en sí el germen del histrionismo» (De Acosta 20:110). El mismo autor estampa la confesión de una mujer a su amiga: «En esto del disimulo las mujeres no podemos recibir lecciones de nadie» (De Acosta 20a:229). Saber representar, he ahí, la virtud más alta de los españoles, sin diferencias de sexo. La mujer, para sobrevivir, tiene que dominar ese arte. «Las mujeres, hasta las zafias y vulgares, son invencibles maestras del disimulo y de la astucia» (González Anaya 15:100). Si la mujer sabe disimular, se certifica su virtud. Si no, está perdida y es una perdida. Se repite muchas veces el ardid maniqueo de contrastar los dos tipos polares de mujeres, como si no cupieran posibilidades intermedias. Por un lado están las «burguesitas», que no salen de noche, las inaccesibles, y por otro las «desnudables», es decir, que no hay por qué respetarlas (Zamacois 25:183). O también, se razona que las mujeres tienen que ser malas o imbéciles para que las quieran los hombres (Martínez Sierra 06:94). Para la mujer honesta, una «caída» representa la pérdida definitiva de la fama, una especie de «infierno, donde no sale el que entra». En cambio, para el varón funciona la norma opuesta, que «es vergonzoso no tener aventuras» (Pardo Bazán 89:123). Demasiado sabía la autora de esa doble moral.

Hay mil artificios para justificar la doble moral que estigmatiza a las mujeres. Está, primero, el aislamiento. La clase media trata de imitar a la aristocracia, haciendo que las mujeres no trabajen fuera de casa, aunque puedan necesitarlo (Trigo 03:18). No sólo la mujer se ha de quedar en casa, sino lo más aislada posible. Por ejemplo, a la burguesita soltera, de treinta años, se le impone no salir nunca sola y no leer novelas (que eran otra forma de *salir)* (Mata 30:232). Cuando la esposa se recluye en casa, es «la santa» sin más (Trigo 12:191). El encapsulamiento es tan oriental que en los trenes llega a haber un vagón reservado para las señoras (Mata 23:218). Otra táctica para el sojuzgamiento de la mujer tradicional consiste en llevar hasta el final la distinción entre los sexos. Se supone que *lo femenino* consiste en distinguir hasta lo superlativo ciertas capacidades, que en el varón son más romas, como el «fino instinto de percepción para la belleza» (Palacio Valdés 16:79). O bien que «las mujeres están para sufrir» (Martínez Sierra 08:201). La prueba es que «lo femenino es llorar»

(Zamacois 14:185). Los hombres no lloran (Zamacois 27:34). Hasta se aísla un «estilo femenino de conversación», caracterizado por la mayor facilidad para reírse (Martínez Sierra 06:88). Es evidente que todas esas profecías sobre las cualidades femeninas innatas muchas veces acaban realizándose; por eso se enuncian.

La doble moral contra las mujeres y las tácticas de reclusión conducen a una sutil vocación. La mujer tiene que casarse y todo lo que hace debe conducir a ese fin. De ahí la tragedia que significa la *solterona,* la que no estaba casada a partir de cierta edad. Era una situación más frecuente y más dramática en la clase media (López de Haro 07:58; Mata 26:75; Zamacois 23:70). La vocación de casarse no es para ser esposa, sino para ser madre (Espina 14:233). Estas ideas hacían muy difícil el papel de mujer casada sin hijos.

Hay que comprender, una vez más, la *prima narrativa* que acompaña al género novelístico. Si no hay drama, no hay argumento. Aun así, llama la atención las veces en que las relaciones entre los sexos resultan imposibles. Hay misoginia y androginia a toneladas. Un texto particularmente duro: «Su esposa era boba, rezadora, frígida. Mirar de vaca. Consideraba impúdico que las medias rebasaran la rodilla» (Juarros 32:10). Se entiende, una rodilla que no había de verse nunca. Bien es verdad que estamos en una época turbulenta por lo que respecta a la vigencia de la norma del pudor.

El hecho de encontrarnos en una época de transición respecto al papel de la mujer nos lleva a situaciones tan extravagantes como la supervivencia de la «trotona», ya bien entrado el siglo XX. Se trata de una señora viuda, «con una pensión mensual de veinte duros escasos», que se hace dama de compañía para poder subsistir. Por 30 pesetas al mes, su obligación consistía en seguir a su señorita, fuera donde fuera. Incluso tenía que acompañarla, aunque la señorita paseara con el novio. Durante esos paseos, la *trotona* «iba detrás, a dos pasos, remolcada como un despojo necesario y molesto» (Antón del Olmet 21:64). Se trata, desde luego, de una caricatura, porque la institución de la dama de compañía había entrado en desuso. Convivían ya mujeres tradicionales y mujeres modernas. Por eso mismo, es tan llamativa la turbulencia cultural. No era fácil tampoco que, en los años a los que nos referimos, una mujer joven, decente, pudiera ir sola por la calle. Se exponía a todo tipo de piropos salaces y de solicitudes groseras (Mora 22:17). La situación era insostenible con la necesidad de que muchas mujeres se incorporaran a determinados puestos laborales.

La transición se aprecia de muchos modos. Según avanza el siglo, algunas mujeres se hacen maestras o enfermeras. No hay forma de contener ese movimiento desde una postura tradicional. Cabe la defensa de argüir que la mujer, si tiene una carrera, no tiene por qué casarse. Es la mujer sin estudios la que debe procurar casarse por encima de todo: «la carrera de las mujeres es el matrimonio». La mujer con carrera no debe separarse de los padres, para cuidar de ellos (Mora 24:22-44). Era una prueba más.

Véase también:

FAMILIA
MATRIMONIO
HOGAR
MUJER MODERNA
MOVILIDAD SOCIAL
SEXO
TRABAJO DE LA MUJER

La vida rural era bastante mísera. (Foto: Otto Wunderlich)

Nacionalismo vasco

Una de las creencias políticas más originales de la época que comentamos es la del nacionalismo vasco. Es el producto de las guerras carlistas que asolaron el siglo XIX. La pacificación fue un tanto forzada, lo que precipitó el radicalismo del movimiento «euskerológico» o «bizcaitarra» de Sabino Arana (los palabros son suyos). Aunque la pretensión de este mesiánico fundador fue la de que el nacionalismo abarcara a todos los vascos, la verdad es que encontró incondicionales y también detractores. Una paradoja es que el nacionalismo vasco no afecta a una región preterida por el centro, sino precisamente a la región que se industrializa de manera más rotunda. Esto significa que el País Vasco se beneficia de la política económica de los gobiernos centrales de cualquier color. Añádase a ello la oportunidad de tener una inagotable masa inmigrante poco exigente, acostumbrada a la forzada austeridad de míseros salarios.

El nacionalismo vasco encuentra en los novelistas de la región (Unamuno, Baroja, Aranaz Castellanos, Salaverría) una formidable barrera crítica. Manuel Aranaz Castellanos es el baluarte más incisivo de esa oposición. Fue director de *El Liberal* de Bilbao y escribió una serie de interesantes novelas costumbristas vascas. La más destacada es *Begui-Eder, Nuestra Señora de los Ojos Hermosos.* Presenta la vida rural vizcaína a finales del siglo, lo que le permite manifestar una sutil diatriba contra el nacionalismo. La caricatura de los escritos racistas de Arana figura en este comentario de un *bizcaitarra* respecto de los *maketos* o inmigrantes: «Navajas *disen* que usan, y también ondas *pa* tirarse piedras. Pero cobardes son, muy cobardes» (Aranaz 19:227). Y añade lo que, más que caricatura, es premonición de una sorda guerra social: «Lo *esencial,* como *simiento pa* la *independensia* de *Euscadi,* que ya casi tenemos ganada en *Madrí* con lo que les hemos *asustao,* ya sabéis lo que es. *Haserle* guerra a muerte al *maqueto,* guerra sin compasión. Porque el *maqueto,* es *bisco,* es cojo, es *delgao,* es *torsido* y pálido, y el que no es así por la *apariensia,* mucho peor es por *drento»* (p. 262). Es sumamente ilustrativa la conversación entre marido y mujer, dos *jebos* o ingenuos campesinos. Dice el marido que *«nasionalismo* [quiere decir] *pa* conseguir cosas del Gobierno» hasta llegar a la *«independensia»*. La mujer, con gran sensatez, le arguye que, si se consigue la independencia de los vascos, los *maketos* se van a marchar del país y nadie va a hacer los trabajos duros (p. 304). Asombra lo actuales que son hoy esos argumentos.

Baroja transmite sus propias ideas a través de sus heteróclitos (un adjetivo que a él le gustaba mucho) personajes. Levanta acta de la opinión de un canónigo extremeño: «El vasquismo le parecía aún peor [que el catalanismo]. Debajo de la capa católica del vasquismo creía adivinar el fondo pagano, antilatino y antiespañol; la enemiga contra la ciudad, contra la urbe, bien deslindada del campo» (Baroja 32:55). Se trata de la interpretación que más podía dolerles a los nacionalistas vascos, que su «comunión» (la palabra se empleó efectivamente para ambas ideologías) era un remedo del carlismo. Con el tiempo, dejó de serlo, pero esa es ya una historia posterior.

Véase también:

VASCOS

Natalidad

La época que nos atrae para esta remembranza se distingue por contener muchas familias numerosas. No tanto eso, sino el hecho de que las madres tuvieran muchos hijos. Luego se morían muchos también, pero esta era la expresión de una demografía tradicional. Lo que ocurre, también en esto, es un gran cambio. A principios de siglo se asegura la tendencia a la disminución de la natalidad, que no va a concluir hasta el presente.

Las novelas leídas contienen muchos datos para registrar estos cambios. Hay una mujer de un pueblo leonés que ha traído al mundo diez hijos, pero seis de ellos se le murieron tempranamente y otro emigró a Cuba (Martínez Sierra 10:77). Se aprecia también el hecho de que una alta natalidad no significa automáticamente constitución de familias numerosas. Las ilustraciones abundan. El caso extremo es el de una campesina asturiana que tuvo diez hijos, pero «nueve de ellos desaparecieron en este mundo [emigraron a América] o en el otro» (Francés 22:269). Una familia madrileña de clase media con dos hijos se compara con los doce que nacieron; el resto falleció (Juarros 27:39). Otra familia de comerciantes de Burgos recuerda que tuvieron once hijos, pero sólo viven tres (Juarros 32:60). Todavía impresiona más el caso de una familia con dieciséis hijos nacidos, de los que sólo sobreviven diez. Dice la madre, un tanto retórica: «Por mandato de Dios y ejecutando sus inescrutables designios, la muerte se había cebado en los varones, dejándome casi todas las niñas. Para nueve damas, sólo tenían un galán» (Pardo Bazán 94:33). Era verdad que los niños sobrevivían menos que las niñas.

La alta natalidad resultaba del temor a la mortalidad infantil y de una mezcla de ignorancia, resignación y cumplimiento de la norma religiosa y de los usos sociales. Puede ser ilustrativo el caso de una chica que a los dieciséis años todavía cree que «los niños vienen de París» y se casa a los diecinueve (Martínez Sierra 10:77). Se percibe la asociación entre la alta fecundidad y la disponibilidad de medios económicos. «Toda fortuna es poca cuando se tienen muchos hijos» (Mata 20:178).

Felipe Trigo es uno de los novelistas que, como médico, más claramente expone la noción de que el gozo erótico no debe asociarse necesariamente a la función procreadora (Trigo 20:69). Hay alguna alusión temprana a los anticonceptivos (Trigo 10:161). La idea es hoy muy común, aceptable incluso desde una posición católica, pero a comienzos de siglo era disolvente, revolucionaria. También aquí se observa que la conducta va por delante de la norma. El hecho fue que la natalidad descendió antes de que se suavizaran las normas.

En los textos de los años veinte se nota ya la tendencia al control de los nacimientos, o *neomalthusiana,* como se llamaba entonces. Algunas novelas muy populares contienen una defensa radical de esas prácticas anticonceptivas (Mata 26:237). Se alude incluso a métodos concretos: el ritmo, la irrigación poscoito (Mas 31:146). El suegro achaca a la nuera que ni siquiera sirve para tener hijos. Contesta airada la nuera: «¡Los tendré cuando me convenga! No voy a ser como su mujer [que tuvo 12]. ¡Una coneja! ¡Así no paren más que las palurdas!» (Juarros 27:127). Comenta un personaje: «Ahora nacen menos niños, pero se crían muchísimo mejor» (López de Haro 30:36). Un demógrafo no lo expresaría mejor.

Véase también:

ABORTO
FAMILIA
MATRIMONIO
MORTALIDAD INFANTIL
NIÑOS
PARTO

Niños

Es curioso, pero el censo de personajes de las novelas contiene pocos niños. Los argumentos son de adultos para los adultos. Los niños pasan como una sombra. En las clases populares los niños se hacían pronto adultos: a los doce años ya estaban trabajando. En las clases burguesas y aristocráticas los niños vivían realmente con los criados, más que con los padres. Por unas u otras razones, el niño de la época que comentamos carece de infancia en el sentido que hoy podemos entender. Una de las novelas aportadas a esta documentación se titula precisamente *El niño que no tuvo infancia* (Juarros 27). Es una buena síntesis de lo que se quiere decir. En 1887 se empieza a publicar un «semanario infantil» o «revista de niños», que se titula *El Camarada.* Se hace difícil pensar que los niños de entonces pudieran leer y disfrutar de unos textos tan densos.

Hay una novela corta, *El agua dormida,* que es una excelente narración escrita en primera persona por una niña. Todo lleva a sospechar que la escribiera realmente la mujer del autor, María Lejárraga. Contiene una fantástica observación que merece retenerse. La niña cree que los niños son siempre niños, mientras que los mayores han sido siempre adultos (Martínez Sierra 09:303). Se recoge aquí la radical separación entre el mundo infantil y el adulto, propio de los ambientes burgueses, así como el deseo de una infancia plena.

Pío Baroja, tan cáustico siempre, es el autor más escéptico respecto a las supuestas alegrías de la infancia. Se trata de «un prólogo de la vida, casi nunca agradable» (Baroja 02:15). La razón es que los adultos todos «conspiran contra la infancia», no dejan que los niños lo sean de modo verdadero (p. 17).

La infancia era triste porque los niños estaban muchas veces enfermos. El niño *redrojo* o raquítico era parte cotidiana del paisaje familiar (Miró 21:41). Esta es una sagaz observación: «Un niño enfermo produce siempre una impresión triste y enternecedora, porque el niño no tiene vida psíquica, y a la menor perturbación orgánica, se mustia como una flor. Al punto se ve que un niño está enfermo. [En cambio, un adulto] disimula el mal hasta tanto que este no ha alcanzado el período agudo» (Pérez de Ayala 12:244).

Una forma de conjurar las enfermedades infantiles era alargar el período de lactancia. Hay un testimonio de una niña que sobrevive a la madre, muerta en el parto, y que le ponen una nodriza. Hasta los dos años no «despecharon» a la criatura (De Acosta 20:32). No sólo eran frágiles los niños que sobrevivían a sus madres. Unamuno proyecta en parte su propia infancia sobre el personaje del niño Ignacio Iturriondo, «aquel pobre niño tardío, a quien un aire colado, una indigestión, un nada invisible, que viene sin saber cómo ni de dónde, podría matar» (Unamuno 97:38). El niño tardío era una situación más frecuente que hoy, porque las madres procreaban hasta el límite de su edad fértil.

La infancia triste y frágil se deriva de la dureza de la vida. Ya hemos dicho que los hijos de las clases humildes tenían que ponerse pronto a trabajar. «Los niños de los pobres no pueden ser falderos», esto es, sus madres no les debían mimar mucho, «no deben ser *madreras*» (Mas 35:31). La rigidez de la educación se endurecía todavía más en los internados infantiles, tan corrientes para las clases burguesas. En el colegio de jesuitas de Orihuela, a finales del siglo, «ya no hay colegial que ponga una pierna encima de la otra» (Miró 26:33). No sólo era la exigencia de la disciplina corporal. Hay noticias de verdaderos malos tratos a los niños (Palacio Valdés 11:79). Lo anterior es compatible con una inocencia prolongada en algunos ambientes de clase media, sobre todo para las niñas. Llegaban a la pubertad y seguían creyendo «en el origen parisino [*sic*] de los niños» (Jarnés 30:39).

El desarrollo del trabajo femenino fuera de la economía doméstica lleva a la constitución de algún tipo de recogida de los niños pequeños. Un conjunto de damas católicas organizan un *refugio* para hijos de las obreras durante la jornada laboral. A los recogidos se les daba «sopas de pan y catecismo». Había una salvedad: se excluía del refugio a los «niños de padres republicanos o socialistas, así como a los que no procedían de legítimo matrimonio» (Insúa 21a:89). Era una singular interpretación de la virtud cristiana de la caridad.

En un pueblo de la campiña sevillana funcionaba a primeros de siglo la *miga,* el equivalente primitivo de lo que hoy llamaríamos centro de preescolar. La razón era, seguramente, que muchas mujeres trabajaban en el campo, al menos de manera ocasional. «A la *miga* nadie enviaba los niños con la pretensión de que los desasnaran y pulieran; la *miga* era un corral, un aprisco, un berreadero, donde los pequeñines iban a diablear, a reír, a emberrenchinarse, a hozar en la tierra, a relinchar como los potros, a mugir como los bueyes y a cocear como los burros» (López Pinillos 10:197). Los padres no exigían otra cosa que tener sanos y entretenidos a los niños. Ya era mucho.

Véase también:

FAMILIA
JOVENCITOS
MORTALIDAD INFANTIL
NATALIDAD
PARTO

La pídola era el juego favorito de los chicos. (Foto: Asenjo)

Noviazgo

El noviazgo para nuestros abuelos era una institución complicada, llena de ritos y convenciones. No funcionaba tanto para las clases humildes. Se decía *estar en relaciones,* que significaba, paradójicamente, que las posibles «relaciones» pasaban por mantenerlas bajo la atenta supervisión de los familiares o de la *carabina* (Martínez Sierra 10:125). Una fase inicial del noviazgo era *pasear la calle,* que consistía en que el novio podía ir junto a la novia de paseo, casi siempre bajo la discreta vigilancia de algún adulto responsable (Ramírez Ángel 11a:15). Antes de ello, existía el cauteloso rito de *encerrar a una mujer:* «Usted encuentra a una mujer que le gusta, la sigue y la acompaña hasta que la ve entrar en su casa [de ella].» Si se aceptaba la amorosa persecución, era la señal para empezar a hablar (Fernández Flórez 34:31). En efecto, *pedir la conversación* equivalía a lo que podría ser el noviazgo formal (Pérez Lugín 24:46). Si todas estas solicitudes —siempre por parte del varón— no llegaban a término, se sucedían otras tácticas de aproximación. Esta era la actividad de *poner los puntos* a una mujer, es decir, pretenderla (Ramírez Ángel 24:163).

No sólo los preliminares; los noviazgos como tales solían durar bastante tiempo. Tenía cierta lógica ese espaciamiento, puesto que los novios tampoco podían comunicarse mucho. Este puede ser un caso típico: «Después de tres años de verse a diario [los novios], bajo la austera vigilancia de la madre [de la novia], se casaron» (Juarros 32:12) . Hay noviazgos más largos. Se cuenta la historia de una pareja de novios, que seguían siéndolo después de siete años, a la espera de que el novio se hiciera con una posición (Ramírez Ángel 24:92). Hay casos mucho más dilatados, como el que narra Pérez de Ayala de un noviazgo de treinta y cinco años, nada menos. Tan larga espera se debía a la actitud de sobreprotección de la madre sobre el infortunado hijo (Pérez de Ayala 23:72). El mismo autor cuenta otra historia de noviazgo eterno, cerca de cuarenta años de novios, queriéndose mucho, pero con la cerrada oposición de la madre del novio porque la novia era de condición humilde (Pérez de Ayala 23a:155). Todos esos episodios explican el dato estadístico de que durante el primer tercio del siglo XX se retrasara cada vez más la edad de matrimoniar. Habrá que añadir los casos de las mujeres que aguardan inútilmente el regreso del novio, que partió como emigrante a América. Una explicación de los noviazgos largos está en que los novios realmente tenían poco tiempo para verse. No sólo era así por la vigilancia familiar, sino porque los ratos de ocio no eran muchos, a veces sólo los domingos (Palacio Valdés 31:136).

Ya vemos que las llamadas *relaciones* no eran fáciles. Sobre todo tenía que importunar mucho la presencia de una tercera persona vigilando a la pareja, por mucho que esa acción fuera sólo para cubrir las apariencias. Aunque hoy pueda parecer mentira, costó mucho tiempo la consecución de la natural intimidad entre los novios. Todavía en Málaga, hacia 1930, se dice que «no es costumbre que una mujer y un hombre no casados, o no emparentados, paseen solos, a no ser turistas, gente incógnita o *declasée»*. De ahí que, la pareja de novios ya mayorcitos, ella viuda y él un escritor de renombre, pasearan acompañados discretamente del hermano de la novia (Insúa 32:146). Según parece, la nueva costumbre de que los novios pasearan solos se introduce en Madrid (Francés 08:84), no tanto en Granada, por ejemplo (González 29:149). Aun así, la norma es que los novios pudieran pasear, pero en público y sin meterse en ningún local (Mata 30:17).

Hasta cierto punto se entiende la obsesión de que los novios no se vieran nunca a solas, porque había otra norma mucho más temible. La mujer soltera que no fuera virgen no se podía casar por amor, en el mejor de los casos, sólo por interés (Trigo 03:234). Para esas situaciones se toleraba la fórmula del *vivir hilvanado,* es decir, lo que llamamos ahora unión de hecho (Trigo 09:193). Claro que no siempre iba a funcionar una moral tan puritana. Hay veces en que se acepta con resignación el hecho de las relaciones sexuales entre los novios, aunque tampoco se hacen patentes (Mata 13:73).

Habrá todas las excepciones reales a la norma, pero la norma del noviazgo es eminentemente formal, fuera del estrato de las clases humildes. El ceremonial de los sucesivos pasos del noviazgo puede complicarse. Veamos el uso social del cortejo en Santiago de Compostela a finales del siglo. El enamorado envía una primera carta a la dama que le está esperando y esta se la devuelve sin abrir. La segunda carta se abre y se contesta con «unas calabacitas no muy rotundas para dar ocasión a una nueva insistencia. Entonces se entabla un tiroteo epistolar. Y al final se otorga el dulce *sí*. Otra cosa sería una grave infracción de las reglas» (Pérez Lugín 15:105). Se comprenderá que este sistema de las cartas por fuerza tenía que excluir a la mayoría de la población, que no sabía escribir. Por las mismas fechas, el cortejo *(festeig)* en Ibiza era todavía más complicado. Los pretendientes se apuntaban a una lista de los que deseaban hablar con la hipotética novia, en la casa paterna de esta y de una manera muy formal. Se tasa rigurosamente el tiempo de que cada pretendiente puede disponer para el cortejo. Es un honor para la familia de la novia el que hubiera en la lista muchos pretendientes (Blasco Ibáñez 09:251).

Una versión castellana del cortejo es el rito de «el rastro». Cuando se sospecha una negociación matrimonial, los mozos del pueblo van de noche y ponen un reguero de paja desde la vivienda del novio a la de la novia. Si la moza no protesta, ello quiere decir que hay un compromiso oficial. A partir del cual los demás pretendientes se abstienen de importunar (Espina 14:242). La función de todos estos ritos del cortejo es conseguir que las expectativas sean claras y automáticas. De esa forma se eliminan posibles conflictos.

Todas estas complicaciones del noviazgo de entonces se entienden si partimos de la idea de que se trataba de una forma de mercado. No había ninguna ocultación de que se ventilaban intereses económicos. Era una sutil forma de negociación. La novia no debe aceptar al primer postulante, pero si resulta muy exigente con los pretendientes, «puede quedarse fuera de lo que podríamos llamar la feria social» (Bueno 24:22). Esa sutileza exige a veces la presencia del casamentero, el que mira por la simetría de los intereses económicos entre las dos familias. El cura es con frecuencia el casamentero más eficaz; tiene sus razones para desaconsejar el matrimonio por amor y hace ver que el interés económico es lo que prima (Espina 14:130). Una joven viuda y rica utiliza resueltamente a su confesor para que haga llegar su «declaración» al pretendiente, o mejor, al pretendido. «Nada le parece más natural» al sacerdote (Insúa 25:8-17).

Las negociaciones del noviazgo juegan con todos los posibles «activos» de la novia, que son los más delicados. No debe ser muy joven, pero tampoco debe pasar de una edad. El caso puede ser este: si una mujer tiene ya veinticinco años y un par de noviazgos «no hay modo de hacerse la interesante» (De Acosta 21a:11). Una mujer con veintiséis años confiesa: «ya se me va pasando la edad» para tener novio (De Acosta 20:121).

Debe anotarse que, respecto a la edad, no existe simetría entre los sexos. «La mujer quinceta y el hombre de treinta», decía un viejo refrán. La mujer puede y debe casarse más joven que el varón. Se certifica así «el desdén de los cuarentones por las mujeres de la misma edad» (Francés 22:31). La misma falta de asimetría se da respecto a los deberes mutuos. Por ejemplo, es patente que la fidelidad no es la misma de la novia al novio que al revés (Mata 26:108).

La simetría más buscada es la de posición social. Las mujeres pueden aspirar a subir un poco a través del matrimonio, pero en los varones está peor visto. Lo que después se llamó «un buen partido», a principios de siglo era una *buena proporción,* esto es, la parte de mejora de posición que se conseguía con una buena boda (Aguilar Catena 19:84; Ramírez Ángel 11a:15; Martínez Sierra 05:198). Pero no se debe romper el equilibrio social. En cuanto se establece un suficiente desnivel entre las dos familias, se produce una sanción social contra la persona que mira hacia abajo. Se sobreentiende que el sentimentalismo vence al necesario cuidado del interés propio y legítimo. El señorito de clase media que sale con la modistilla, teme que sus conocidos le vean por la calle «con una de mantón» (Insúa 12:96). ¿Cómo se demuestra la clase social de la novia? Por la composición del ajuar. Se expone la *canastilla* con el mayor impudor, pues contiene todo tipo de prendas íntimas y de cama. Contrasta con las otras normas, mucho más estrictas sobre el pudor (De Burgos 23:172).

El rito final y más formal del noviazgo es la *petición de la novia* o la *firma de las capitulaciones.* Por primera vez los novios pueden comer juntos, naturalmente con sus respectivas familias. Ante la situación, conviene que la novia se haga «la melindrosa y desganada» para que sus futuros suegros vean que es «mujer de poco gasto» (López Allué 00:189). Una vez más, estamos ante la cultura de la apariencia. En una petición de mano muy formal, el padre del pretendiente subraya «el deseo expreso de mi hijo de no conocer, ni querer conocer, otras circunstancias de María Luz que las que le han cautivado» (Aguilar Catena 19:100). Es decir, más que apariencia, hipocresía.

Las exigencias de la petición de mano eran onerosas, de tal modo que eso fuera una barrera para las tentaciones de movilidad social a través del matrimonio. En el ambiente de clase alta funcionarial de Madrid, a principios de siglo, el novio regala a la novia una joya por valor de 30.000 pesetas, más 6.000 pesetas como parte de los gastos de la boda (Bueno 24:237). Para tener una idea, todo ello supone una cantidad que superaba el sueldo de un funcionario medio durante diez años. Casarse era tirar la casa por la ventana.

Del noviazgo formal no se desprendía una estricta obligación jurídica, pero sí social. La prueba es el sentimiento que significaba la relación de un hombre con su ex novia: sigue creyendo que tiene algún derecho sobre ella (Mas 23:197). Se trata de una extravagancia, pero la misma naturalidad con que se relata es indicio de que el noviazgo se tomaba como una relación social difícil de borrar.

Véase también:

AMOR
JOVENCITOS
MATRIMONIO
SEXO

Ocios

Estar ocioso, para nuestros abuelos, era estar mano sobre mano cuando se tenía alguna obligación. Pero aquí vamos a emplear la palabra *ocio* con el significado actual de tiempo libre para la diversión o el descanso. El ocio supone que se ejerce previamente alguna actividad, por la que se recibe una retribución suficiente (aunque no sea la deseada). Entre otras razones, eso es así porque el tiempo para el ocio suele costar dinero. La actividad puede ser de algún otro miembro de la familia.

Para nuestros abuelos había una forma de esparcimiento tradicional que no comportaba gasto alguno. Simplemente *mataban el tiempo*. Por ejemplo, a los varones les apetecía más sentarse, en casa o fuera de ella, mientras que a las mujeres les gustaba más pasear (Zamacois 14:130). Incluso las mujeres eran más partidarias de ir a ver cómo pasaban los trenes (p. 148) o la salida de los toros (Insúa 12:22). Otra diversión poco onerosa era la lectura del periódico en voz alta para la concurrencia (Zamacois 14:136). Nadie ha sacado mayor partido al ocio que don Víctor, el marido complaciente de Ana Ozores, en *La Regenta*. Su vida se organizaba en torno a los paseos, las excursiones, la casa, el teatro, el casino, los trabajos manuales (Alas 84:*passim)*.

La organización del tiempo libre podía hacerse con fines lucrativos. Este es el caso de una señora madrileña, viuda, de clase media, que se propone casar bien a la hija. «Tenía obligación de lucir a su moza por la Castellana, después del mediodía y por el paseo de la izquierda indefectiblemente, y luego por la calle de Alcalá hasta la Puerta del Sol, donde había que tomar el vermú. Comida pobre en casa, una siesta para recobrar los bríos antes de la nueva excursión y visitas y compras, el té en una sala pública, elegante, y el cine hasta las diez». Desde luego, nada de salir «a las altas horas» (después de las diez). Toda esta estudiada organización del ocio era para la «colocación» de la hija (Espina 29:39). Se trata, una vez más, de la cultura de la apariencia.

La siesta era una dedicación favorita de nuestros abuelos, que tampoco generaba gastos. El *resistero* era la hora soporífera y silenciosa de la siesta en que no se podía pretender ningún negocio (Ramírez Ángel 24:87; Miró 21:43).

Hasta cierto punto, la política era una afición muy común de nuestros abuelos, se entiende, *hablar* de política. Baroja observa que la política demandaba tal atención que quedaba ya muy poca para «el *sport* o los peliculeros» (Baroja 32:115). Habría que añadir los toros, más que nada, otra vez, como objeto de conversación.

El cinematógrafo es una afición que prende con entusiasmo. La primera sesión tuvo lugar en Madrid en 1896, el mismo año de su presentación parisina (Sainz de Robles 60:210). Al principio, se trataba de una modalidad del espectáculo de variedades. En la misma sesión se pasaba una película (lógicamente, muda) y luego canciones, cuplés o baile (Hoyos y Vicent 27:64; De Acosta 20:236). Casi coetánea del cine es la literatura moralizante contra el cine. Un alegato de 1914 sostiene que el cine es perjudicial para la vista y los nervios. No sólo eso, sino que «retarda y atrofia la inteligencia» (De Barbéns 14:155). Durante mucho tiempo el cine no pudo competir con el teatro, donde, naturalmente, se hablaba, se declamaba y se representaba. Es comprensible que esta fuera la afición preferida de los españoles de la Restauración, sobre todo de los madrileños. El teatro es el gran medio de distracción de la época. Sólo en Madrid, hacia 1900, había once teatros dedicados al género chico, que totalizaban más de 12 millones de entradas al año (Salaün 92:136). Se calcula que en 1912 había en España más de cinco mil cafés-cantantes (p. 140).

El café-concierto era más popular en Barcelona. Presentaba un programa de variedades y a veces ofrecía el aliciente de salón de juego y reservados (Retana 19:70-72).

La práctica del deporte era para los solteros de la buena sociedad. Se trataba de una actividad exótica, llena de anglicismos: «[los jóvenes], grandes aficionados al *sport,* se entregaban con entusiasmo al *lawn-tennis, football,* automovilismo, tiro de pichón, y concentraban todo lo *chic,* todo lo *smart,* todo lo *gentleman,* todo lo *high-life* y todo lo *dandy* que había en Alcoria [Almería]» (De Acosta 20:64). Hay una temprana alusión al «sarampión balompédico», que llegaba incluso a que el aficionado llevara «en la cartera retratos de jugadores» (Juarros 32:138).

Una diversión más tradicional era la del casino, que agrupaba múltiples formas de pasar el tiempo. Como señala un higienista de principios de siglo, para un hombre de la clase media «el casino es casi una necesidad...; lee periódicos, conversa con sus amigos, toma café y no todos los días, encuentra calefacción y *confort* mejor que en su casa, y en fin, alterna y sostiene vivas sus relaciones» (Martínez Baselga 03:20). El casino escondía casi siempre la pasión por los juegos de azar o de envite, dedicaciones irrenunciables de los casinos de pueblo (López de Haro 16:41-162). Si no se tenía dinero, bastaba con mirar. Hay muy pronto, a finales del siglo XIX, una curiosa referencia a las «máquinas sacaperras» (Ramírez Ángel 16:282). Durante la Exposición Universal de Barcelona, en 1888, se presentaron las primeras máquinas que arrojaban una chocolatina si se introducía una moneda de cinco céntimos.

Desde mediados del siglo XIX la clase alta introduce la moda del veraneo. A partir de 1987 la regente María Cristina establece la costumbre del veraneo aristocrático en San Sebastián. A principios de siglo esta pauta empieza a imitarse por una clase social más amplia. Se buscan otras playas, con preferencia si son norteñas. Se produce así una especie de quiero y no puedo, de veraneo vicario: «Después de tener dispuesto el veraneo en Biarritz, se marchan a Salinas, una playa de dependientes de comercio de tres al cuarto» (Bueno 24:255). El sucedáneo de veraneo para los madrileños de principios de siglo era pasar unos días en Getafe, Navalcarnero o la Ciudad Lineal (Mas 17:203). El veraneo de clase aún más modesta se dirigía a los Carabancheles (López de Haro 07:32). Naturalmente, eran lugares que en aquellos tiempos quedaban algo lejos del centro y resultaban algo más amenos que en la actualidad.

El veraneo en la playa suponía la decisión de los baños de mar, que comenzó siendo una aventura. José Francés cuenta una divertida escena en la playa de Gijón, a principios de siglo. Una extranjera, «con los pies descalzos» y levantándose un poco las faldas, osa lanzarse a nadar. El público joven se queda embelesado mirándola y rompe a aplaudir (Francés 12:203).

Los períodos de vacaciones, siempre para las clases con algunos posibles, eran más dilatados que los de hoy. Por lo mismo las vacaciones estudiantiles eran todavía más generosas que las actuales. «Era muy avanzada la Cuaresma y los estudiantes de la Universidad se habían tomado ya las vacaciones de Semana Santa» (Balda 18:216). El comentario quiere ser irónico. Son muchos los testimonios que nos pintan la vida universitaria de la época como una continua fiesta.

Véase también:

BEBIDA
CAFÉS
COMIDA
FIESTAS POPULARES
HORARIO
TERTULIA
TIEMPO
TOROS

Oligarquía

La verdad es que la palabra *oligarquía* no sale mucho en las lecturas que han documentado este análisis. Si se elige esta entrada es porque Joaquín Costa popularizó la divisa *oligarquía y caciquismo* como definición crítica del régimen parlamentario de la Restauración. Lo que sí registran las novelas es una profusión de juicios y comentarios sobre los políticos y el funcionamiento de las instituciones. La voz *oligarquía* —manejo de la política por unos pocos— nos puede servir muy bien para unificar todas estas críticas sobre la vida pública. Acerca de la cual las novelas destilan amargura y decepción sin límites. Queda dicho que el bloque de los novelistas reseñados es regeneracionista.

Lo que llamaríamos hoy «cultura política» de la Restauración significó un avance en la democracia formal, pero dejó mucho que desear respecto a la constitución de una burocracia moderna. La percepción que se tenía del Estado en la época de la Restauración era muy negativa. Se trataba de un conjunto de funcionarios y políticos que vivían a cuenta de los demás, de las clases contribuyentes (López de Haro 16:219).

Las cualidades para llegar a ministro con los gobiernos de la Restauración las resume un personaje de Trigo en estas dos: tener «dinero que tirar» y «oratoria... para aturdir oradores» (Trigo 03:98). La carrera política de un candidato se inicia casándose con la hija del cacique (Mata 23:9). Sin una base económica, pocas mercedes se podían dispensar.

La opinión general sobre los políticos como clase era muy crítica. «En conjunto se los aborrecía, pero cada uno era un semidiós» (López de Haro 16:214). Es decir, se dependía de cada uno de ellos, pero vista su forma de ejercer la política, se los despreciaba. No se llegaba a ver un Estado abstracto, y mucho menos equitativo, sino a un «ejército de señoritos, empleados, abogados y políticos» (López de Haro 16:207).

Es verdad que muchos políticos eran populares, en el sentido de que el público conocía sus andanzas. Pero el juicio moral que merecían era terrible. «Los toreros y las prostitutas saben llevar el halo de popularidad con más decoro y mejor aire que los políticos» (Pérez de Ayala 12:232).

Un personaje de la novela del socialista Araquistain *Las columnas de Hércules,* declama así: «si conquistamos el ministerio de la fábrica electoral de la Policía y de la Guardia Civil, seremos los hombres más poderosos de España» (Araquistain 21:63). Se refería, claro está, al Ministerio de la Gobernación, situado simbólicamente en la Puerta del Sol.

La crítica regeneracionista más sistemática al régimen de la Restauración se contiene en la obra de Manuel Bueno, *El dolor de vivir.* Está ambientada en el Madrid político y de la alta sociedad en torno a 1920. Es el momento de la verdadera agonía del sistema de la Restauración, la que prepara la intervención de la dictadura del general Primo de Rivera. La novela inmortaliza un curioso personaje, un republicano histórico, que se pasa al partido liberal y que vive de la adulación y de la limosna política. El «tránsfuga» se aviene clandestinamente con el ministro de la Gobernación, que le proporcionaba pequeñas ayudas en metálico para poder sobrevivir (Bueno 24:9). Era una manera aceptada de administrar los *fondos de reptiles.* El autor denomina «tejido adiposo del régimen» al conjunto de «políticos adocenados» que reclutan los gobiernos para mantener las mayorías parlamentarias (p. 23). La novela hace una minuciosa descripción de los ingresos del ministro de Hacienda: aparte de su sueldo, saca más de treinta mil duros al año de varios consejos de administración. Además coloca a sus hijos en varias empresas del Estado, y le queda tiempo para atender a su próspero bufete como abogado (p. 62). Es una buena ilustración del uso patrimonialista de los recursos públicos.

En una novela posterior, *Poniente solar,* de carácter retrospectivo, Bueno traza este agrio diagnóstico de los orígenes de la Restauración: «La vida española [durante la Regencia de María Cristina] fue el condominio de un patriciado en el que entraban militares que habían servido al trono más que a la patria, prelados turbulentos e intrigantes, oradores de gran atuendo retórico y unos cuantos caciques de provincias... Fue el período en el que culminaron, si no todos los vicios, todos los extravíos de nuestro ser colectivo» (Bueno 31:72). Es decir, no es sólo que el régimen se hubiera descompuesto, sino que ya inicialmente estaba podrido. Es la señal del credo regeneracionista.

Todavía en una última obra, Manuel Bueno, decepcionado incluso de Miguel Primo de Rivera, a quien había apoyado, anticipa el alzamiento franquista: «[las mujeres aristocráticas] suspiraban por un dictador, no como el general Primo de Rivera..., sino enérgico, severo y draconiano en la represión de la indisciplina...; un caudillo con arreos marciales, dispuesto a resolver con la espada todos los conflictos y a meter en cintura a todos los desmandados» (Bueno 35:36). El texto es una provocación, como tantos otros de su época. Por esos años, Bueno era ya falangista. Lo curioso es que el «caudillo» en el que él estaba pensando era Indalecio Prieto, Miguel Maura y, en su defecto, José Calvo Sotelo (Granjel 81:174). La tragedia es que su autor sería fusilado meses después en Barcelona, al comenzar el alzamiento que él anticipó. Otro novelista, Ciges Aparicio, fue «paseado» en Ávila casi al mismo tiempo. Era la tragedia de las dos Españas.

Véase también:

ANTIMILITARISMO
ARISTOCRACIA
CACIQUISMO
CORRUPCIÓN
ELECCIONES
PERIODISTAS

Los madrileños se agolpan para ver las fotografías de las películas. Las cabezas se tocan según la clase social. (Foto: Archivo Espasa Calpe)

Parto

El parto tradicional era un ritual exclusivamente femenino. No sólo, claro está, porque la protagonista —literalmente— del suceso es la madre. El parto se tramitaba en el domicilio. Asistía una partera o comadrona. En definitiva, el asunto lo resolvían las mujeres de la casa. Al marido le cabía el desairado papel de «vagar como alma en pena por los corredores» (Palacio Valdés 87:164). Un personaje de Pérez de Ayala razona sobre el hecho de que «en los matrimonios españoles no se acate lo debido a la mujer». Estas reacciones provienen de la inveterada costumbre que tienen las comadronas de que «el padre permanezca fuera del recinto en donde se verifica el doloroso misterio [del parto]» (Pérez de Ayala 21:15). Quizá haya un salto lógico entre el efecto y la causa, pero al menos se puede convenir que concurren las dos circunstancias. Es posible que, ante la condición capitidisminuida de la mujer, esta subraye la posesión del atributo que le es indiscutible y exclusivo, la maternidad. La embarazada recibe toda clase de parabienes; se atiende a sus *antojos* y los allegados le desean «una buena hora» (Zamacois 33:29).

El deseo de un buen parto no era gratuito. El suceso acarreaba numerosas secuelas, incluso la muerte de la madre o la del niño, dadas las condiciones sépticas en que tenía lugar. El peligro se agravaba porque eran no pocos los embarazos de cuarentonas y aun de «quintañonas» (Zamacois 33:98) (Quede la cita como es, pero «quintañona» no es una mujer que tiene cincuenta años, como es el caso del personaje aludido, sino cien años). La comparación implícita es, desde luego, con la época actual. No es la que podían hacer en tiempos de nuestros abuelos, por lo que no les quedaba más remedio que aceptar con resignación la ordalía de los partos.

A la dureza del parto se añadía la del sobreparto. La madre tenía que disponer de una lactancia prolongada, de más de un año normalmente, con una situación a veces de gran debilidad (Palacio Valdés 18:282). Se comprende que, siempre que pudieran permitírselo, las madres se inclinaran por la lactancia mercenaria. Todos los consejos de los libros de higiene sobre la virtud de la leche materna, se estrellaban contra este uso social.

La nodriza daba prestigio. Lo de criar al niño «está bien para las gentes pobres», pero no para las de clase pudiente. Las madres que «no andan apretaditas de dinero» es mejor que confíen a una ama la cría del niño. Se intenta racionalizar esta decisión con el argumento de que conviene que los hijos «estén un poco lejos de la madre; cosiditos a las faldas nacen apocados, un poco femeninos». Pero añade que esa decisión de la nodriza «es, además, lo distinguido» (Toral 18:145). Se daba el caso de que esta institución creaba un simbólico lazo de parentesco: el de los «hermanos de leche». Eran estos el hijo propio de la nodriza y el que era amamantado al mismo tiempo, pero hijo de otra mujer.

Véase también:

ABORTO
HIGIENE
ILEGITIMIDAD
MORTALIDAD INFANTIL
NATALIDAD
NIÑOS

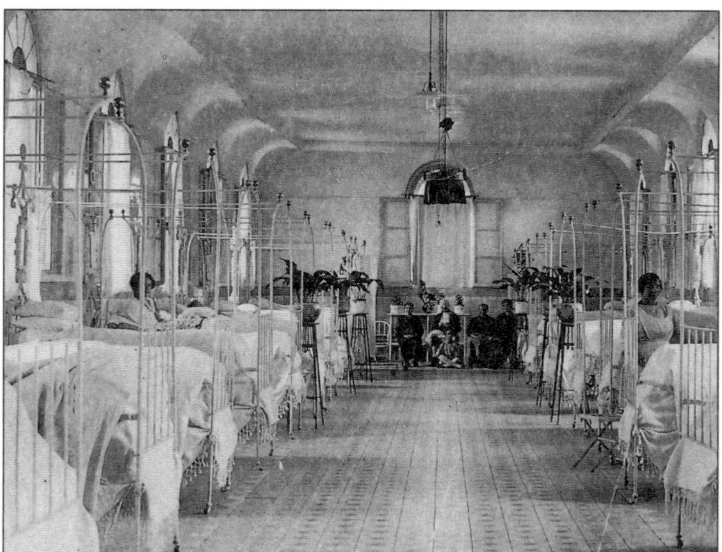

La novedad de los hospitales de pago para las clases distinguidas. Se seguía el modelo del internado. (Foto: Rogel)

Periodistas

La Restauración inaugura una agitada época en la historia de la difusión de las ideas escritas: la del periodismo de masas. Es un venturoso azar que en 1875 se introdujera la primera rotativa en España, con el periódico *El Imparcial* de Rafael Gasset. Véase la serie de fundaciones de nuevos periódicos:

Fechas	Cabecera
1877	*El Comercio* (Gijón)
1879	*El Liberal* (Bilbao)
1881	*La Vanguardia* (Barcelona)
1888	*El Noticiero Universal* (Barcelona)
1890	*El Heraldo de Madrid*
1891	*Blanco y Negro* (Madrid)
1895	*El Heraldo de Aragón* (Zaragoza)
1901	*La Gaceta del Norte* (Bilbao)
1905	*ABC* (Madrid)
1910	*El Debate* (Madrid)
1916	*El Sol* (Madrid)

Esa lista es la de las grandes cabeceras del género. Lo son porque en ellos colaboran no sólo afamados periodistas, sino las mejores firmas de la intelectualidad. De hecho, la nómina casi completa de novelistas también envía artículos a los periódicos. Pero la historia verdadera era algo más complicada. Existía una miríada de pequeños periódicos locales, hechos de artesanía, expresión de minúsculos grupos de políticos segundones. Ahí habría que situar, por ejemplo, a los periódicos radicales, ardorosamente idealistas. Los redactores no cobraban nada, trabajaban por la comida. La empresa les pagaba «con unos famosos guisotes de una taberna cercana, con los cuales los escritores se desayunaban, comían y cenaban, todo a un tiempo. Entendía así la empresa que nada había mejor que el hambre para mantener a sus redactores en el tono de acritud y exaltación convenientes al periódico» (Pérez Lugín 28:40). Era una estupenda racionalización, desde luego.

Baroja da cuenta de uno de esos periódicos artesanales. Se tiraba en una pequeña imprenta familiar, con dos empleados. Con esos medios limitadísimos, en el modesto taller se editaban nada menos que nueve periódicos de distinta ideología. El impresor escribía los editoriales de todos ellos, por encontradas que pudieran ser sus ideas. Dos redactores más escribían el resto de los periódicos (Baroja 04a:131). Así tenía que haber otras muchas empresas, pues eran miles los títulos periodísticos que circulaban (es un decir). Hay una cabecera que, a lo largo de veinte años, tiene ocho dueños y seis cambios de convicciones políticas (López Pinillos 16:150). Se entiende que, ante esa situación, los redactores estuvieran siempre al borde del despido, que entonces significaba la miseria total. Se comprende también que, ante el peligro de quedarse en la calle, los periodistas se plegaran a defender cualquier ideología. Luis Araquistain, que fue redactor de *El Sol,* narra la historia de ese periódico, con nombre figurado, en *Las Columnas de Hércules.* Uno de los tipos que retrata es «el perfecto *condottiere* de la pluma. Había sido redactor de periódicos de las más diversas opiniones, desde los de la extrema izquierda hasta los de extrema derecha, y en todos ellos había escrito los artículos de fondo más opuestos con idéntico y ardoroso cinismo» (Araquistain 21:71).

El periódico minúsculo se vende a cualquier ideología. No rectifica nunca, por principio (Mata 23:291). El caso extremo era el de los periódicos llamados *sapos:* sólo publicaban unos cuantos ejemplares que se enviaban, como justificante, a los ideólogos patrocinadores y a los anunciantes (Mata 21c:321). Sin llegar a ello, muchos *diarios* no salían a la venta más que algunos días. Todo lo cual explica la extraordinaria politización y virulencia de la prensa en aquellos momentos. El hecho da una apariencia de frescura y de libertad, pero esconde un sistema político débil y corrupto.

La pequeña corrupción empezaba por la misma fragmentación de las empresas periodísticas, que hacía a la mayoría poco o nada rentables. Como en muchos de esos periódicos no cobraba casi nadie, el propietario pagaba a los redactores con «destinos oficiales» en los ministerios (Bueno 31:64). Una pequeña corruptela era que los periodistas viajaban «de gracia», es decir, gratis, como pago a «no echar la culpa impresa a la compañía [de ferrocarriles] ni en descarrilamientos, ni en choques, ni en irregularidades de servicios» (Mora 24:39).

Estaba tan extendida la asociación del periodismo con la corrupción que era difícil alquilar un local para una nueva cabecera. «Muchos caseros o pedían rentas fabulosas o se negaban en redondo al saber el objeto del piso, pensando, sin duda, que un periódico es una fuente un tanto turbia de abundante riqueza, o un ejemplo de dudosa conducta, como una casa de juego o de lenocinio. Para la honrada burguesía, el periodismo todavía es una profesión irregular y no muy prestigiosa» (Araquistain 21:77). Esto era así a pesar de que, como queda dicho, los grandes periódicos acogían a las plumas más celebradas, prácticamente todos los grandes escritores de la época. Claro es que algunos sólo se engrandecieron después de muertos. Una de esas plumas egregias estampa su impresión desengañada del periodismo: «Dentro de treinta años todos seremos periodistas, es decir, nadie sabrá nada de nada» (Martínez Ruiz 02:148).

Manuel Bueno no es sólo un acerbo crítico de la fórmula política de la Restauración, sino que extiende sus diatribas al periodismo. Esta es la descripción del arquetipo del periodista mediocre y, como tal, corrupto: «Su falta de principios políticos le permitió defender las más opuestas doctrinas sin violar ninguna convicción. Pertenecía a la dilatada familia periodística de los intuitivos y los autodidactas. Su norma de conducta era no atacar nunca ni defender nada con demasiado ahínco...; una sabia precaución que aconseja al periodista no alejarse irreparablemente de un principio, una idea o una personalidad, con los cuales tal vez haya que ponerse de acuerdo el día de mañana» (Bueno 24:13). Los trazos son, quizá, demasiado amargos, pero seguramente son verídicos, porque responden al conocimiento que tuvo el autor del mundo que describe. El periodismo de entonces no era tan profesional como después lo ha sido; formaba parte de las redes del clientelismo político. Por eso mismo eran tan vituperables las opiniones de algunos de esos periodistas mediocres, «más activos que inteligentes, más listos que cultos y más impulsivos que ponderados». Eran ellos los que moldeaban «la mentalidad nacional» (p. 161). Habría que hacer una exhaustiva investigación hemerográfica para saber qué firmas concretas inspiraron a Bueno la construcción del tipo ideal del periodista mediocre. Algún trabajo habrá que dejar al lector más curioso.

Otra novela sobre la corrupción y la miseria ínsitas a la vida de los periódicos es *El luchador*, de López Pinillos, quien se firmaba Parmeno. (El seudónimo no era «Pármeno»; consta en algún tomo su dedicatoria manuscrita y no está el acento.)

A través de las novelas se manifiesta que la lectura del periódico era ocupación cotidiana de las personas acomodadas o por lo menos de clase media. Los obreros leían en voz alta y comentaban los papeles revolucionarios. Casi siempre era una ocupación de varones. La mujer de clase distinguida leía el diario como parte de su vida social: las crónicas de sociedad, la sección de cultos, algún suceso, las esquelas de defunción, «la relación de personas que celebran sus días» [cumpleaños, onomásticas] (Aguilar Catena 29:17). Las mujeres, en cambio, eran mejores lectoras de las novelas.

Véase también:

CORRUPCIÓN
INTELECTUALES
OLIGARQUÍA
POLÍTICOS

Histórica escena filmada del atentado contra Alfonso XIII el día de su boda.
(Foto: Archivo Espasa Calpe)

Políticos

La Restauración inaugura un largo régimen de políticos profesionales. La palabra «régimen», aplicada al mismo, forma parte de la terminología de la época; suele tener un sentido descriptivo más que despectivo (Bueno 24:42). Surgían los políticos de un estrato social muy estrecho de abogados y propietarios, emparentados con otros políticos y caciques. No hay que decir que se trataba de una ocupación rigurosamente masculina, como la milicia o la clerecía. Se podía recomendar, incluso, un «porte ministrable», es decir, una apariencia física que facilitara la carrera: «barba bien cortada..., un poco calvo..., miope..., vestirse con un corte británico» (Antón del Olmet 21:25). Por eso se decía, para ensalzar el atuendo elegante, el *corte inglés.*

Además de la abogacía, el periodismo era otra vía profesional de entrada en la política. No eran tanto periodistas estrictamente profesionales como aspirantes a políticos que ejercían ese menester literario, tan cuidado por los partidos (Mata 21a:160).

Novela tras novela, resulta demoledora la crítica que se hace a los políticos. La historia oficial luego se escribe con sus nombres, pero en vida eran el pararrayos de todas las quejas y amarguras. Si no se entiende este clamor, difícilmente se puede percibir lo que era la vida pública de entonces. Claro que hay que entender las exageraciones retóricas, tanto de los políticos como de sus críticos. No se olvide que «los españoles son, ante todo, un pueblo escénico. Les interesa la política como espectáculo. Odian la ley y adoran el aparato histriónico de urdirla. No quieren legisladores, sino buenos actores» (Araquistain 21:96). Como es lógico, los políticos se apresuraban a cumplir esas expectativas. De ahí que el gesto, la oratoria, el periodismo, la literatura incluso, fueran las armas del porte político.

La crítica a los políticos se extiende al funcionamiento mismo del Parlamento. Un personaje comenta que su sino estaba predestinado: se asienta sobre el solar donde estuvo la primera plaza de toros que tuvo Madrid (Zamacois 23:147).

Tampoco se puede aislar la crítica a los políticos de la queja general respecto de la marcha de los asuntos públicos y aun privados. Esta es la esencia de los lamentos regeneracionistas, a los que nos referimos tantas veces. Véase una muestra sobre la España que había sobrevivido al desastre del 98: «la política, campo de ambiciones y de envidias; el arte, convertido en comercio; la industria, viviendo de viles imitaciones; la aristocracia, anémica; el pueblo, inculto; la clase media, postrándose a los pies del becerro de oro, subyugada por el lujo, por la ostentación y la apariencia, la lucha diaria del quiero y no puedo; y, como consecuencia de todo esto, los negocios de mala fe, el agio en todas sus manifestaciones, el soborno, el chanchullo, las quiebras, las deudas, las ruinas inesperadas» (Mata 23:34). Asombra pensar lo acertadas que serían algunas de esas lamentaciones aplicadas a la España actual. Por lo menos atisban la conclusión de que hay una continuidad entre la España de nuestros abuelos y la de hoy. Si no fuera así, el argumento de este libro carecería de sentido. Un siglo de cambios, evoluciones, revoluciones y contrarrevoluciones sólo ha servido para que, en muchos aspectos de la vida pública, estemos donde estábamos. Es una sapiente lección de humildad.

Son innúmeras las críticas contra los partidos. Esta parece apuntar al Partido Conservador: «gentes o desacreditadas o anónimas, yernos de yernos, humanidad reclutada en la antesala, en el bufete, cuando no en la alcoba nupcial o en el gurruminismo complaciente...; un plantel de mediocres, un conjunto de arribistas» (Antón del Olmet 21:30). Debe anotarse que el autor no es precisamente un radical; fue un bilbaíno liberal, director de *El Debate,* el periódico católico. Pero fue, ante todo, un regeneracionista.

Otro vasco regeneracionista, ya tardío y más exaltado, fue Manuel Bueno. Es el libelista mayor del régimen de la Restauración. Para él, la esencia del fracaso de ese sistema está en el modo de reclutamiento del personal político. Los ex ministros se creen con derecho a serlo otra vez. Mientras tanto hay que compensarles con diversos cargos para ellos, sus vástagos y parientes. Ello apunta a una selección al revés de «medianías discutidas, temperamentos dóciles, caracteres flexibles» (Bueno 24:211). Es otra consecuencia de la «uniformidad de pensamiento» entre los diversos partidos [dinásticos], porque reclutan al personal de la misma manera. Todos ellos se guían por el «interés de lucro o de vanidad» (p. 170).

La política produce, por el lado del apoyo del público, indiferencia y abulia. No se puede hablar de *opinión pública* «cuando la grey baladora y lanuda no sabe más que arar el terruño y regoldar vinazo» (López de Haro 09:183). Esta es la visión de la política desde una aldea gallega: «La gente *cocona,* siempre metida en casa, escondida. La política dividiendo profundamente al vecindario. Todas las energías se consumían en odiarse un partido a otro, y nadie se preocupaba del progreso del pueblo» (Pérez Lugín 28:84).

La clave de la ilegitimidad del régimen de la Restauración estaba en su ineficacia. El dispositivo burocrático público no estaba para promover actividad y riqueza, sino, al contrario, para poner todos los obstáculos posibles (López de Haro 17:83). El poder era, sin tapujos, para mandar. De ahí que el ministerio ambicionado por los políticos fuera el de Gobernación. «Significaba hacer las elecciones, repartir las actas, crearse un grupito, nombrar gobernadores civiles, dar y quitar carterías y estaciones telegráficas, disponer de los fondos secretos, hacerse prensa, intervenir en el juego [de azar], mandar sobre la Policía y la Guardia Civil. [Este Ministerio] es la columna vertebral del régimen. Interviene en las huelgas, nombra alcaldes si le viene en gana, tumba municipios enteros. Es el poder. Es el mando. Es la influencia sin tasa. Existen allí expedientes que son fortunas» (Antón del Olmet 21:78). Nos podríamos preguntar hoy: ¿habrá leído este texto Luis Roldán, el ex director de la Guardia Civil? Asombran, desde luego, las similitudes con los recientes sucesos de ese ministerio, ahora, más púdicamente, de Interior.

Otro raro fenómeno de anticipación lo tenemos con la crítica que recibe la II República, aun antes de ser proclamada. Es un personaje de una novela de Insúa (seguramente su *alter ego,* un socialista moderado), que razona así en 1930: «Aquí, en España, lo de menos es proclamar la República. Cuestión de meses. Lo difícil será sostenerla como tal República, como régimen democrático... La República no será otra cosa al principio, sino una guerra civil» (Insúa 32:72). Fue lo que se dice una profecía autoderrotante. Todavía vivimos las consecuencias de ese trágico fracaso. ¿Cómo se puede explicar que una sociedad tan vital produjera unos resultados políticos tan endebles? Todo este libro se propone entender el enigma, que ya fascinaba a nuestros abuelos, y que a nosotros nos trae a mal traer.

Véase también:

CACIQUISMO
JUSTICIA
OLIGARQUÍA
PERIODISTAS
PROFESIONALES

Precios y salarios

Los historiadores de la economía encuentran grandes dificultades a la hora de calcular las series de precios y salarios para el período que nos ocupa (1875-1936). Los precios al por mayor presentan dos líneas de tendencia. De 1875 a 1915 las oscilaciones son escasas, con pequeños movimientos en forma de dientes de sierra, que muestran tanto la general estabilidad como la inadecuación de las estadísticas. A partir de 1915 cambia la tendencia y tiene lugar una desbocada inflación, que sólo se contiene un poco a partir de 1921 (Carreras 89:518). Fue un período de fabulosos enriquecimientos y también de carestía de muchos productos, puesto que muchos salarios no subieron en proporción a los precios. Ello provocó fuertes tensiones sociales. Lo hemos visto en otras entradas de este texto y está en los libros de Historia.

No es este el lugar para replicar las estadísticas de precios y salarios. Lo que sí podemos hacer es registrar la aportación cualitativa que significan las descripciones de las novelas, tanto para los precios como para los salarios. Son observaciones aisladas, nada sistemáticas, poco precisas, pero, si se tienen muchas, podemos disponer de un mapa aproximado de lo que significaba el nivel de vida de la época. Tienen la ventaja de que se trataba de ilustraciones reales, de lo que ganaban ciertas personas y lo que les costaban algunos bienes y servicios. No todos los novelistas son igualmente curiosos como para detallar el valor de los precios o los salarios. El más dispuesto a registrar datos es Zamacois. Por suerte, se trata de un escritor muy prolífico y longevo (vivió noventa y seis años), y le dio tiempo a retratar muchos ambientes, de diferentes épocas.

Si registráramos en una tabla el valor de los salarios, distinguiendo distintos niveles (no especializado, obrero, empleado y profesional), podríamos establecer algunas conclusiones. Aunque más bien habría que decir hipótesis, dado el carácter cualitativo o ilustrativo de este análisis. La primera es que la evolución de los salarios admite escasas variaciones temporales, por lo menos hasta 1915. Esto confirma lo que ya sabemos a partir de la estadística de precios. La segunda conclusión es más interesante. No se puede hablar de un salario *medio* porque el abanico de salarios es muy abierto, desde los peones a los profesionales. Digamos que ese recorrido oscila aproximadamente entre 0,50 ptas./día y 30 ptas./día. Es un margen mucho más amplio del que existe hoy. La tercera conclusión es que hay oscilaciones muy bruscas, para la misma categoría ocupacional, entre unos casos y otros, incluso para fechas cercanas.

Las mismas oscilaciones, un tanto erráticas, las encontramos para los precios. Aquí la casuística es abigarrada, dependiendo del lugar, de la fecha y naturalmente de la calidad, entre otras circunstancias. Todo esto indica que hasta muy entrado el siglo XX no se constituye realmente un verdadero *mercado nacional,* tanto para los precios como para los salarios. De ahí que sea casi imposible componer las estadísticas sobre el particular. Por eso también resulta doblemente interesante la aportación cualitativa que podamos hacer a través de las novelas.

El nivel de vida se debe descomponer en el tiempo de trabajo (para un determinado nivel de salario) que se necesita para adquirir un bien o servicio. A poder ser, hay que determinar las circunstancias de tiempo y lugar. El procedimiento es lento. Se insinúa aquí por si algún lector quisiera desarrollarlo. Sólo hay espacio para sugerir algunas ilustraciones.

El nivel de vida en la época de nuestros abuelos no podía subir mucho porque la productividad de la agricultura y la pesca era muy baja. Esto se traduce en los precios inasequibles de los alimentos. Consideremos el pescado. Los españoles de entonces ya sabían apreciar las excelencias del pescado, pero su precio desbordaba los presupuestos familiares modestos. Blasco Ibáñez, en *La Flor de Mayo,* revela que los pescadores de Valencia, a finales de siglo, vendían al por mayor los langostinos a razón de cuatro pesetas por kilo (Blasco Ibáñez 97:185). El precio equivalía a una semana de trabajo para un peón, a tres o cuatro días para un obrero y a dos días para un empleado o un obrero muy especializado. Y eso sin tener en cuenta que el precio al menudeo tendría que ser bastante mayor. La novela de Blasco Ibáñez termina: «¿Aún les parecía caro el pescado? ¡A duro debía costar la libra!» (p. 245). Es claro que el famoso cuadro de Sorolla («¡Y aún dicen que el pescado es caro!»), pintado por las mismas fechas, salió precisamente de la escena final de la novela. Pintor y novelista estaban en buena inteligencia; se conocían desde niños y luego fueron buenos amigos. La verdad es que el pescado era caro. No lo es menos a principios de siglo. En este caso un kilo de merluza en Madrid salía a 5,50 ptas., que era bastante más de lo que ganaba al día un empleado modesto (Pérez de Ayala 12:138). Por las mismas fechas, en Jaca, un kilo de bacalao costaba 3,50 ptas. (De Burgos 23:40). Era casi el equivalente al sueldo diario de un periodista (López Pinillos 16:150).

El kilo de langostinos, que antes hemos visto vender a cuatro pesetas, valía ya al por menor 9,50 ptas. veinte años más tarde (Ramírez Ángel 24:144). Era casi el triple de lo que ganaba al día un minero de Riotinto en 1917 (Espina 20:129).

Una simple docena de huevos, a finales del siglo, costaba 1,50 ptas. (Aranaz Castellanos 01:68), que era lo que podía ganar al día un empleado de bufete por aquellas fechas (Ramírez Ángel 16:245).

A finales de siglo un menú en una modesta casa de comidas venía a salir por 2,50 ptas. (Bueno 31:83). Era poco más del jornal diario de un cajista de imprenta, que era ya un empleo especializado (Baroja 04a:139). Tenemos el dato de un menú más distinguido, en torno a 1917, cuando ya se había disparado la inflación, que llegaba a las 21 pesetas (Mata 21c:314). Supera, con mucho, las 13,30 ptas. que ganaba al día un obrero especializado en la misma fecha (p. 332).

Un artículo imprescindible hoy es el calzado. A finales del siglo pasado muchos españoles no habían pasado de las alpargatas o de las abarcas. Se comprende, dado el precio prohibitivo de los zapatos. Hacia 1895 unos zapatitos de niña costaban nueve pesetas (Ramírez Ángel 16:71). Es decir, un empleado de bufete tenía que trabajar dos semanas para comprar ese par de zapatos (p. 245).

Un terno o traje completo de caballero costaba a principios de siglo 125 pesetas (Trigo 19:89), casi la mitad del sueldo mensual de un periodista (p. 33). El mismo precio podía ser el del alquiler de un piso bien instalado en la plaza de Oriente de Madrid a finales de siglo (Baroja 04a:79). Eran precios inasequibles incluso para la clase media. Un piso más modesto de Madrid podía alquilarse por 55 pesetas mensuales (Trigo 09:313) o 50 pesetas en Sevilla (Mas 23:181). De todas formas venía a ser la mitad del sueldo mensual de un empleado de ferrocarril (Zamacois 13:43).

Mal que bien, los artículos de primera necesidad se podían adquirir por una familia modesta, pasando apuros. Existía, desde luego, lo que años más tarde hemos dado en llamar «pluriempleo». Así, en un pueblo de Huesca, a finales de siglo, el maestro nacional era a la vez secretario del Ayuntamiento, secretario del Juzgado y recaudador de impuestos. En sus ratos libres redactaba expedientes para pedir exenciones del servicio militar (López Allué 00:34). La dificultad estaba en acceder a los bienes que podríamos considerar de lujo. Eran literalmente así porque sólo una reducidísima minoría podía comprarlos. Un caballo para montar podía costar a finales de siglo unas 10.000 pesetas (Trigo 10b:41), es decir, el equivalente a lo que podía ganar un profesional a lo largo de uno o dos años (Trigo 12:242). Una caja de bombones de regalo costaba a principios de siglo 300 pesetas (Mas 21a:12). Por muy especial que fuera el envoltorio, ese precio superaba el sueldo mensual de un empleado de un bufete (Trigo 09a:21). Los primeros automóviles eran signos de ostentación, que sólo podían adquirir los verdaderamente ricos. Hacia 1918 un coche Rolls podía costar 90.000 pesetas (Francés 22:113). Un pasante de un despacho de abogacía tenía que estar veinticinco años de su vida, sin gastar un céntimo, para poder comprar ese símbolo de los «advenedizos» de la guerra europea (Antón del Olmet 19:93). Por esas mismas fechas, otro signo de distinción, una capa de pieles para una señora, costaba 15.000 pesetas (Mora 22:21). Si calculamos que las colaboraciones periodísticas de las grandes firmas se pagaban entonces a 100 pesetas, había que escribir 150 artículos para poder satisfacer ese capricho (Zamacois 25:43).

Nos podríamos extender con muchas más ilustraciones. Basten las antedichas para comprender mejor que la sociedad de nuestros abuelos era profundamente desigual. Unos pocos vivían muy bien (el servicio doméstico era barato), pero la mayoría no llegaba a cubrir las necesidades elementales. Sucedía, además, que la sociedad había empezado a moverse y a generar expectativas de cambio y de mejora. Esa es la raíz del llamado *problema social,* de las *agitaciones campesinas* y de las *crisis de subsistencias.*

Véase también:

ATUENDO
BURGUESÍA
CONFLICTOS
DINERO
PRESUPUESTO FAMILIAR
TRABAJO

Prejuicios étnicos

La sociedad española de hace un siglo era una de las más homogéneas de Europa, a efectos de diversidad religiosa y racial. Así que poco podemos decir de los prejuicios propiamente raciales en la época que nos ocupa. Algo más real eran los estereotipos regionales. Con todo, algo se puede advertir respecto de dos prejuicios étnicos: los que iban contra los judíos y los gitanos.

El antisemitismo era más bien de imitación, puesto que en España pocos judíos podían verse, y desde luego nada poderosos. No se puede ni comparar el fenómeno del antisemitismo español con el que se daba por las mismas fechas allende los Pirineos. Pero los novelistas viajaban a París. Así que se copian los estereotipos. Se dibujan «los rasgos del tipo hebreo, nariz aguileña, de presa, la boca voraz, los ojos cautelosos y ávidos» (Pardo Bazán 97:11). Obsérvese el fantasioso ejercicio fisiognómico. A veces se utiliza la palabra *judío* en su acepción figurada, como manera de ser. Así, un personaje de *La horda* reconoce que sus primos comerciantes «eran unos judíos, sin alegría, sin afectos, cual si tuvieran cegada el alma por el polvo del establecimiento» (Blasco Ibáñez 05a:191).

Al hablar de una judía marroquí, el novelista le coloca la presunción caracteriológica: «las ansias rapaces» (Francés 11:57). No podía faltar el estereotipo del banquero judío, así descrito: «el multimillonario de semítica traza, bandolero de asalto en guarida, que no era otra cosa que su banca» (Pérez de Ayala 10:17).

Aunque no se conocieran judíos reales, bastaba el estereotipo para calificar a los comerciantes desaprensivos. Estos «eran vascongados, pero Aresti [el *alter ego* del autor] encontraba en sus ojos duros, en la melosidad con que robaba a los parroquianos despreciándoles, y en su aspecto miserable, algo que le hacía recordar a los judíos» (Blasco Ibáñez 04:39). El texto de Baroja es de similar factura. Describe un «tipo semítico» con estas características, que podían ser el vivo retrato del novelista: «bajito, barba negra, mirada brillante, ademanes suaves, voz meliflua» (Baroja 11:76). Luego se ve que lo del tipo semítico no es sólo una caracterización física, sino moral. «Lo que queda de moro y de judío en el español: la tendencia al engaño, a la mentira. Es la impostura semítica. De este fermento malsano, complicado con nuestra pobreza, nuestra ignorancia y nuestra vanidad, vienen todos los males» (p. 292).

El periodista Antón del Olmet retrata a un personaje real, «el financiero Salama, judío, uno de aquellos Salamas, dueños de toda Europa..., y que usufructuaban los monopolios enteros de Iberia. Salama adoptó moralmente a Bujalance [el jefe del Partido Conservador, ¿Maura?] para iniciarle en el camino del oro» (Antón del Olmet 21:125).

Si los judíos aparecen sobredimensionados como influyentes y potentados, los gitanos constituyen el otro extremo de la escala social. Tienen de común que ambas minorías se dedican al comercio, una actividad que siempre ha estado mal vista para la mentalidad tradicional española. Así se presenta, por ejemplo, el «tío Sebastián, tan atareado siempre en comprar y vender, en especular y embaucar, gitano y contrabandista» (Ramírez Ángel 24:31). Una dedicación más legítima de los gitanos era el toreo. Se presenta un famoso torero gitano, con una notable «falta de apostura...; parecía el producto de una raza inferior». No obstante, al torear, «era gentil y airoso y elegante y artista» (González Anaya 15:120). A los gitanos les salva su tendencia artística. Como es el caso de la «gitana buena», bailarina en medio de un ambiente crapuloso (Díaz-Caneja 27:164).

Véase también:

CARACTERES REGIONALES
DINERO
ÉXODO RURAL

Presupuesto familiar

A comienzos del siglo se impone la moda científica de cuantificar en pesetas la vida humana: lo que costaba mantenerla (Rodríguez Ocaña 87:21). Los cálculos eran sobremanera fantásticos, como puede comprenderse; se corresponden —aunque pueda parecer sarcástico— con el apogeo de la «cuota» de 6.000 reales con que se libraban los reclutas del servicio militar. Más que el resultado, dudosamente científico, de los cálculos sobre lo que costaba mantener a cada español o lo que se perdía en las epidemias, interesaba el cambio de actitud. Es el momento histórico que atestigua por primera vez la conciencia del valor de la vida humana en abstracto. La protesta social contra las campañas militares de Cuba y Marruecos es una consecuencia de esa nueva sensibilidad.

Un higienista de principios de siglo realiza un ingenioso cálculo sobre el presupuesto familiar de un funcionario medio sin hijos. Se puede resumir así (Martínez Baselga 03:15-19): La familia ingresa 3.750 pesetas netas al año. Con ellas confecciona el siguiente presupuesto:

Gastos	Pesetas	Porcentaje del total
Alquiler de la casa...............	1.250	33
Servicio doméstico..............	360	10
Vestido y calzado	360	10
Aseo y otros servicios	240	6
Gastos de ocio del marido....	365	11
Alimentación.......................	1.225	33

Este es un cálculo teórico. Nuestro higienista estima, por su parte, que la ingesta que necesitan tres adultos (el matrimonio y la criada) es de 2,1 kilogramos diarios de carne o pescado, 2,1 kilogramos de pan, patatas, legumbres y verduras, más tres litros de vino. A los precios de mercado de entonces, estima que el gasto en alimentación tendría que ser 3.285 pesetas; es decir, «resultan 2.060 pesetas de hambre» (p. 19), que es el déficit entre lo que se debería comer y lo que se puede comer. O lo que es lo mismo, incluso una familia de clase media sólo puede comer, con sus ingresos regulares, menos de la mitad de lo que necesita. Y eso que ese hogar medio no tiene descendencia; en cuanto empiezan a venir los hijos, el presupuesto se descabala (p. 27).

La descripción anterior, dramática como es, resulta rodada cuando la comparamos —seguimos la descripción del higienista— con la figura del «proletario», el jornalero agrícola. Gana dos pesetas diarias, pero sólo por jornada trabajada, que son las menos del año. «Este hombre se dedica preferentemente a la reproducción porque es el único placer que le sale gratis» (p. 30); de ahí el nombre de *proletario.* Su mujer «da a España aproximadamente de 8 a 12 hijos». Por eso, el marido «tiene que dedicarse a la limosna cuando no hay trabajo y a buscar jornales en otra provincia o a emigrar de su patria» (p. 30).

Según el doctor J. González Castro, del Instituto de Reformas Sociales, con datos para 1916, si el jornal medio de un obrero especializado era de tres pesetas, sólo para alimentar a cuatro personas se necesitaban cuatro pesetas diarias (Murillo 18:128).

Los higienistas pertenecían a las corrientes progresistas de la época. Los documentos conservadores, alarmados por ese planteamiento, divulgan la tesis del «despilfarro del obrero», que gasta «sus pocos recursos en juegos, bebidas, asistencia a espectáculos» (De Barbéns 14:68).

Los textos de ficción no sólo contienen datos sueltos sobre precios y salarios, sino sobre el presupuesto de ingresos y gastos de algunas familias. Hay que tener en cuenta que muchas eran numerosas y que era muy raro que las mujeres de clase media trabajaran fuera de casa. No había que contar sólo las necesidades objetivas y perentorias, sino el esfuerzo por aparentar que se imponían algunas posiciones sociales. Por ejemplo, tenemos el caso de un alto funcionario, «con amigos en todos los partidos», hacia 1884. Era lo que se llamaba «un hombre de mundo». Vivía solo con una hija, con un buen sueldo de 10.000 pesetas al año. El alquiler del piso les costaba sólo 110 pesetas al mes, así que podían vivir desahogadamente. Mas no era así, porque «los gastos mayores eran de representación» (vestir con elegancia, ir al *club,* al teatro). El resultado es que «vivían en una situación de permanente equilibrio» (Palacio Valdés 90:12).

A principios del siglo tenemos el caso de un oficial de notaría que ingresaba 5.000 pesetas al año, después de treinta años de servicio. No era un mal sueldo, pero «no llegaba, ni con mucho, a cubrir el presupuesto doméstico». El hombre ahorraba todo lo posible: los trajes *tiraban* tres temporadas y, con los retales de los vestidos de las niñas, se confeccionaba las corbatas. El gasto fundamental lo hacían su mujer y las tres hijas casaderas. Así que nuestro personaje tuvo que inventarse varios empleos adicionales para redondear el presupuesto y alzarse «a un palmo de altura sobre la miseria» (López de Haro 07:20).

Un abogado del Estado de principios de siglo ganaba 9.000 pesetas al año. Era el matrimonio solo con dos criados. Su estructura de gastos resultaría hoy descompensada. Gastaban al mes 80 pesetas en ir al teatro, frente a las 60 pesetas para los dos criados. Era elevado el gasto en ropa: 2.500 pesetas al año, esto es, el 28 por 100 de los ingresos. Otra tercera parte se iba en comida. Al final, el presupuesto resulta muy ajustado (López de Haro 16:208). Una vez más las necesidades habían ido por delante de los ingresos.

Véase también:

DINERO
FAMILIA
PRECIOS Y SALARIOS
TRABAJO

Las mujeres de los pescadores trabajaban en la reparación de las artes y la cuenta del género. (Foto: Archivo Espasa Calpe)

Profesionales

La sociedad de nuestros abuelos era mayoritariamente agraria, pero convivía con un estrato de clase media tradicional, cuyo ápice lo representaban los profesionales. Esta era una categoría difusa, que iba admitiendo cada vez más elementos modernos. Ya en sí misma constituía una categoría modernizante, por lo menos dinamizadora de la vida rural. También había, entre los profesionales, personajes que representaban el poso conservador y hasta la reacción.

El gremio de los abogados era el más nutrido. No todos ejercían, claro está. La formación jurídica era la imprescindible para la política e incluso para no hacer nada, que era un ideal bastante extendido entre las clases pudientes. Una concreción del abogado es el notario. Aparece en el pueblo como «el forastero», un poco como casi todos los funcionarios, por lo que se le recibe con antipatía (López de Haro 16:78). Todavía es mayor la inquina popular contra el abogado picapleitos, «conocido por sus enredos y traspantojas». Véase qué soberbia descripción se hace de esa figura del leguleyo sacacuartos a través de las manos, según la moda fisiognómica de muchos narradores. El abogado «tenía unas manos blancas, femeninas, delicadas, unas manos suaves; unas manos terribles. Aquellas manos eran prodigiosas: abrían los libros por la página deseada, saltaban de un legajo a otro instantáneas y seguras..., escamoteaban un fajo de billetes con presteza pasmosa. Manos videntes, rapaces, imantadas, tentaculares, pegajosas, escurridizas: zarpas, pinzas, ganchos, anzuelos, garras y al mismo tiempo infantiles, cariciosas, jabonosas, langorosas [lánguidas]. ¡Misteriosas manos de abogado, antenas de ese monstruo que llaman Curia! Ellas atrapaban el hilo invisible, y por el hilo iban seguras, a través de todas las anfractuosidades de la hipocresía, el engaño y la codicia, a la gabeta del imbécil litigante. ¡Oh manos malditas!» (p. 79). Se puede perdonar el abuso de una cita tan larga por la belleza de los períodos y por lo bien que transmiten la desconfianza popular respecto de los leguleyos. Hay más adelante una diatriba contra los abogados inútiles que no saben hacer oposiciones (p. 181), pero algo habrá que dejar al lector que quiera hacerse directamente con la novela. Es una de las recomendadas.

Una figura muy característica es la del médico, por lo general apreciado por la población, sólo que algo distante, porque entonces la medicina no alcanzaba a todo el mundo. Por su formación «materialista», por la familiaridad con el sufrimiento y los problemas sociales, el médico es muchas veces una figura progresista o por lo menos liberal. Este es, por ejemplo, el papel que se atribuye Felipe Trigo en *El médico rural,* una obra autobiográfica. Armado de cientifismo, tiene que defenderse de los *curieles* (curanderos, osteópatas), que entonces tenían tanto predicamento (Trigo 12:27). La medicina privada constituía un símbolo de distinción. Trigo revela la conducta de la señora rica de pueblo, quien, al enfermar, llama a siete médicos para que se reúnan en «consulta». Era su mejor signo de ostentación (Trigo 12:164). Una figura arquetípica es la del médico republicano y anticlerical, como la de «don Lino, que llama genio a Lerroux y abomina de Salmerón». Toda su vida ha ejercido en un pueblo de León y se transforma en un rentista más (Martínez Sierra 05:24). Figura paralela es la del doctor Luis Aresti, el *alter ego* del autor, que se contrapone al ambiente clerical de los empresarios bilbaínos (Blasco Ibáñez 04). En esa misma novela hay otro arquetipo característico, el del ingeniero moderno, sensible a la cuestión social. «Vivía como un obrero», dedicado a estudiar y trabajar. Para los obreros «aquel señorito era de los suyos» (p. 172). Dentro de los escalafones ingenieriles había también sus categorías. La aristocracia correspondía, sin duda, a los ingenieros de caminos. Un joven de una ciudad asturiana pretende hacerse ingeniero industrial. A su tío no le suena mal lo de ingeniero, pero exclama: «¡Industrial, industrial! Hoy cualquier limpiabotas se llama industrial. Hazte buenamente ingeniero de caminos, canales y puertos, o de minas» (Palacio Valdés 88:28).

Hay que dudar mucho de la preparación profesional de los abogados, médicos o ingenieros de entonces. Baroja describe, con trazos muy amargos, el ambiente de jolgorio que reinaba en la Universidad de fin de siglo: «En la clase se hablaba, se fumaba, se leían novelas, nadie seguía la explicación; alguno llegó a presentarse con una corneta, otro metió un perro vagabundo» (Baroja 11:15). El estado de la vida universitaria era tan primitivo que existía «la rara profesión de opositor a cátedras», formada por «individuos talludos y aun valetudinarios». Insistían una y otra vez porque las cátedras se concedían «por amistad, parentesco o bandería, antes que por mérito» (Pérez de Ayala 21:16). Como consecuencia, los estudios luego no eran muy exigentes: «En España no es difícil hacerse con una carrera, porque hay tal tolerancia en los exámenes, y está tan mal entendida la bondad de los profesores, que el que quiera tener un título lo adquiere» (Martínez Baselga 03:306). Es increíble el grado de actualidad que pueden tener estas críticas para nosotros.

Una figura verdaderamente antipática era la del recaudador de impuestos. Este es su relato, dentro del paisaje humano de una aldea gallega: «Marrullero, astuto y ladino, era para los campesinos el Anticristo, algo mucho peor que la peste o el hambre. Les inspiraba terror... Robaba lo que buenamente podía, y era el enemigo más formidable de los dos únicos comunistas [¿socialistas?] que por ferias y tascas predicaban teóricamente la abolición de la propiedad, incapaces de arrebatársela prácticamente a nadie.» Decían del recaudador de impuestos: *«Ese fai as contas con tenedor.* Así le salían cuadruplicadas» (Pérez Lugín 28:279).

Una figura entrañable es, en cambio, la del maestro. A comienzos de la Restauración «los maestros de aldea [antes de ser maestros nacionales] eran pagados tan miserablemente que les sería imposible vivir con su sueldo, aunque fuese bien estrechamente. Así que la mayoría eran labriegos al mismo tiempo, y cuando no, como en el caso de Faz, se veían obligados a buscar el suplemento necesario por otros caminos. Faz era sacristán y gaitero» (Palacio Valdés 31:149). Hay muchos testimonios al respecto. El maestro de pueblo, a principios de siglo, «tiene una consignación de 8 a 10 reales diarios, que nunca se los pagan [a tiempo] y vive de limosnas, defendiéndose con los regalos: pan, verduras, frutas y algún pedazo de tocino» (Martínez Baselga 03:57).

A pesar de las críticas que pudieran recibir, los profesionales y funcionarios estaban mejor vistos que los comerciantes e industriales. Con todo, se atisban ya algunos elogios a la figura del empresario innovador, como opuesto a la del político tradicional. Dice un personaje de Concha Espina, un empresario que había viajado mucho por otros países: «La política es el arte de los pueblos viejos, y a mí me encantan los pueblos nuevos, enamorados del porvenir, resonantes de fabricas y de oro, coronados por las altas virtudes del trabajo y de la inteligencia. El mundo vive y progresa por razones económicas... Es preciso orientar a la juventud por los caminos de la libre actividad [empresarial]» (Espina 10:41). Claro es que, frente a este ideal, se alzaba la realidad del maridaje entre la política y los negocios: «Ahora resulta que aquí, en España, todo hombre público que haya hecho una gran fortuna adquiere la categoría de gran financiero» (Bueno 24:313). Pero ese es otro capítulo.

Véase también:

CLASES MEDIAS
DINERO
PERIODISTAS
POLÍTICOS
SERVICIOS
TRABAJO

Prostitución

La sociedad de nuestros abuelos admitía la prostitución con bastante naturalidad, a pesar de la general hipocresía que gobernaba los asuntos morales. Hasta llegar a la casa de prostitución propiamente dicha, había varios estadios. Estaba la *entretenida,* la *horizontal,* es decir, la que dependía de la protección de un hombre. Normalmente eran mujeres del «bajo pueblo», que consideraban esa profesión como un mecanismo de ascenso social (Gómez de la Mata 19:98). También se decían *protegidas,* que era una categoría algo más discreta, que incluía señoritas o viudas de clase media (Mas 31). Un escalón más alto de clase social era el de las *liberadas galantes,* próximas a las cantantes (Trigo 30:139). Todavía estaban las *daifas* «de buen ver», en mayor plano de igualdad, que participaban en las tertulias de los caballeros (Bueno 31:185).

La prostitución es una actividad que exige juventud. Aparecen muchos casos de prostitutas precoces, como este: «Llevaba ocho años de buscona y tenía diecisiete. Se lamentaba de haber crecido, porque decía que de niña ganaba más» (Baroja 04:200).

Aunque la prostitución sea un negocio esencialmente metropolitano (Madrid, Barcelona), está también la prostituta de pueblo. «Vestía batas sin mangas y gustaba de adornarse los cabellos con lazos de colores escandalosos» (Zamacois 25a:32).

No debe imaginarse la prostitución como un mundo opuesto al de la religión. Si bien se mira, son dos caras de una misma figura de la sociedad tradicional. Se puede recordar la ilustración de una prostituta que lleva siempre un escapulario de Nuestro Señor Jesús del Gran Poder (Mas 19:48). «Entre los dueños de las casas de lenocinio había personas decentes: un cura tenía dos, y las explotaba con una ciencia evangélica completa» (Baroja 11:282). Claro que el testimonio del anticlerical don Pío puede que resultara algo selectivo.

Lo usual es que las prostitutas sean mujeres; de hecho la palabra se designa en femenino. No obstante, distintos textos muestran casas de lenocinio con «prostitutos» varones: «hombres de sexo indefinido con atipladas voces. Usaban pantalones abotinados y blusa en forma de chaquetilla torera con botones de nácar. Recogida esta prenda en la cintura, veíanseles las posaderas ceñidas» (Mas 19:198). En una casa de citas de Madrid hay mujeres y varones que «hacen la carrera» cada uno por su lado. Se insiste en el carácter marginal de estos casos. Esta es la composición de la familia: «El padre, un paralítico progresivo; el hijo mayor, un loco moral; la hermana, Lolín, una inmoral constitucional sobre un fondo histérico muy marcado; Tomasín, un pervertido, con desviaciones homosexuales» (Belda 18:352).

Aunque la prostitución era en aquellos tiempos un negocio manifiesto, se dan también casos de «protección a través de anuncios en los periódicos y de *continentales*» [mensajes directos] (Mas 31:231). Hay que presumir que estas formas más directas encubrían la prostitución de menores. La prostitución cumple distintas funciones. La de los pueblos y pequeñas ciudades se ve como un escape ocasional para el aburrimiento (Mata 26:195). En una ciudad como Madrid, se trata de un negocio organizado, como se describe con detalle en *La Papelón* (Vidal y Planas 23). Es esta una novela imprescindible para conocer el intrincado mundo de la prostitución en los años veinte. Añádase el honroso precedente de *Troteras y danzaderas,* de Pérez de Ayala, un tratado sobre putas y escritores, que fascinará después a Cela. Andrés Amorós ha diseccionado con mimo esa novela, que es también la del género de personajes en clave. Su conclusión es que las mujeres de vida alegre, que en ella aparecen, son más dignas que los tristes políticos e intelectuales.

Aunque se trata de un mundo marginal, la prostitución es una actividad con reglas muy estrictas. Se exige que las chicas de una casa de lenocinio de Valencia «tengan que cambiar de nombre y, a ser posible, hablen con acento andaluz» (Blasco Ibáñez 98:27). El prostíbulo tenía que estar siempre cerrado, puertas y ventanas. Era parte de la hipocresía social sobre el asunto: lo que no se veía, no existía. «El Estado, en nombre de la Moral, reducía a las tristes siervas de la salacidad pública a vivir confinadas, sin luz y sin aire, en el espanto oprobioso de las mancebías» (Zamacois 33:383).

El camino hacia la prostitución solía comenzar con una sórdida escena de violación o de embarazo ilegítimo; el típico era el de la criada. Era un episodio más de la situación de extremosa dependencia de la mujer.

Véase también:

ILEGITIMIDAD
MARGINADOS
MUJER TRADICIONAL
SEXO
TRABAJO DE LA MUJER

Relaciones interpersonales

Una sociedad no es sólo un conjunto de instituciones mayúsculas, excelsos personajes y aparatosos sucesos. Es también la red tupidísima de pequeñas relaciones de persona a persona. Estas no eran las mismas que las actuales en ningún terreno. Al llegar a este punto no podemos abandonarnos a la idealización melancólica del pasado. El país de nuestros abuelos era áspero y bronco, aunque sentimental. Antes de rechazarlo o de añorarlo, conviene conocerlo.

Aunque se hable de *edad contemporánea,* el término es poco preciso, pues todas lo son. El mundo de nuestros abuelos es el final de lo que podríamos llamar *cultura de la hidalguía,* es la transición hacia la sociedad igualitaria. El tránsito no se realiza del todo, como suele suceder en la Historia. Restos de esa cultura hidalga los hay por todas partes. Palacio Valdés relata muy bien el asombro de Maximina, una ingenua muchacha vascongada que llega a Madrid y contempla, «con mezcla de sorpresa y vergüenza, aquella balumba de caballeros y señoras que a su lado avanzan, y que la miraban fija y descaradamente al rostro y al vestido, con esa expresión altiva e inquisitorial con que los madrileños suelen mirarse unos a otros en el paseo». La pobre no sabía que «el sentimiento [característico] en Madrid es el odio» (Palacio Valdés 87:94). Más bien sería la altivez hidalga, manifestada a través de ese desplante agresivo que significa mirar fijamente al transeúnte. Faltaban muchos años para terminar el siglo XIX, pero bien avanzado el XX otro autor observa lo mismo: «La gente bajaba con lentitud por la calle de Alcalá, mirándolo todo con la avidez visual privativa de los meridionales» (Bueno 31:175).

El tipo de persona altiva, como queriendo dominar al prójimo con el gesto, aparece descrito muchas veces. Se trata casi siempre de figuras masculinas. Veamos dos ilustraciones: «Eduardo Sariego le escuchaba cortésmente, pero sin interés, con esa bárbara despreocupación que sienten los hombres fuertes, sanos y bien instalados en la vida por los débiles, los enfermos y los trotamundos» (Francés 22:113). Esta *presentación del yo* esconde más debilidad que otra cosa. Ahora bien, lo importante para nuestra catalogación es que contradice el arquetipo del español simpático como el más característico. Antes bien, lo que priva es la figura afectadamente prepotente: «Esos tíos jacarandosos, que ladeados sobre la silla, toman aires de fumarse un gran cigarro al fumarse un cigarrillo» (Gómez de la Serna 17:118). Tal es el predominio de la altivez, que a los toreros se les exige «vergüenza», como característica opuesta y deseable (Palacio Valdés 87:94). En otros idiomas cercanos no se entiende bien la expresión «sinvergüenza» como insulto. Se admira al español cuando es altivo, pero no debe «recrearse en la suerte», para seguir con la jerga taurina. El tipo ideal español podrá cultivar el apasionamiento, mas no la desmesura.

Decíamos antes que esta adusta presentación del yo es una norma masculina. Alcanza también a las mujeres. Véase la escena entre la tía y su joven sobrino. Este último acude a contarle sus penas, algo sobre lo que el español debe abstenerse. «Eugenio hubiese querido romper a llorar, desahogarse llorando en los brazos de su tía Justa y contarle luego sus angustias, sus peligros y pedirle consejo. Pero tía Augusta lo miraba interrogante, fría, hierática como una esfinge. Era su gesto el gesto impasible e impenetrable de las viejas señoras castellanas, que así se sienten más señoras, porque para ellas el señorío es acrimonia y altivez» (López de Haro 16:64). Uno se imagina al ama de Don Quijote como la tía Justa. O Doña Perfecta, de Galdós. Seguramente eran así no pocas de nuestras bisabuelas, con perdón.

La altivez no quiere decir antipatía. El valor de la simpatía se admite también, pero todo de forma calculada, en contra del estereotipo del apasionamiento. Las formas se suavizan porque entra el valor de la compostura. El arte supremo de las relaciones interpersonales de nuestros cercanos antepasados era el de «saber estar sin que se tenga que decir» (Trigo 07:348). De ahí la importancia del atuendo, del físico, hasta llegar a no pocos rasgos neuróticos, que hoy diríamos. Obsérvese esta caracterización en primera persona, como si fuera una confesión psicoanalítica, antes de que llegara el psicoanálisis a España: «Cualquier olor nauseabundo me producía vómitos, y la sensibilidad de mi piel era tan aguda que no resistía el roce de las telas burdas; el mismo algodón me calofriaba...; los guantes han sido para mí tan indispensables como otra prenda cualquiera de vestir..., no suelo quitármelos ni aun para dormir, y más de una vez, en el momento de la suprema caricia sexual, los conservo puestos para mejor alquitarar [destilar] la sensación» (Zamacois 23:185). Esta bellísima anotación corresponde a un neurótico, pero queda la duda de por qué a los españoles de ambos sexos les gustaban tanto los guantes. No sería sólo por el frío.

El elogio de la compostura, el ideal del saber estar, la deseable actitud de calculada distancia, todos esos valores influyen en muchas direcciones. Una de ellas es el extremo cuidado de la apariencia física. No es sólo un asunto de mujeres. La peluquería fue antes de caballeros que de señoras. Una de ellas, en el barrio madrileño de Chamberí, en los años veinte, registraba el hecho de que «cada vez es mayor el número de hombres que se ondulan, se dan masaje facial y se depilan las cejas» (Mata 30:237). El español gusta mucho de cuidar la cabeza, por lo menos por fuera. Por cierto, las modas de la presentación del físico obedecen a veces a razones bien azarosas. Por ejemplo, la irrupción del automóvil, a lo largo de los primeros decenios del siglo actual, propicia la moda varonil de peinarse para atrás (Zamacois 23:444).

Si todo el mundo cuida la manera de presentarse a los demás, el resultado es una sutil relación de desconfianza. He aquí el supremo valor español. Impresiona el suceso de los ganaderos de Guijuelo (Salamanca), que llegaban en tren hasta Barcelona para vender los valiosos jamones de su pueblo. Regresaban con sus buenos dineros, pero escondidos en la faja. Hacían el viaje de vuelta a pie, disfrazados de mendigos, para que no les robasen (Mas 23a:173). La historia es un monumento al modo de vivir desconfiado de nuestros abuelos. Cabe recordar que el capitalismo exige principalísimamente la confianza en los demás. Aquellos salmantinos industriosos tenían iniciativa comercial, pero todavía no habían llegado al capitalismo.

La desconfianza implica la noción previa de que el beneficio de uno equivale a la pérdida del otro. Es una relación primitiva, que se proyecta, por ejemplo, en el sistema de oposiciones a los destinos del Estado. Es la institución más española, junto a la lotería y los toros. En las tres interviene la suerte. «He aquí la organización social de España. La palabra es precisa: oposición. Cada español roe su mendrugo con la *oposición* de todos los demás españoles. El español no concibe el triunfo si no es venciendo al otro. Nadie piensa en mejorar mejorando a los demás. Para mejorar uno ha de empeorar otro. En España hay que hacerle daño al otro.» El peor daño es, claro está, la indiferencia. Aquí viene la comparación dislocada, tan del gusto español. «Si Jesús volviese a bajar y viniese a España, no volvería a ser crucificado. Sencillamente, no le haría caso nadie» (López de Haro 16:191). A no ser que hiciera oposiciones.

Compostura, indiferencia, desprecio, todo ello proporciona a esta raza de figurantes que son los españoles el arte supremo del disimulo. Antes veíamos a los campesinos de Guijuelo que se llegaban hasta Barcelona para vender la apreciada chacina. La costumbre del pueblo era, al subir al tren, no contar a nadie dónde se iba. Incluso, al pedir el billete, se decía al taquillero el nombre del destino en voz baja. Se llegaba incluso a dar el nombre de otra estación cercana, donde «se tomaba un nuevo billete hasta el punto del verdadero destino. Eran la reserva y el disimulo llevados hasta lo grotesco» (Mas 23a:104). Se decía entonces una expresión coloquial, que ahora ha desaparecido: «¡Disimule usted!» Equivalía a «usted perdone» para solicitar algo. Disimular era lo mejor que se podía hacer con el prójimo. Raza de hipócritas.

La estudiada distancia que debía marcar un español de aquel tiempo respecto a su prójimo (para que no fuera tan próximo) se alambicaba en las relaciones entre los sexos. Naturalmente, hay una evolución según los tiempos. En el siglo XIX no era costumbre que un varón estrechara la mano de una mujer, de no mediar una íntima relación o parentesco (Palacio Valdés 16:95). Sería interesante registrar una pequeña historia del pudor, es decir, lo que socialmente se considera correcto sobre la parte del cuerpo femenino que puede verse en público. Un personaje de Trigo, a principios de siglo, caricaturiza las caprichosas normas: «En la calle y en visita, no debe verle nadie a una mujer más que la cara y las manos. En un teatro, ya pueden verle los brazos, el pecho [el escote]. En una playa, las piernas» (Trigo 09a:46). Hay tres oficios que pueden saltarse las normas del pudor: el médico, el zapatero y el sastre (p. 49). Las normas del pudor eran tan estrictas —para ciertas clases sociales, claro está— que una mujer podía alarmarse al ver a su hermano por la casa en mangas de camisa (Mata 18:38). Las mangas de camisa en un hombre de clase bien eran una presentación exclusivamente para la alcoba. Esto era así por lo menos hasta bien entrado el siglo XX. Eso es una fecha indicativa. No se olvide que cada uno vive por dentro en un tiempo cronológico distinto. Todavía a principios de siglo, si una señora cruzaba las piernas, eso era un gesto provocativo, aunque las faldas no dejaran verlas (Mata 20:232). Ya sabemos que todas estas restricciones no eran propiamente de índole moral y mucho menos religiosa. Eran la traducción que se hacía en cada momento de esos otros valores más profundos que estamos desentrañando. Al final explican lo que hay de común (o de disonante) entre la sociedad de nuestros abuelos y la de hoy. Ese es el interés verdadero de estas páginas.

Dos palabras para una forma de interrelación personal característica del momento de nuestras observaciones: la epistolar. Las novelas están llenas de ejemplos de este modo de comunicarse. Era muy común, a pesar de que, dentro de la familia, no había ninguna idea de que los jóvenes tuvieran derecho a la inviolabilidad de la correspondencia. Esa misma intromisión se llevaba a los internados *in loco parentis.* En uno de esos colegios para señoritas, las internas tenían que pedir un pliego cada vez que querían escribir una carta. Como el papel era escaso, se rehusaba la petición de un segundo pliego. No había más remedio que «hacer cruces», es decir, cruzar los renglones, algo que hoy sería inverosímil. Naturalmente las cartas eran revisadas por la superiora. La norma era: «mientras no digan más que tonterías, no serán cursadas» (Aguilar Catena 19:8). Lo de los «pliegos cruzados» era una costumbre muy común (Mora 22:290). Otra explicación era que se tendía a hacer misivas larguísimas. Muchas veces, además, se hacía antes un borrador, aun para las cartas íntimas (González Anaya 21:428). Había tiempo para todo, entre la gente ociosa, claro, que era la que escribía.

Véase también:

AMISTAD
ATUENDO
BELLEZA
ESPAÑOLES
HIGIENE
TUTEO
USOS Y COSTUMBRES

A la playa se iba con respeto y decencia, sin perder la compostura. (Foto: Samot)

Religiosidad popular

Los sociólogos han señalado repetidas veces la función integradora de la religión. Sin tecnicismos, los textos novelados apoyan esa hipótesis. Un personaje de *Azorín* razona con ironía que los españoles constituyen «un pueblo feliz; tienen muchos clérigos, tienen muchos militares, van a misa, creen en el demonio, pagan sus contribuciones, se acuestan a las ocho. ¿Qué más pueden desear?» (Martínez Ruiz 02:161). Es decir, la religión contribuye a una vida sin sobresaltos. Todavía más irónico es el añadido de que «como son católicos y sienten horror al infierno, encuentran doble voluptuosidad en los pecados» (p. 161). Por aquí anda cerca Don Juan Tenorio.

La devoción de la misa era fundamental en la práctica de la religión de aquel tiempo. Se insistía en la misa temprana, que hacía madrugar a todas las clases sociales por igual; era otro factor integrador (Aguilar Catena 29:14). A la misa dominical en un pueblo de la costa cantábrica asisten todos, excepto tres republicanos y un comunista. En la iglesia se separan hombres y mujeres (Díaz-Caneja 25:204).

Las devociones eran rituales, sencillas, seguramente cristianas en su prístino sentido. Por ejemplo, la procesión de la Virgen para pedirle favores tan concretos como librar a los mozos de las quintas (Zamacois 27:379). Era esta tan hermosa como la práctica de «rezar por el alma de mayor obligación» (López de Haro 16:65), es decir, por la que no rezaba.

Las creencias populares no se derivan directamente del Evangelio, sino que se apoyan en tradiciones, igualmente sentidas, pero un tanto apócrifas. Así, la tradición de que Judas era pelirrojo, como efectivamente figura en los pasos de Semana Santa (Miró 26:237). El bautismo se celebraba, a poder ser, el mismo día del nacimiento, dada la tasa tan alta de mortalidad infantil. Para forzar esa práctica, al recién nacido no se le podía besar hasta después de bautizado; hasta entonces era un «hereje pequeño» (Miró 15:69).

A veces las creencias y prácticas eran tan extravagantes que casi nos salimos de la religión para entrar en la superstición. Por ejemplo, la que se refiere a unas «miniaturas del Perpetuo Socorro... se arrugan bien en una bolita y con sorbo de vino se tragan admirablemente» (Espina 29:70). Hay que suponer que el sorbo de agua podía valer igualmente. Muchas casas tenían la imagen del Sagrado Corazón en la puerta; era un talismán contra los incendios (Insúa 07:26).

En el Somontano de Huesca tenemos dos apuntes etnográficos que ilustran muy bien el carácter supersticioso y milagrero de la religiosidad popular. Había una fuente milagrosa así descrita. De los ramos de las zarzas, junto a la fuente, colgaban «multitud de vendas, hilas, trapos y apósitos... como marcas indelebles y repugnantes de las heridas y enfermedades que había curado el agua milagrosa» (López Allué 00:177). Más impresionante aún es la procesión de los «espirituados» o endemoniados en Jaca. «Los pobres enfermos, los *espirituaos,* con los semblantes abotargados y las manos hinchadas... Causaba pavor ver todo aquel grupo miserable debatiéndose, implorando, maldiciendo, con terribles convulsiones unos, con la inmovilidad del agotamiento otros...; andrajosos, medio desnudos... sintetizaban cuanto había de carroña, de cochambre, de miseria y degeneración humana» (De Burgos 23:267-290). La escena entera es una supervivencia medieval, con trazos que recuerdan incluso a la India. Se trata de una práctica hoy desaparecida, como es lógico, pero que nos dice mucho sobre algunos aspectos de la religiosidad primitiva de nuestros abuelos.

Véase también:

ANTICLERICALISMO
JESUITAS
SECULARIZACIÓN

Remedios

Si la medicina de la época de nuestros abuelos era harto limitada, la farmacopea estaba aún más cerca de los curanderos. Tanto es el progreso que se observa desde entonces. Desde luego, la prueba la tenemos en el formidable aumento de la esperanza de vida que ha tenido lugar a lo largo del presente siglo.

Ante la dificultad práctica de asegurar la verdadera etiología de muchos males, el remedio difuso era la inmersión en la naturaleza. A los enfermos de una ciudad congestionada como Madrid, el médico recomienda «la ociosidad y el campo, pero un campo lejano, gallego o andaluz, con una sierra cerca, y para mucho tiempo, para mucho» (Aguilar Catena 21:21). Como se puede comprender, el remedio sólo podía administrarse a las clases pudientes. En el caso de «una dolencia larga, unas fiebres pertinaces y depresivas», el remedio infalible era irse al campo (Espina 26:10). Se suponía que el campo significaba también una buena alimentación.

Veamos este otro caso. El médico visita al amigo enfermo. Le diagnostica «un cólico, una indigestión», quizá por haber cenado langosta «en un mes que no tiene erre» [el verano]. El galeno no le receta nada porque razona que eso no se hace con un amigo. Si acaso, cavila, «que tome alimentos ligeros» (De Acosta 20:184). Eran remedios que no podían hacer mal, y, por tanto, algún bien obrarían.

Para las dolencias específicas se acude a remedios que oscilan entre la superstición y el cientifismo. Por ejemplo, para restañar las heridas son buenas las telarañas (Pérez de Ayala 26a:120).

Puesto que en ciertos casos el mal se debe a la «malignidad de la sangre», la panacea son las sanguijuelas (López Allué 00:194). Las sanguijuelas se utilizan también para las enfermedades mentales, y si no bastan, se recurre a las sangrías. Estas últimas las hace el barbero, y su hijo se provee de sanguijuelas (Pardo Bazán 94:268). Así, todo el negocio quedaba en casa.

Contra la fiebre, a finales del siglo XIX, se empleaba una variada farmacopea: sinapismos [pomadas con mostaza], colonia, éter, bromuros

(Trigo 10b:225). Para preservar a los chicos de los temibles catarros, se daban fricciones de alcohol de romero en la espalda (Díaz-Caneja 27:135). Para el dolor de cabeza, se utilizaba éter (Gómez de la Mata 19:18). Para prevenir el tifus, rociaban las cabezas con el «apestoso ácido fénico» (Pérez de Ayala 23a:241).

Otra forma de volver al poder salutífero de la naturaleza era confiar en los balnearios. Por ejemplo, el balneario de Lanjarón era el indicado contra las dolencias del hígado. A los enfermos (o más bien veraneantes) se les hacía beber nada menos que 24 vasos diarios del agua maravillosa (González Anaya 23:92). Claro que peor era la prueba de obligar al niño enfermizo a beber «agua oxidada con clavos viejos para que le salieran los colores» (Miró 26:22). Había que tener mucha fe en la ciencia para pasar por esas pruebas.

Las enfermedades tenían todavía un tratamiento más inseguro. Para curar las neurastenias «se tomaban glicerofosfatos de cal en las comidas y se hacía gimnasia» (Baroja 04a:135). Otro testimonio para la misma enfermedad, de moda a principios de siglo, eran los «glicerofosfatos y kola» (Francés 08:65). Los ataques epilépticos se paliaban con bromuro; les parecía un avance, ya que «antes se curaban con exorcismos de agua bendita» (Belda 18:15). La morfina se utilizaba resueltamente para «calmar las angustias» (Mas 17:329). Se cuenta que el morfinómano se introduce en la droga para calmar los dolores reumáticos. Luego tiene que internarse en un sanatorio para morfinómanos, que son «gentes de elevada posición social». Se descubre el «síndrome de la desmorfinización aguda», que es la disminución de las dosis. Para atajarla se emplean estos procedimientos: baños, fricciones, «régimen lactovegetariano», menos tabaco, purgantes, diuréticos, tónicos nerviosos y sudoríferos (Mas 21a:*passim*).

La síntesis de la farmacopea de nuestros abuelos era muy simple: que por lo menos no hiciera daño y que calmara al paciente.

Véase también:

DOLOR
ENFERMEDADES
HIGIENE
LOCURA
MUERTE

Ritos sociales

Las sociedades humanas celebran el paso del tiempo de muy variadas formas. Casi siempre se trata de alguna celebración, fiesta, intercambio de regalos. Estos ritos varían muy poco; constituyen el poso de tradición. En el fondo se realizan para cumplir con esa norma de imitar a los antiguos. Ese cumplimiento refuerza los lazos entre las generaciones, incluso los invisibles con los antepasados.

Hay dos elementos comunes a muchos de estos ritos de paso: el ruido (en el mejor de los casos, la música) y la comida, con las consiguientes libaciones. Veamos la fiesta del bautizo: «Un pianillo de manubrio, con timbres, estuvo sonando cuarenta y ocho horas seguidas, mientras los amigos de la casa bebían y bailaban, con cuyo salvaje estrépito los tímpanos del recién nacido se desconcertaron.» No sólo eso, el pobre se quedó sordo (Zamacois 25a:10).

Para la clase acomodada había un rito de paso muy señalado: el día en que los chicos concluían el Bachillerato. Era el tránsito de la niñez a la adultez. Dice el padre al hijo que termina el grado: «¡No lo olvides, hijo mío! ¡Ya eres un hombre! ¡Debes dar por terminada tu niñez!» (Juarros 27:298). Es decir, se escamoteaba la adolescencia.

Un rito triste era la despedida de los «quintos» cuando marchaban para el servicio militar. En una aldea gallega, sus habitantes salían a la carretera cuando se iban los mozos a «servir al Rey». Algunos familiares se ponían de luto. «Las novias les dedicaban plañidos e imprecaciones más desgarradoras que si enviudasen de ellos; todo el vecindario lloraba, gañían lúgubremente» (López de Haro 17:131).

El regreso del mozo de «servir al Rey» en la campiña sevillana es una excelente ocasión para una gran fiesta familiar. Son «veinte meses como veinte siglos» los que se ha pasado en el servicio militar, muy lejos de Sevilla, parte en Marruecos. Preparan un menú especial: sopa de caldereta, potaje de garbanzos, melones, «hasta café, por si viene del *servisio* con gusto *refino*». Se colocan cintas de colores a los animales domésticos (Mas 30:106).

La sociedad de nuestros abuelos era mucho menos propicia a los regalos que la nuestra. Desde luego, los enamorados intercambiaban regalos, pero aun así con mesura. Eran más propios los regalos del día del santo que los del cumpleaños («los días»), aunque a veces ambas celebraciones coincidían en el mismo día. El regalo era más bien del hombre a la mujer (Martínez Sierra 03:93). El típico obsequio para esa ocasión era un ramo de flores (Díaz-Caneja 27:215). Los regalos de «Pascua y Reyes» eran también muy escasos (si los comparamos con los actuales). Sobre todo hay que precisar que ese rito alcanzaba sólo a las clases pudientes (Juarros 27:134). El niño de una familia de agricultores dice «no creer en los Reyes»; servía de consuelo, porque no iba a tener regalos (Fernández Flórez 17:130). En el ambiente de clase media de Bilbao, los Reyes dejan a la niña una botella de jerez y un frasquito con extracto de carne (Aranaz Castellanos 01:324). Nada más práctico para una niña enfermiza. Durante la segunda decena del siglo se celebraba ya el rito de las uvas y el *champagne* durante la última noche del año (Aguilar Catena 19:119). Más concretamente, la costumbre de «tomar las uvas» para despedir el año con las campanadas del reloj de la madrileña Puerta del Sol data de 1909. Al parecer, fue una iniciativa de los agricultores para dar salida a la desmesurada cosecha de uva de ese año (Montoliú 94:42). Hasta los ritos que parecen más inveterados tienen su comienzo.

Véase también:

COMIDA
FIESTAS POPULARES
MATRIMONIO

Secularización

La época de la Restauración se corresponde con un tiempo de intensos cambios religiosos. Por un lado, aparecen las preocupaciones «sociales» de un cierto sector de la clerecía y sobre todo de los católicos laicos. Por otro, las clases obreras y los intelectuales acentúan aún más su separación de la influencia eclesiástica. Las novelas reseñadas recogen sobre todo este último proceso, que podemos comprender, sin mucho entusiasmo, con la etiqueta de *secularización.*

Observación de un viajero inglés en 1883: «España sigue con rapidez los pasos de Francia y, aproximándose a la indiferencia religiosa, caerá pronto en la incredulidad» (narración de S.P. Scott, en Castillo Monsegur 90:211). No fue así del todo. Pero se hizo patente la descristianización del proletariado y también la de las clases ilustradas. Los novelistas pertenecen a estas últimas. Es lógico que sus ficciones sean también en este caso un trasunto de sus preocupaciones personales.

Un personaje de Baroja, médico socialista (seguramente un *alter ego* del autor), razona así: «No es la filosofía atea y materialista la que ataca y roe el catolicismo; de esa no hay en España, ni de la otra tampoco. Es la vida, es el teatro, es el cine, los trajes de las mujeres, las costumbres, el deseo de gozar» (Baroja 36:120). Es decir, no se trataba tanto de un cambio intelectual como propiamente de las costumbres. No se podía seguir sosteniendo la religión tradicional del «valle de lágrimas» con un ritmo de cambio social tan intenso.

A medida que avanza el siglo XX se va registrando una gran erosión de la religiosidad tradicional en los ambientes obreros y menestrales. Una parva ilustración puede ser el pensamiento de una modistilla madrileña de principios de siglo: «¿Quién rezaba al acostarse, rendida, después de diez horas de trabajo y de una cena escasísima?» (Insúa 12:86). La pérdida de la religión en los obreros se manifiesta tempranamente en *La Regenta.* Los clérigos se van retirando de la acción pastoral en los barrios obreros de Oviedo. «Si moría su obrero bueno, creyente, nacían dos, tres, que ya jamás oirían hablar de resignación, de lealtad, de fe y de obediencia.» Eran otras las prédicas que escuchaban: «igualdad, federación, reparto» (Alas 84:19). No se podía comparar el atractivo de uno y otro mensaje para el proletariado doliente. En cambio, la burguesía disfrutaba de una religión individualista, atenta a las cuitas personales. Esta era la religiosidad terapeútica de Ana Ozores, *La Regenta:* «Creía en una atención directa, ostensible y singular de Dios a los actos de su vida, a su destino, a sus dolores y placeres; sin esta creencia no hubiera sabido resistir las contrariedades de una experiencia triste, sosa, descaminada, inútil» (p. 339).

La mujer con una religiosidad más moderna empieza a distinguir entre los dos tipos de curas que son visibles en la Iglesia: «Me gustan los curas humildes, los que se ocupan de sus tantos, de sus rezos y de sus pobres, y aconsejan sin interés; pero estos curas de los ricos, que hacen política doméstica y arreglan bodas a su antojo y en beneficio de la orden, y componen los testamentos, y ejercen la censura de los periódicos, y conquistan las voluntades de cuantos disponen del oro, de la influencia o de la fama, esos no me petan» (González Anaya 29:229). Un periodista conservador reconoce la alianza de la Iglesia con la burguesía: «Simultanear la economía con las divinas abstracciones religiosas es una habilidad bastante corriente en el mundo» (Bueno 35:22) España no iba a ser menos.

La preocupación religiosa late en muchas novelas, aunque sólo sea como rechazo de la religiosidad tradicional. Así, tenemos el tipo del agnóstico, que envidia a los creyentes porque están seguros de ofender a Dios, cosa que para él resulta una imposible contradicción (Martínez Sierra 10:327). No menos paradójica es esta otra observación: la resurrección es «uno de los pocos milagros que no se nos ocurre pedir» (Miró 26:56). La solución del enigma es que, si se consiguiera la resurrección, o sea, la inmortalidad, la religión perdería todo su sentido.

Véase también:

ANTICLERICALISMO
RELIGIOSIDAD POPULAR

Servicios

La sociedad de la Restauración era mayoritariamente agraria, ya lo sabemos, pero también pesaba el heterogéneo estrato de los servicios. No sólo el capítulo de los criados resultaba abultado. Llamaba ya la atención el ejército de empleados que pululaban por las oficinas públicas. Al comenzar el siglo XX había cerca de 25.000 maestros nacionales, más de cuatro mil funcionarios de Correos y Telégrafos, casi tres mil funcionarios de Hacienda (Villacarta 89:206). Con los criterios actuales, se puede concluir que la productividad de aquellos servicios del Estado era francamente baja. Quizá no sea tan legítimo este juicio como el que emiten los contemporáneos. Aquí tendríamos que acudir al magisterio de las novelas madrileñas de Galdós, pero su testimonio serviría más bien para la España anterior a la Restauración. Este régimen imprime un decisivo impulso a la expansión de los cuerpos de funcionarios, pero las remuneraciones eran escasas y el trabajo rutinario. Dejemos que hablen algunos testimonios de las novelas: «¡Las oficinas del Estado! Salas de casino pobretón; ordenanzas para el agua, café a escote, lectura de la prensa, mucho humo, desdén para el público y de vez en cuando poner en limpio el traslado de alguna Real Orden» (Ramírez Ángel 11c:138). Téngase en cuenta que el grueso del trabajo burocrático en aquella época era el de copiar escritos. La buena letra era la virtud primera del funcionario. En realidad, el trabajo primordial de una oficina pública era el de atender recomendaciones y peticiones interesadas. «Todo se hace a instancia de parte», esa era la divisa de la iniciativa funcionarial. (Ramírez Ángel 11c:132-148). El puesto de trabajo se denominaba *destino,* con un sentido de finalidad última, que significaba más descanso que trabajo. Concha Espina retrata muy bien el ambiente de la burocracia madrileña de los años veinte: un personaje «logróse un destinillo en el Instituto Nacional de Previsión, donde se recogía por las mañanas durante unas horas de trabajo muy llevadero» (Espina 29:57).

El trabajo de las oficinas públicas era liviano, pero la paga más todavía. La burguesita de Las Arenas, a finales de siglo, ridiculiza al funcionario forastero, trasladado a Bilbao con un sueldo de 2.500 pesetas (Aranaz

Castellanos 99:13). Era una cantidad más bien baja para lo que ganaban entonces los corredores y empresarios. En Madrid, por las mismas fechas, un joven funcionario modesto tiene que hacer equilibrios para poder casarse: «El oficinista se iba quitando el vicio de fumar; andaba despacio por no gastar mucho el calzado y no salía de noche ni subía al tranvía, para todos los meses entregarle a su novia unos cuantos duros que aumentaran la hucha» (Francés 08:30). No puede ser más tierno el gesto de «andar despacio para no gastar mucho el calzado». El anónimo funcionario podría ser el abuelo o bisabuelo de quien esto estuviere leyendo. El hombre se merece un homenaje póstumo.

No nos imaginemos sólo al funcionario madrileño. También lo era por aquel tiempo el maestro nacional de una escuela rural. Este es el caso de un pueblo de Huesca. La escena presenta al maestro que, en clase, redacta la sentencia de un juicio de faltas, pues también es secretario judicial. «Dobla un pliego de papel de oficio con escrupulosa y nimia exactitud para dejar la margen que taxativamente proviene las leyes procesales.» Los escolares, entre tanto, cantan la tabla de multiplicar y los accidentes geográficos (López Allué 00:25). Todavía los lectores más talludos y de origen rural recordarán que, cuando niños, la escuela era «cantada».

El ambiente de las oficinas privadas no era menos ritualista que el de las públicas. Situémonos en la central de un banco madrileño (¿el Español de Crédito?). Las normas de la casa exigen a los empleados «el cuello planchado, los puños limpios y el terno decente». Si se les olvida la corbata, les hacen volver a casa a ponérsela. No se les permite usar manguitos, con lo que los trajes se destrozan antes de terminar de pagarlos (Mora 22:48). Se suponía entonces que un empleado llevaba todos los días el mismo traje, hasta su consunción.

Las actividades de servicios eran muchas veces lo que hoy diríamos «por cuenta propia». Una misma persona podía cohonestar diversos oficios, como «barbero, sangrador, sacamuelas y fabricante de tintura para el pelo» (Insúa 12:41). El personaje de Pérez de Ayala, Tigre Juan, era también «memorialista, amanuense y sangrador». Se anunciaba así en un cartel: «Escríbense epístolas y misivas para las aldeanas y criadas con novio o deudo en Cuba y Ultramar... Amas de cría a elegir. Las mejores nodrizas. Especialidad en esta industria. Leche garantizada... Tinturas, extractos y atenuaciones del propio cosechero. Consejos sobre el régimen de purgas y sangrías» (Pérez de Ayala 26:13). La verdad es que, si todos esos menesteres cumplía (y algunos más, que no se recogen para no abrumar al lector), su productividad debía de ser muy alta.

Todavía más abigarrado es el repertorio de actividades que concentra un solo profesional que acertó a historiar Pío Baroja en el Madrid de principios de siglo. Era una «agencia de negocios y de colocaciones». Bajo ese genérico rótulo se comprendían nada menos que todos estos servicios: «Se compraban a bajo precio medicamentos, carnes, hules, frutas, mariscos, coronas fúnebres, dentaduras postizas, sombreros de señora; se analizaban esputos y orinas; se buscaban amas de cría garantizadas; se proporcionaban apuntes de asignaturas de Derecho, de Medicina y carreras especiales [ingenieros]; se ofrecían capitales, préstamos, hipotecas; se ponían anuncios monstruosos, sensacionales, emocionantes, y todos estos servicios y muchísimos más se hacían por una tarifa mínima, ridícula de puro exigua» (Baroja 04a:43). La lista de servicios nos puede servir de indicativo para comprender algunas de las necesidades y apetencias de los madrileños al doblar el siglo.

Véase también:

CRIADOS
PROFESIONALES
TRABAJO

El mielero transportaba su rica mercancía hasta la ciudad. (Foto: Alfonso)

Sexo

Si el lector se sorprende de que esta entrada aparezca tan nutrida, es que tiene una falsa noción de lo que era la sociedad de nuestros abuelos. Hasta los años finales del siglo XIX se puede decir que dominaba la moral puritana, o si se quiere hipócrita, que consistía en no hablar de sexo. Las novelas de esta época se someten a la misma norma y son pudibundas hasta la ñoñez. Pero a este ciclo pudoroso sucede otro más largo de franca permisividad, por lo menos en ciertos ambientes burgueses, artísticos, literarios: «En la bisagra de los siglos XIX al XX, no cabe la menor duda de que España se ve invadida por una ola de erotismo..., una inflación de literatura erótica y pornográfica» (Salaün 92:132). Los contemporáneos lo sienten así. Un famoso artículo de Sinesio Delgado se titula precisamente «La ola verde», que al parecer inundaba el teatro llamado de variedades (*ABC,* 1 de enero de 1906).

La palabra *sicalipsis* se inventa en 1901 como parte de la «ola erótica» que por entonces invade a la sociedad española (Salaün 92:137). Es un sarcástico cultismo que quiere significar literalmente «frotación del higo», aunque su etimología es más bien una broma. El éxito de la innovación fue inmediato, pero efímero. El autor más extremado de la narración sicalíptica es Eduardo López Bago, un hombre que tuvo continuos pleitos por sus escritos. No sólo inventa asuntos pornográficos, sino blasfemos. Pero, por encima de todo, consigue la apoteosis del mal gusto. Esta es la razón por la que este autor no ha sido llamado a declarar en los testimonios que han servido para componer este libro.

Al llegar a este punto, es de justicia reconocer que ya ha habido un investigador que ha tratado de presentar lo que era la cuestión sexual a primeros de siglo a través de la novela erótica del momento. Ese autor es Manuel Longares, y su libro, *La novela del corsé* (1979). El texto es realmente un *collage* a partir de las novelas estudiadas. Es de primerísimo interés para el especialista, pero de difícil lectura para el lector sencillamente culto. Por ejemplo, el ahorro de puntos y aparte y el abuso de larguísimas frases hacen que el palimpsesto resulte agotador. Es en sí mismo un trabajo literario. Frente a ese brillante proceder, el lector ya sabe lo que tiene en las manos: un ensayo más suelto, ni tan erudito, ni tan literario. Por otra parte, interesa aquí no sólo el sexo, por muy generosa porción que sea del conjunto de la sociedad.

Decíamos que durante los primeros decenios del siglo XX tiene lugar una inusitada eclosión del erotismo, aunque más literario y artístico que otra cosa. «Embarcarse para Citérea» [la isla de Venus, como se llamaba al Chipre mitológico] era un cultismo para el más vulgar «irse a la cama» (Retana 19:105). Hay una novela de Hoyos y Vicent, *Las playas de Citérea,* que se refiere al ambiente galante de San Sebastián. Se define precisamente la *sociedad galante,* como la parte juvenil de la nueva burguesía: «Las gentes que pasan la vida en perpetuo embarque para Citérea» (Hoyos y Vicent 27:10). La acción de embarcarse quería decir que interesaba más el viaje que la arribada. Los galantes vivían para «timarse», o para «timotearse», como decían los madrileños (Francés 15:35). El descubrimiento de esa liviana capa social fue que no hay amor sin sexo. «El amor no es más que la sexualidad magnificada», define el *alter ego* del novelista en una de las novelas eróticas más doctrinarias, *Una mujer a la medida* (Mata 33:57). El sexo es el «instinto básico», que, como puede verse, era ya una expresión de la época para designar a la lujuria (Juarros 27:149).

Las buenas novelas eróticas o *desgarradas* del momento cumplen una función pedagógica. Critican la general hipocresía de la generación anterior. Hacen ver lo ridículo que resulta la definición de que sólo se reserven dos papeles femeninos en el gran teatro de la sociedad: o «señorita necia» o prostituta (Trigo 09:188). Realmente la evolución social iba ya por delante de esa norma tan estrecha. No hay más que sumergirse por cualquier entrada de este libro.

El esquema argumental de casi todas las novelas eróticas investigadas se centra sobre alguna historia de *seducción.* Interesa más el ascenso que la coronación de la cima, dicho en términos montañeros, tan apropiados para las exploraciones venusianas. Por eso es tan necesaria la palabra, la retórica, la «declaración» en el camino de la seducción. Tanto es así que *seducir* es tanto como *enlabiar.* De ahí que el profesional de la seducción «se parezca al comerciante, pues quien enamora tiene *su público* en la persona que le escucha» (Zamacois 23:252). Cuando se habla de seducción, se entiende casi siempre desde un hombre a una mujer; de ahí que la palabra sea el arma típica para conquistar a las mujeres, no a los varones. El argumento lo defiende con brillantez un ensayo actual (Gil Calvo 91). La seducción al revés, de una mujer a un hombre, es bastante rara, y suele quedarse en los preliminares. Está el caso del intento de seducción del cura por la maestra casquivana (López Pinillos 10:180-190). Más sutil es el clásico episodio de la seducción del cura de *La Regenta* (84), tras el precedente de *Pepita Jiménez* de Valera, diez años antes. De todas formas, la verdadera historia de la seducción debe llevar al arrebato, a la «conflagración» como manifiesta irónicamente una de esas escenas amatorias (Retana 19:257).

El género de las novelas eróticas de principios de siglo supone una compensación de las pasadas censuras. Sin embargo, más que una fresca apertura, supone una ácida crítica contra la represión sexual, heredada, y que oficialmente perdura todavía. Los ensayos de Quintiliano Saldaña, un intelectual regeneracionista, proporcionan la artillería «científica» para esas críticas. El título es un signo de los tiempos: *Siete ensayos de sociología sexual* (1929). Felipe Trigo es, dentro del cuerpo de novelistas, el portaestandarte de la cruzada contra la represión sexual, pero le sigue casi toda la nómina de narradores que publican durante los años veinte. Uno de ellos, Fernández Flórez, sostiene que la sociedad española sería un paraíso para que investigara el doctor Freud, e incluso para que la dirigiera. Estos son sus firmes alegatos: «España sufre colectivamente los trastornos de una larga y antigua serie de represiones sexuales. La obsesión más constante, profunda y generalizada, es la sexual y llena hasta tal punto las almas, que apenas pueden ocuparse de otra idea. La violencia en la pasión, el piropo, los celos, la separación de hombres y mujeres, las duras sanciones que suelen imponerse a las faltas amorosas [todo eso revela el], hambre sexual de muchas generaciones... En los hoteles se exigen certificados matrimoniales para conceder albergue. La clase de Puericultura, en la Escuela del Hogar, casi no cuenta con alumnas porque se desprecia como inmoral esa enseñanza» (Fernández Flórez 24:237).

Un personaje barojiano da una explicación geográfica —como era entonces la moda— de lo que él llama «moralidad sexual fuerte», esto es, la represión. Todo se debe a que «somos pobres y de un país áspero, poco poblado» (Baroja 32:262). Son determinismos que no explican la secuencia sinusoide (nunca mejor dicho) que toma la trayectoria de la permisividad sexual. La ola permisiva de los años veinte es la culminación de un proceso de crítica intelectual o estética, que contrasta con la profunda represión que pesa sobre el común. Habría que decir mejor sobre las mujeres de la clase media tradicional. Todavía se puede narrar el caso —que más parece oriental— de la viuda que prefiere morir a que la vea desnuda el médico. Había jurado a su marido, «en su lecho de muerte, que a mí no me vería desnuda ningún hombre» (Mata 18:420). Aceptemos el sesgo dramático del asunto, pero la idea del pudor enfermizo seguramente era real. Tampoco es muy verosímil (para nuestra perspectiva actual) la escena que se cuenta de la prostituta del pueblo, o mejor, de la maestra que decide llevar una vida promiscua como una especie de rebeldía feminista. «Cuando iba a despojarse de la ropa interior, para no sobresaltar con su desnudez la modestia del Niño Jesús que custodiaba su alcoba, tapábale la cabecita con una chambra o un pañuelo» (López Pinillos 10:60).

Aquella sociedad de principios de siglo, tan contradictoria, mantenía pautas de iniciación sexual bastante asimétricas para varones y mujeres. Los niños varones de la clase media se iniciaban pronto a través de encuentros poco placenteros con prostitutas y criadas (Trigo 31:205). Se suponía, quizá, que esos varones, ya iniciados, podrían entablar luego las relaciones deseables y duraderas con sus respectivas esposas. Muchas veces es la criada quien toma la delantera de iniciar al «señorito», el hijo adolescente de la familia (Fernández Flórez 17:80). Seguramente su propósito era el del ascenso social, pero con riesgo de que el percance de un embarazo supusiera su inminente expulsión.

Con el paso del tiempo, la costumbre de que el «señorito» dejara embarazada a la criada empieza a juzgarse con más severidad. Un personaje de Baroja apoya ese cambio de las creencias sobre el particular (Baroja 32:270). Esa consecuencia de la creciente consideración de igualdad entre los sexos es una de las más fascinantes conquistas interiores de la España del siglo XX.

El sesgo dramático del género narrativo exige las historias de adulterio. De todas formas, son tan corrientes en los argumentos de los textos consultados que por fuerza hay que pensar, una vez más, en la desproporción entre la realidad y la norma de la pudibundez. Las novelas eróticas exageran, sin duda, el aspecto lúbrico de la vida (ese era su propósito), pero al menos nos permiten adivinar que el sexo no era algo tan oculto como imaginaba la moral oficial. Puede que las historias fueran exageradas, como inventadas que eran, pero las novelas se leían por un público asaz numeroso, teniendo en cuenta que abundaban los analfabetos. Una novela libertina, *El crepúsculo de las diosas,* refleja el ambiente de la «vida galante» que caracteriza a las cupletistas de Barcelona. Hay una escena espectacular para la época: la de un coito entre un chico y una chica de doce años, presenciado e instigado por la hermana mayor del chico (Retana 19:148).

Fuera como fuera, el hecho significa que los novelistas ejercían el papel de conciencia crítica de la sociedad. Anótese este sarcástico comentario. Se refiere al comportamiento de la esposa de un conocido banquero. «Pertenecía a esa casta femenina, bastante extendida, que cree contribuir a los éxitos de las empresas en que anda el marido, haciéndole cornudo, lo cual confiere al adulterio una intención moral que atenúa su gravedad» (Bueno 35:282). Claro que nada tan divertido como el suceso tan repetido, que casi merece la etiqueta de institución. Se trata de la amante compartida entre varios hombres. En este caso se aplica a cuatro empresarios catalanes que mantienen a la misma *entretenida.* «Los cuatro iban a verla durante la semana alternativamente en días fijos... Esto en Barcelona es cosa corriente... En Madrid no lo toleraríamos» (Mata 21a:69).

La historia de la amante compartida nos lleva a dar cuenta de lo que podíamos llamar *desvíos sexuales.* Son desviaciones de la norma moral, aunque puedan no serlo tanto de la estadística. Precisamente las novelas son en esto documentos únicos. A través de la invención se pueden transmitir historias, que de otra forma no sería lícito contarlas. Por lo general se asignan a grupos que ya son marginales, como pueden ser artistas o prostitutas. No alarma, sino que tranquiliza, que esas poblaciones asignadas a los márgenes de la sociedad, puedan manifestar conductas extravagantes. Es el caso, por ejemplo, de la cupletista que se acuesta con dos hombres a la vez (Retana 19:252).

La masturbación es una conducta habitual, pero a la vez tan íntima, que sólo cabe esperar que sea aludida en las novelas específicamente eróticas. Aun así, se hace de modo circunloquial y alegórico. Por lo menos se estampa la escena de la masturbación de un chico de nueve años o la masturbación recíproca entre chicos de doce años (Retana 19:137-139). Las imágenes pertenecen a una de las novelas galantes más atractivas, ya citada, *El crepúsculo de las diosas.* Durante mucho tiempo siguieron vigentes las creencias mágicas en torno a las consecuencias psíquicas del onanismo. José Francés (buen conocedor de los ambientes bohemios) tiene también algunas narraciones eróticas, como *La guarida,* claramente inspirada en el naturalismo francés. Presenta los efectos de la masturbación en una modistilla. Su excitación social insatisfecha se manifestaba así: «Perdía las ganas de comer, tardaba largas y crueles horas en dormir, sentía frecuentes mareos, le faltaba la respiración y tuvo que pedir que la quitaran de coser a máquina, porque el movimiento de las piernas la desvanecía dulcemente» (Francés 11:146). Todavía es más clara la alusión a los efectos patológicos de la masturbación en este otro texto. Se refiere a un chico que se masturbaba a menudo; adelgazaba y se ponía pálido, en definitiva, «el camino solitario le llevaba derechito al cementerio» (Insúa 21:36).

Una novela de José Mas sobre el ambiente casquivano del Madrid alegre de los años veinte se refiere a las «muchachitas distinguidas que burlaban a la naturaleza... hasta con el onanismo mutuo» (Mas 31:147). También eran estas nuestras abuelas, estadísticamente hablando. No hay por qué avergonzarse de ello. Las escenas más escabrosas se describen de forma alegórica. Con naturalidad se recrea el novelista en la escena del sexo oral a dos prostitutas («tías»), operación denominada «aterrizaje», la verdad, sin mucho fundamento (Belda 18:100).

Si bien se mira, el sexo presenta combinaciones muy limitadas. El sadismo es otra vieja desviación. Tampoco se hurta a la contemplación de los aficionados a la sicalipsis. El caso es la aburrida secuencia sádica entre marido y mujer, descrita con los más groseros y salaces detalles, que haremos gracia al lector por si pudiera sentirse incómodo con su reproducción (Zamacois 10:26-35). Baste recordarle que nuestras abuelas por lo menos entretenían sus ocios con esas lecturas. Las que aquí se recogen no pertenecen a la literatura pornográfica más vulgar, sino a los novelistas que tenían pleno reconocimiento en la república de las letras. No sólo escribían novelas eróticas, sino que alternaban otros géneros. Las escenas sadomasoquistas se adornan incluso con extravagancias místicas que las hacen todavía más horrendas (Zamacois 23:322).

El incesto puede ser la aberración moral más degradante, puesto que conculca la norma más general. Pero una cosa es el código y otro la conducta. Al menos, en el clima de la Barcelona de principios de siglo, el incesto se presenta como un suceso bastante corriente. «Junto a nuestra casa, en la de al lado, hay un padre que se acuesta con todas sus hijas, y nadie les dice nada» (Francés 16b:128). Es la falta de sanción social lo que demuestra que la sociedad de nuestros abuelos no era tan pacata como podíamos imaginar. Felipe Trigo narra con naturalidad las relaciones incestuosas entre tío y sobrina. El nudo de la novela es una intensa —y en parte reprimida— relación entre un hombre casado y su cuñada (Trigo 01). Hay otras combinaciones como la aventura entre la tía y su sobrino, ambos de la misma edad (Trigo 01b).

Más corrientes son las escenas de violación. Estamos ante el sexo con extrema desigualdad y desagradable violencia, hasta el punto de que se podría decir que el sexo desaparece. Hay una terrible escena de la violación de una niña de diez años por dinero (75 pesetas, el equivalente al salario mensual de un empleado). El hombre le da a la niña una muñeca para que juegue mientras «le hace daño» (Francés 11:74). Aunque se apoye sobre la tradición cervantina, resulta inverosímil la escena de la violación en la que la mujer está dormida: «Sin hablar y sujetándola por las caderas, para mejor servirse el placer, casi sin interrupción, la gozó hasta tres veces» (Zamacois 25a:182).

La cuestión de los *invertidos* casi merecería una entrada aparte, tan corriente son los casos que se manifiestan. La mujer justifica la búsqueda de un amante cuando descubre la condición homosexual del marido (Mata 30:14). Miguel Bueno relata la patética historia de los dos hermanos gemelos, chico y chica, que «nacieron con los sexos cambiados» (Bueno 35:26) El chico se hace diplomático, pero, a la vista de sus inclinaciones, «le invitaron a que abandonase la carrera» (p. 27). El pobre hombre «se administraba fuertes dosis de bromuro y alcanfor, que le dejaban a veces postrado y en un alelamiento intolerable» (p. 27). Por consejo del confesor, «se imponía un régimen de privaciones en la mesa, acompañado de baños fríos» (p. 28). A la chica la envía su madre a Lourdes, «esperando que una inmersión en la piscina, la aplacase» (p. 29). Al final «se dio a la cocaína que la procuraba dilatadas treguas de olvido» (p. 30). «En su clase social nadie sospechaba la anomalía de sus gustos. Pasaba por mujer culta, que no tenía prisa por casarse, aficionada a los viajes y a las bellas artes» (p. 31).

Hay más descripciones de mujeres estrambóticas, refinadas, de sexo ambiguo (Gómez de la Mata 19:28). La relación lesbiana se acepta con cierta normalidad si se mueve en un ambiente cerrado, por ejemplo, el de las cupletistas (Retana 19:237). Por lo menos se acepta si se reduce al minúsculo estrato de la alta sociedad madrileña (Mata 20:239-251; Hoyos y Vicent s.f.:72). Es antológica la página de José Francés que describe «la pareja de las dos mujeres, la que siempre suscitaba sonrisas en ellos y mohínes de desprecio y de asco en ellas...; una morena, seca, consumida por ese fuego interior, con indumentaria masculinizada, ademanes varoniles y retadora fiereza de macho... La otra menudita, rubia, infantilizándose más aún en las ropas, los ademanes, las risitas y la actitud de sumisión temerosa» (Francés 24a:46). Es de manual esta tipificación de los papeles, masculino y femenino, en la pareja lesbiana.

La narración más colorista del ambiente que hoy, finamente, podríamos llamar *gayo,* se contiene en *Hampa y miseria.* Es una novela sobre los bajos fondos de Sevilla a principios de siglo. Contiene una escena colorista de un baile de muchachos afeminados, de dieciséis a dieciocho años, que atrae a «los señoritos que hacen agua por la popa» (Mas 23:105). Dejemos sin trascribir el raro espectáculo que organizan, para la contemplación de un rijoso marqués, por si algún lector ocioso quisiera acercarse por sí mismo a esa lectura. Baste con lo dicho para descubrir que, por este lado especialmente, la sociedad de nuestros abuelos no es la que nos habían contado los sesudos librotes escolares.

Véase también:

ABORTO
AMOR
MUJER MODERNA
NOVIAZGO
PROSTITUCIÓN

Suerte

La suerte es la secularización de la Providencia. Es un resto mágico que conserva una sociedad que sale de su letargo histórico y se hace más móvil y racional. Cumple más funciones. La suerte que se atribuye a los demás sirve de pantalla para no reconocer el mérito ajeno (Mata 30a:64). Desde el lado del triunfador, esa relación se percibe como envidia (p. 63).

La creencia en la suerte se manifiesta de manera más visible en la institución de la lotería. No es sólo un juego de azar, ya que a los españoles les gusta jugar «participaciones» que otros les regalan. Es un gesto de solidaridad, inverosímil en otros juegos de azar. Se justifica con una creencia mágica, una más: la lotería regalada tiene más posibilidades de que toque (Mata 33:111). Hay una decisión crítica regeneracionista contra la lotería y los toros, dos manifestaciones del casticismo. «Con la lotería, eran los toros el cloroformo patrio» (Antón del Olmet 21:240). Al igual que con la polémica taurina, la lotería encuentra también sus defensores. Jugar a los diferentes juegos de azar «presta energía, acostumbra a la conformidad con la desgracia. El jugador tiene la fortaleza de la fatalidad» (Fernández Flórez 17:45). Se entiende la noción de la suerte como el providencialismo secularizado, desprendido de elementos trascendentes. ¿Cómo no iba a ser atractiva una reducción así en España? La suerte no sólo interviene en la lotería o en los juegos de azar, sino en las oposiciones (López de Haro 16:190), la selección de los «quintos» para el servicio militar y su adscripción geográfica. Para Manuel Bueno, asiduo al casino de Biarritz, «se nace jugador, como se viene al mundo con vocación de cura o de soldado» (Bueno 35:122).

El español medio de entonces estaba convencido de que tenía buena suerte. Es el personaje de Baroja que espera heredar una gran fortuna porque «en mi familia han abundado las personas de gran suerte» (Baroja 04:41).

La creencia en la suerte no es más que la renuncia a entender el futuro de modo racional. Equivale a considerar que el destino está escrito en algún sitio. Es natural que esta concepción animara el argumento de muchas novelas. Precisamente el artificio narrativo se apoya sobre el juego de que el lector sabe mejor lo que le va a ocurrir a cada personaje. La novela tiene que ser un género popular allí donde se considere que el destino humano está escrito en alguna parte.

Véase también:

ESPAÑOLES
TALANTE
TOROS

Dos hermanas gitanillas, destocadas y descalzas, mendigas y sonrientes. (Foto: Otto Wunderlich)

Tabaco

La antología del cine en blanco y negro es inseparable de la acción de fumar. Lo mismo se podría decir de la colección de novelas que leían ya nuestros cercanos antepasados. Es el reflejo de un gesto cotidiano de la sociedad que retratan. Pronto desaparecerá esa costumbre centenaria del humo del tabaco; por eso hay que registrar el momento en el que pasa a ser una costumbre generalizada. Realmente la acción de fumar fue durante mucho tiempo privativa de los caballeros. Era un excelente subterfugio para aislarse de las señoras y tener una conversación *entre hombres*.

No es fácil encontrar, en las novelas de la época consideradas, testimonios del carácter dañino del tabaco para la salud. Si acaso, se desaconseja el hábito a los que andan frágiles de salud. Hay un mínimo rechazo del tabaco por lo que tiene de «ociosidad y gandulería» (Ramírez Ángel 11c:127). Sabemos que el tabaco era bastante caro para los niveles de precios de la sociedad que describimos. A finales del siglo pasado el equivalente de un paquete actual de veinte cigarrillos venía a costar 70 céntimos, que era casi el jornal de un trabajador no especializado (Aranaz Castellanos 99:57). Es lógico, por tanto, que el tabaco se comprara para los momentos de asueto, como un regalo. *La Regenta* contiene una estupenda alusión a la función latente que cumplía la acción de fumar: «enturbiar el aire» alrededor de quien fumaba, de tal manera que se formaba una especie de escudo protector (Alas 86:611). La idea se desarrolló mucho después por los sociólogos (De Miguel 69:85). Es uno de esos casos de extraordinaria intuición científica de los novelistas.

No sólo no encontramos un movimiento antitabaquista, sino que son frecuentes los elogios a la acción sedante o estimulante del tabaco. Pérez de Ayala fumaba un «tabaco oscuro, velloso y de sangre, tan energético, sutil y esencial provocador de ideas e imágenes, que, a veces, sustituye con ventaja los beneficios del trato humano, sin sus inconvenientes y molestias» (Pérez de Ayala 21:101). Un argumento paralelo es el del tabaco como estímulo de la agradable conversación: «Esas puntas de cigarro, apiladas en el cenicero, delatan una sabrosa vigilancia interminable, una charla gozosa entre gentes de la misma edad y de la misma efusión» (Ramírez Ángel 24:254). Ramón Gómez de la Serna, impenitente fumador de pipa, sostiene que no se puede resistir la lectura de «una novela de cuatrocientas páginas en la que no se fuma» (Gómez de la Serna 23:21).

El precio del tabaco y su significación como un elemento de posición social llevan a utilizarlo como vehículo de relación entre las clases sociales. «El administrador le alargó su petaca para que liase un cigarrillo, obsequio que el campesino agradece como un niño una golosina» (Bueno 31:259). Desde luego, era más personal ofrecer la petaca de uno que no un cigarrillo hecho. La elaboración industrial de cigarrillos contribuye a establecer sutiles diferencias según la clase social. Se distingue así el «tabaco rubio melado de los estudiantes y de los donjuanes presuntuosos» del tabaco negro. Este último es el «tabaco humilde acre de los pensionistas que no se resignan a ser viejos o de los menestrales que llevan su conquista [amorosa] a nutrirla de bocadillos de jamón y a embriagarla de cerveza oscura» (Francés 24a:17).

El cigarrillo elaborado tarda en introducirse. Está destinado fundamentalmente a un nuevo público: el femenino. Empiezan tardíamente a fumar las mujeres, y sólo las de ciertos grupos marginales o de la clase muy distinguida. Hacia 1900 se comprueba que fuman las presas de la cárcel (Zamacois 33:68). A principios de siglo podemos leer que una mujer de vida dudosa fuma cigarrillos egipcios. Se dice que los fuman también las marquesas. Aun así, a la amante le da vergüenza fumar delante de los criados (Trigo 07:165-241). Una danzarina profesional y muy sofisticada enciende «cigarrillos aromáticos de opio» (Francés 14:259). Una mujer mundana fuma «cigarrillos musulmanes, que, como tienen opio, sirven de calmante» (Pardo Bazán 05:181). La elegante parisiense «sacude su escarcela de piel de ceniza, toda cuajada de capitolinos de rubí claro y diamantes menudos, una petaca y una fosforera de oro verde... los cigarros se los fabricaban en Egipto expresamente (p. 287). El acto de fumar aporta una «impresión de bienestar, de euforia, debida, sin duda, al opio que encierran sus papelitos largamente emboquillados» (p. 337).

En el ambiente de Alcoy, a principios de siglo, la costumbre de fumar la importa una mujer oriunda de Cuba, lo que no parece «decente y digno» al resto de la buena sociedad de *Serosca* (Miró 15:55). No deja de ser curioso que Alcoy fuera a concentrar casi todas las fábricas de papel de fumar del país. El hábito lo manifiesta una bailarina de *varietés* (De Acosta 20:258) y una mujer que se había educado en Inglaterra (Araquistain 21:136). El hecho de que fume una mujer decente, de clase media, sin ninguna característica singular, aparece en *La espuela,* una de las típicas novelas sociales (Arderíus 27:27). Tras estos datos, se comprenderá la enorme impresión que debió de producir el hecho de que fumase la reina Victoria Eugenia, que llegó a España en 1906. Su regio esposo, Alfonso XIII, le sugirió que no lo hiciese en público (Montoliú 94:39). Era otra época.

Véase también:

MUJER MODERNA
USOS Y COSTUMBRES

El vecindario madrileño y los aguadores se aprovisionan en una de las múltiples fuentes. (Foto: Ruiz Vernacci)

Talante

Por *talante* hay que entender el ánimo con que uno se presenta ante los demás y que es socialmente valorado. Como es natural, ese ánimo depende mucho de las circunstancias, pero quedan algunos estereotipos de cómo ha de presentarse uno ante los demás de modo general. Estaríamos cerca de lo que se llama *carácter nacional,* sólo que sin el determinismo que se ha querido darle por la literatura de corte nacionalista. Por ejemplo, la lectura cuidada de las novelas nos lleva a concluir que la *simpatía* es uno de los valores más apreciados. No puede ser de otro modo, si partimos de la observación de la sociedad española como extrovertida. Manuel Bueno rememora esa sociedad de fines del siglo pasado, sobre todo la madrileña y más concretamente el ambiente periodístico. Triple extroversión, se podría decir. Señala que «el ser simpático equivalía a tener un título académico de los que dan para vivir... El mérito predispone a la recompensa menos que la apariencia del mérito, si este va acompañado de formas amables» (Bueno 31:23). Obsérvese que la simpatía es la compensación de los desasistidos. Es simpático el pobre, el artista, el gitano, el que se ocupa de tareas serviciales.

Simpatía es también poner buena cara a la adversidad, confiando en la suerte, el *Dios dirá.* El futuro no es dominable. De ahí una virtud que se presume muy española, cual es la *improvisación.* Baroja, como constante trabajador que era, abomina esa tara española de «estar a lo que salga; siempre esperando» con ánimo fatalista (Baroja 04a:13).

La simpatía más la improvisación, más un cierto aprecio por lo estético, dan lugar al *hedonismo.* Claro es que la búsqueda del placer sólo puede ser un lujo de las clases con posibles, materiales y culturales. Sobre todo estos últimos, porque «el placer estriba en el deseo y, aún más que en el deseo, en el deseo del deseo» (Mata 24:67). Esta doctrina tenía que parecer disonante en una sociedad levítica, es decir, dominada por las orientaciones de la clerecía. Dice un personaje de *La enferma,* la primera novela de Zamacois: «Lo que tienda a fortalecer nuestra felicidad es bueno y santo...; el verdadero placer reside más en el deseo que en el goce» (Zamacois 96:185). Es evidente el carácter elitista que podían tener estas expresiones hedonistas. El mismo autor anota una curiosa observación: que «las gentes humildes, para significar el carácter risueño de una persona, decían que *no tenía sentimientos.* Era la expresión breve de un pueblo tan acostumbrado a la desgracia, que considera sinónimos los verbos *sentir* y *sufrir,* como si la alegría que incendia los ojos y llena los labios de risa, no fuese también un sentimiento» (Zamacois 13:362). En efecto, un español llora, pero no ríe, con sentimiento. Es más, era una superstición española de la época comentada que, si se reía uno mucho, podía sobrevenir alguna desgracia.

Zamacois, Mata y Trigo forman lo que podíamos llamar tendencia *vitalista,* que podría agrupar a las escuelas de la novela *desgarrada* y de la *galante.* La palabra *Vida* la escriben a veces con mayúscula. Viene a ser una afirmación panteísta, hedonista, que por fuerza tenía que chocar contra las doctrinas oficiales. Téngase en cuenta que los tres novelistas fueron muy prolíficos y fueron popularísimos en su tiempo; sus novelas alcanzaban tiradas que aún hoy serían excepcionales. Curiosamente los tres estaban familiarizados con el mundo de la Medicina. Zamacois estudió medicina. Trigo ejerció como médico y Mata fue hijo de un eminente galeno del mismo nombre. El credo vitalista se puede resumir con estas palabras: «Es mejor gozar de la vida que comprenderla» (Mata 18:226).

El vitalismo no quiere decir extralimitación. Antes bien, la cualidad que exige la burguesía es el autodominio. Hemos hablado del pudor, pero también de la extroversión. Parecen cualidades contradictorias, desde el momento en que las dos son deseables, sobre todo para las mujeres. Se impone el difícil equilibrio entre los dos extremos, el pudor y la coquetería. Hay una escena en *La Regenta* realmente antológica. Narra la conversación entre Ana Ozores y su tía Anuncia. Esta le recuerda «tú eres de la clase», sin más, o sea, la clase acomodada. Una mujer joven de esa condición debe practicar «un ten con ten especial», cuando se relacione con los hombres. Los miembros de «la clase» se tratan entre sí como si fueran parientes, al decir de la tía de la Regenta. Y añade, lo que debe observar una damita joven: «Ni porque [los hombres] se te acerquen mucho para hablarte; ni porque hagan alusiones picarescas, y siempre llenas de gracia, a la hermosura de tus hombros, a lo torneado de lo poco, poquísimo de pantorrilla que te hayan visto al bajarte del coche; por nada de eso, ni aun por algo más, con tal que no sea mucho, debes asustarte, ni escandalizarte, ni darte por ofendida» (Alas 86:93).

Esto es un consejo del siglo XIX, pero todo un programa para el primer tercio del siglo XX.

Véase también:

ESPAÑOLES
SUERTE
TUTEO
USOS Y COSTUMBRES

A los niños del reformatorio, rapados y con uniforme de dril, se les enseñaba un oficio. (Foto: Archivo Espasa Calpe)

Tertulia

Durante mucho tiempo, antes de que se generalizara la radio, el cine o la televisión, el medio de comunicación oral realmente masivo fue la tertulia. La conversación amable y distendida entre varias personas era el verdadero pasatiempo nacional. Afectaba a todas las clases sociales y ambientes. A un observador extranjero le hubiera extrañado el hecho de que, en esas reuniones, el uso era el de que hablaran varias personas a la vez, «costumbre nacional de la que no se eximen sino las personas tímidas o muy bien educadas» (Bueno 31:102). Hace falta tener un oído muy ejercitado para poder distinguir las varias voces que se mezclaban en esas conversaciones múltiples.

La tertulia más común era la doméstica. En un pueblo de Sierra Morena, la costumbre era la de «tener [abiertas] de par en par las casas todo el día». Era la manera de que se formaran las tertulias a diversas horas, con distintos públicos. La más intensa era la que se prolongaba por la noche hasta las doce. Los hombres nunca se quitaban los sombreros, aunque hiciera calor; todos ellos fumaban (Trigo 12:28). La tertulia doméstica después de la cena era la más repetida. No agrupaba sólo a los miembros de la familia, sino que participaban algunos vecinos (López de Haro 16:215). Los asistentes se llamaban contertulios o tertulianos o incluso tertuliantes (Pérez de Ayala 21:123). En las clases altas la tertulia se organizaba con más ringorrango. «La marquesa recibía a sus amigos los jueves por la noche. Estas tertulias semanales, que para los más íntimos iban precedidas de una cena, las más de las veces remataba en un baile y eran de todos modos sumamente agradables.» Uno de los asiduos era el confesor de la marquesa (Toral 18:103). Cuando empezaba la Cuaresma, se suprimía el baile, pero se seguía con la costumbre de «despellejar lindamente al prójimo» (p. 209).

En las ciudades, a las tertulias domésticas se agregaban las que, de modo más regular, se celebraban en algunas tiendas. La tarde es «la hora en que se forman en *Marineda* [La Coruña] los corrillos, los grupos de esquina, las tertulias de las tiendas, los *peñascos* de las sociedades, los areópagos de banco de paseo, con otras manifestaciones de la sociabilidad humana» (Pardo Bazán 91:143). En una capital de provincia de segundo orden, se monta una tertulia todas las noches en una cerería. Asisten, entre otros, un clérigo, un fiscal y un catedrático de instituto. Hay, además, otra tertulia fija en una farmacia que congrega a un pintor, un archivero, un médico y un escultor (Insúa 21a:85). Todas las tardes, en Jaca, se celebra una tertulia en la trastienda de una cerería próxima a la catedral. Se reúnen los tertulianos en torno a un *chubesqui* [estufa]. Participan un militar retirado, un canónigo, un comerciante acomodado, un pintor, el médico y su mujer. A las cinco de la tarde toman una jícara de chocolate con canela, a veces unas galletas o un *piñonate* y una copita de vino del país (De Burgos 23:100-107).

En Madrid las tertulias características eran las de los cafés. Se juntaban los ociosos y los escritores más bien ágrafos. «Se decían católicos, anarquistas y aristocráticos al mismo tiempo.» Algunos contertulios eran «hombres de aspecto bestial y groseros modales, a quienes tuteaban... toreros fracasados, antiguos guardias civiles, mozos de tranvía, que vestían como señoritos y se mostraban contentos de su vida de holganza» (Blasco Ibáñez 05a:65). Había incluso alguna tertulia de «invertidos», que se reservaba un turno especial en un café madrileño. La presidía «un hombre bonachón, acaponado... Le acompañaban donceles andróginos, efebos de talles adamados, *mignones* nalgudos que se pompeaban al andar y chulillos de pupilas fuliginosas, que alquilando su virilidad, explotaban la perversión de aquellos cazoleros» (López Pinillos 16:63).

Tertulias muy características en las ciudades medias eran las de los casinos. Suplían los inconvenientes de las viviendas pequeñas y hacinadas para poder reunir a un gran número de contertulios (Pardo Bazán 94:44). Tenemos una espléndida crónica de las actividades del Casino de *Alcoria* [Almería] a principios de siglo. «Se agrupaban cuantos elementos de alguna valía por su nacimiento, por su saber o por su fortuna, encerraba el perímetro de la hospitalaria ciudad.» Era el centro de toda suerte de noticias y chismes. Se formaban tres núcleos por separado según la edad y la posición social. Estaba el *Senado,* la única estancia con chimenea, para mayores de cincuenta años, ricos, influyentes, autoridades. Se hacían homenajes y se preparaban las elecciones. Luego había el *Mentidero,* que reunía a las personas de mediana edad y de clase media. Y por último, la *Chichonera,* la reunión de «jóvenes bien», solteros y con ganas de bromas (De Acosta 20:56-64).

Una tertulia muy especial era la de las *fuerzas vivas* de diversas localidades. Las convocaban los caciques, y los asistentes les informan de los conflictos más notorios (Miró 21:228; Camba 26:68).

Los temas de conversación de las tertulias eran siempre los mismos. Especialmente las de los pueblos eran monótonas; se contaban una y otra vez las mismas historias (Zamacois 14:27). Las tertulias urbanas de funcionarios planteaban cuestiones de religión, literatura y de mujeres (Francés 08:28). El secreto estaba en que cada uno hablaba de lo que no sabía; todos discutían de literatura y de política (Mata 21a:19). En los cafés las consumiciones eran escasas: muchos tertulianos no pasaban del agua o de la gaseosa «de bolita» (Ramírez Ángel 25b:161).

El verdadero atractivo era la murmuración, el tijereteo, el navajeo, difundir chismes, malsinar (De Acosta 20a:33). Era la expresión suprema de aquella España extrovertida, oral, ociosa (para ciertas clases) y simpática.

Véase también:

AMISTAD
CAFÉS
OCIOS
USOS Y COSTUMBRES

Tiempo

Es una época, la de entreguerras, en la que los científicos cuestionan las ideas tradicionales y de sentido común sobre el tiempo. No es de extrañar que las novelas de ese momento reflejen la angustia de pensar el tiempo de otra manera. Es un fenómeno coetáneo de la pintura cubista o abstracta, que descoyunta la armonía tradicional del tiempo y el espacio.

La novela más intelectual de Ramón Pérez de Ayala, *Belarmino y Apolonio,* contiene un interesante razonamiento, que podría haber suscrito el mismísimo Einstein: «La consideración del tiempo por venir mete miedo; y, sin embargo, el tiempo no ocupa lugar; pero no nos damos cuenta de que no existe hasta que ha pasado... El niño es el que tiene muchos años y el viejo el que tiene pocos años..., porque el tiempo pasado ya no existe» (Pérez de Ayala 21:243). No es casual la asociación. Precisamente el mismo año en que se publica la novela citada, Albert Einstein recibe el Premio Nobel. José Ortega y Gasset (amigo de Pérez de Ayala) invita a Einstein a dar una sonada conferencia en Madrid sobre la teoría de la relatividad. A través del filósofo español, la Universidad Central hace doctor *honoris causa* al físico alemán. Fue todo un acontecimiento. (Me señala Andrés Amorós el afortunado final de esa coincidencia. Cuando Einstein se tiene que exiliar de Alemania, es acogido en la Embajada Española de Londres. El embajador es precisamente Pérez de Ayala.)

Por las mismas fechas de la conferencia de Einstein, y de manera festiva, Ramón Gómez de la Serna trata la consideración relativa del tiempo. Viene a decir que la sensación que se tiene del tiempo no es la misma si se mira la hora en un reloj de pared o en un reloj de bolsillo. El primero es más pausado y solemne, frente a la ligereza del tiempo cotidiano que transmite el reloj de bolsillo. Hay que transcribir literalmente la frase para gozar de la elegancia estilística. Se usan las palabras con «a» o con «o» para el tiempo del reloj de pared y los vocablos con «i» para el tiempo del reloj de bolsillo. Véase qué maravilla: «El reloj hondo, en el que sonaba un eco y una repercusión de atáud, parecía rendido, irse a caer, completamente exhausto..., emulado por el reloj juvenil, chiquitín, de níquel, optimista y jovial» (Gómez de la Serna 23:8). Reléase otra vez en voz alta.

Fuera de estas consideraciones filosóficas, nuestros abuelos (o bisabuelos, según sea la fecha de nacimiento del lector) percibían su tiempo cotidiano de una manera distinta a la nuestra. No es sólo, ni fundamentalmente, que entonces se viviera con menos prisas que ahora. Después de todo, ellos se comparaban con sus respectivos abuelos y es lógico que entendieran que su mundo también iba apresurado. Nuestros abuelos se sentían parte de los movimientos astronómicos. Sentían, por ejemplo, el ritmo de las estaciones o incluso el de las horas del día. Así, eran sensibles a la *sobretarde,* la hora misteriosa del crepúsculo, con la especial melancolía que proporciona (Zamacois 23:75; Zamacois 13a:20). Quizá haya que haber vivido en un campo sin árboles para poder gozar de esa sensación, y temerla.

El ritmo cotidiano era, para nuestros abuelos de clase media, asombrosamente pausado. Véase cómo disponía de su tiempo un señorito de los años veinte: «Levantarse tarde, vestirse con todo el esmero posible, comprar un periódico, con preferencia de estampas; entrar en la tienda del limpiabotas, porque el español se preocupa más de sus extremidades inferiores que de lo que tiene sobre los hombros; luego, provistos de tabaco en abundancia, encaminarnos a nuestro quehacer, sin prisa; naturalmente, hay más días que longanizas» (Bueno 31:59).

En menos de medio siglo, con la generalización del tren, la duración de los viajes se acorta prodigiosamente, como nunca se había conseguido antes en la Historia. Una comparación. Una novela autobiográfica de Pereda cuenta cómo, antes de la llegada del tren, un viaje en galera de Santander a Madrid podía tardar diez o doce días. Medio siglo después, un personaje de Zamacois revela, asombrado, la duración de un viaje por tren de La Coruña a Madrid: treinta y seis horas (Zamacois 24:122). A principios de este siglo sólo se tardaban siete horas para ir en tren de Madrid a Zaragoza (Aguilar Catena 19:140). Ya sabemos que los primeros pasajeros de los automóviles se mareaban con los viajes en aquellos ruidosos cacharros. Lo mismo había sucedido con el tren a la generación anterior. Realmente, el ferrocarril rompió una tradición milenaria. Hasta la irrupción del tren, el hombre no pudo superar la velocidad del caballo. El placer de la velocidad es el único que ha añadido la sociedad contemporánea al repertorio hedonista de sus antepasados.

Desde la experiencia actual de un tiempo tan compartimentado, desmenuzado, envidiamos el ritmo plácido de algunos de nuestros cercanos ascendientes. Precisamente en otra novela de Zamacois se describe el largo veraneo de los burgueses madrileños, que holgaban de mayo a octubre, sin ninguna afectación (Zamacois 30:40). Naturalmente, era sólo una minúscula representación de la sociedad la que disfrutaba de este privilegio. El tiempo elástico se manifestaba de otra forma: la aceptación de la norma de la impuntualidad. «En Madrid, cuando se avisa para las cinco, ni un alma antes de las cinco y media» (Pardo Bazán 05:90). Esta observación recuerda la costumbre, todavía vigente, de las oposiciones a cátedra. El tribunal convoca los sucesivos ejercicios de esta forma: «a las cinco para las cinco y media».

La impuntualidad se acepta porque hay una noción previa de que el tiempo no es escaso y por tanto no es valioso por sí mismo. Este es el punto de vista de los que mandan. En *Jarrapellejos,* el descarnado relato de Felipe Trigo, se describe una reunión de las fuerzas vivas del pueblo. Están citados para una hora precisa, pero se van incorporando de forma intermitente hasta con una hora de retraso, plazo que los usos sociales consideraban como una cortesía (Trigo 14:40). La impuntualidad no era más que una necesaria consecuencia de la norma de la contención, del autodominio. Es fácil tener trenes; lo difícil y moderno era que estos llegaran puntuales. Iba a costar un siglo.

Para el habitante de las ciudades, el tiempo se halla infinitamente compartimentado por el calendario y el reloj. Para el campesino, las unidades cronológicas son más difusas. Hablaba así un campesino de Jaén a principios de siglo: «Para mí los días se clasifican en tareas. Antes eran: días de esquila, días de pastoreo, días de aprisco o de mercado. Y ahora: días de simienza, días de escarda, día de siega y de otoñado y de aceituna. Y, dentro de cada labor, eran iguales todos los días» (Aguilar Catena 24:15). Para la gente del campo, los años solían tener un nombre, el de la seca, el del terremoto, el de la guerra, etc. Asombra la gran cantidad de personas que, en los censos de población de la época comentada, ignoran la fecha del nacimiento. Otras muchas la redondean de acuerdo con un número de años múltiplo de diez o de cinco. No era sólo una cuestión de ignorancia, sino más bien de indiferencia o de incomodidad por la operación de tasar el tiempo.

Véase también:

HORARIO
OCIOS
RITOS SOCIALES

Toros

Se podría decir, mejor *toreros,* pero la institución es la de la fiesta de los *toros.* El complicado mundo del toreo es el arquetipo de lo español y más propiamente de lo andaluz. Lo es por su lenguaje florido e hiperbólico, por la contención de las emociones (lo contrario del tópico del apasionamiento), por el tono de guasa, tan difícil de traducir (Pérez Lugín 24).

Los toros son, ante todo, un gran espectáculo y una forma especial de expresar el impulso comunicativo de los españoles. Asombra «el afán comunicativo que mueve en los toros al espectador a hablar con los vecinos, aunque no los conozca; a comentar consigo mismo en voz alta los incidentes de la lidia, y a dar, desde la seguridad de su asiento, y en voz natural, sabios consejos a los toreros lejanos» (Pérez Lugín 24:157).

Una tradición comunicativa muy especial de los toros es la del público con el presidente de la corrida, que suele ser una autoridad real (el gobernador, el comisario de policía). Hay aquí una curiosa permisividad, puesto que en los toros «nunca jamás se insulta al presidente. Aquella era una inmunidad mayor que la parlamentaria» (Gómez de la Serna 26:15). Y, efectivamente, así ha sido a través de los diferentes regímenes políticos. Ese aparente igualitarismo no debe hacer olvidar que los toros constituyen un mundo jerarquizado. No hay más que ver el tipo del aficionado rico, que insulta al presidente de la corrida y se hace anteponer a sí mismo el «don». En cambio, a los toreros los llama «chicos» y con los nombres a secas, sin ningún tratamiento (Hoyos y Vinent 14c:237).

Los toros constituyen la fiesta popular más característica. Veamos la crónica de la «plaza nueva» (que ya no existe) de San Sebastián. «Es más cosmopolita, más elegante, más indiferente; uno de tantos espectáculos donde matar el tiempo, nota de color que intercalar en la monotonía de las excursiones en automóvil, de los concursos de *tennis* o de tiro de pichón, de las regatas de balandros y, sobre todo, de los conciertos clásicos y de los terribles *caballitos* [un juego de azar]. El público es una reunión de gentes que buscan ocasiones de exhibirse, gentes que pasan la vida en un perpetuo embarque con rumbo a Citérea» (Hoyos y Vinent 14b:154). Era, pues, la plaza mundana, de la *high life,* como se decía entonces (*gilí,* pronunciado castizamente). Muy diferente era, por cierto, la *cátedra* de la Maestranza de Sevilla.

El espectáculo no es sólo lo que ocurre ritualmente dentro del coso. Es también espectáculo popular la salida del público, concluida la corrida, sobre todo en los días de fiesta. «Los burgueses pacíficos, las criadas en libertad y los horteras endomingados se detenían al borde de las aceras» en la calle de Alcalá para ver salir a los espectadores de los toros y eventualmente a las cuadrillas (Gómez de la Mata 19:154).

La fiesta continúa a través de las interminables y exaltadas polémicas entre los partidarios de uno u otro torero. «España era un vasto manicomio tocado de la manía de defender cada uno al torero de sus preferencias» (Pérez Lugín 24:398). Para estas polémicas era fundamental saber *de dónde* era el torero. Por ejemplo, se establece una curiosa discusión entre los espectadores de una corrida para atribuir con precisión el lugar de procedencia de un valiente espontáneo («capitalista») que había saltado al ruedo en la Maestranza. Se discutía incluso sobre la posible procedencia de uno u otro barrio de Sevilla (Pérez Lugín 24:18). Esta necesidad de asignar la procedencia geográfica de los diestros no es más que la quintaesencia de un uso general por el que el signo definitorio de un español es el lugar donde ha nacido.

La polémica taurina lleva a organizar tertulias y peñas específicas sobre esta afición, normalmente centradas en torno a un torero famoso (Pérez Lugín 24:158).

Es esencial, al atractivo que genera la fiesta, el hecho de que los toreros triunfadores provengan de una clase humilde. El torero viene de abajo porque sólo así se puede superar el miedo. Dice uno de ellos: «No sabía lo que era la vida y la muerte, y en cambio sabía lo que era el hambre y el frío» (Hoyos y Vinent 14a:23). El hecho de que a un hijo le diera por hacerse torero se consideraba como «una redención» para la familia de jornaleros. Todos los ahorros se destinaban a equipar al mozo (Hoyos y Vinent 14c:226). Las cualidades que se admiran en un torero triunfador son las de un burgués puritano: «Hombre metódico, formal y cultista..., cuidaba con una celosa administración los caudales ganados con tan expuesto trabajo» (Pérez Lugín 24:45). Ese torero sevillano que triunfa, *Currito de la Cruz,* un hospiciano de origen, cambia radicalmente su estilo de vida. Deja de asistir a las «chabacanas reuniones taurinas», se codea con señores y aristócratas y, como remate, se inscribe «en la cofradía señorial de Nuestro Padre Jesús del Gran Poder» (p. 48). Claro que en el mundo de los toros, el de los corrillos literarios, no se perdona el triunfo espectacular. Los mismos que aplauden al torero de fama, no paran hasta derribarlo (p. 5). Así es como los toros acaban siendo una verdadera representación de España.

Aunque la verdadera fiesta es la reglada, las novelas se refieren también a los espectáculos populares con toros, sin demasiadas reglas. Es ahí donde aparece la crueldad desagradable. Un antitaurino tan convencido como Baroja no deja de apuntar ese brutal espectáculo: «Los mozos, señoritas y patanes, se ponían en las vallas y al pasar el toro junto a ellos le hundían pinchos, le pegaban en el hocico, le saltaban un ojo si podían, y al último, cuando echaban un toro ya viejo o una vaca, después de torearla, se echaban todos sobre ella, la sujetaban y la iban dando navajazos hasta convertirla en una piltrafa» (Baroja 02:129). Lo que no dice el irritado vasco es que después se comían la vaquilla. Era el símbolo final de la España negra y hambrienta. Como lo fue que una Real Orden de 1908 prohibiera todo tipo de capeas, vaquillas y toros ensogados. Papel mojado.

Véase también:

FIESTAS POPULARES
OCIO
SUERTE

Trabajo

Para la sociedad de nuestros abuelos, el trabajo lo era efectivamente, en el sentido de esfuerzo físico, de *traba,* que impedía otras amenidades de la vida. La gran distinción era entre las clases laboriosas y las ociosas. Las primeras componían el grueso invisible, casi anónimo, de la estructura social. El sesgo de las novelas es que los protagonistas suelen pertenecer a la minoría de las clases ociosas. No obstante, antes incluso de que aparezca la *novela social,* hay interesantes intentos de describir el ambiente de las clases trabajadoras.

Era muy temprana la introducción en el mundo laboral; se hacía, además, de una manera brusca y con escasa remuneración. Los niños y aprendices entraban a trabajar *por la comida* y poco más. Está el caso de un chico que se queda huérfano de madre a los diez años y de padre a los dieciséis. Era una circunstancia bastante corriente por la época que nos ocupa. El chico consigue el favor de que le metan interno en una tienda de comestibles (Aguilar Catena 21:142). Hay otros casos en los que el niño empieza a trabajar en una tienda de ultramarinos, con un horario exhaustivo desde el amanecer hasta la noche, sólo por la comida (Baroja 04:148; Ramírez Ángel 16:12). El trabajo infantil podía reproducir el mundo de Dickens, como los niños a cargo de la limpieza de las chimeneas de los bancos (Mas 23:69). Más degradante es el trabajo de una niña de catorce años que trabaja de cupletista, ligera de ropa («sintética», se decía entonces) (Retana 19:69).

El trabajo propiamente dicho era el físico. Tenemos, por ejemplo, el de los pescadores de Almería. Recorrían todos los días diez kilómetros para llevar el pescado a la ciudad, «cargados con un capacho, sujeto por tirantes que pasaban bajo las axilas, sobre el cual descansa la banasta completa de peces..., y en las manos dos gruesas piedras que les sirven de contrapeso ¡Pobres parias en oficios de bestias de carga!» (De Acosta 20a:129).

Era igualmente escandalosa «la miseria de los peones de las minas [de Bilbao, a principios de siglo], que les hacía huir de las fuentes de la montaña, porque sus aguas [limpias] abren el apetito y facilitan la digestión.

Preferían el líquido rojo e impuro de los lavaderos [de mineral] porque, ensuciando su estómago, hacía menos frecuente el hambre» (Blasco Ibáñez 04:57). La situación podía ser perfectamente la de una explotación colonial lejos de Europa: barracones para los mineros, jornadas agotadoras, obligación de avituallarse en las tiendas de la compañía. Como lo era, todavía más, el ambiente de las minas de Riotinto, documentado magistralmente por Concha Espina. Los mineros trabajaban «jornadas de quince a dieciocho horas, obligados a tan ruda faena por la escasez de personal, contra la prohibición de la ley» (Espina 20:99). El salario de 3,50 pesetas diarias, para jornadas de doce horas junto a un convertidor Bessemer, superaban la media de los jornales agrícolas, pero el esfuerzo era sobrehumano (p. 129). Como el trabajo manual era tan agotador, no hay que extrañarse de que dominara la idea de que el trabajo era una maldición divina (Unamuno 97:225). El jornalero pensaba que había que esforzarse lo menos posible: «lo que se deja de hacer es lo que se saca de la vida» (Trigo 14:57).

Un efecto inesperado de las elevadísimas tasas de inflación durante la guerra europea fue que se llegó a «la demostración de la superioridad del trabajo personal sobre el dinero acumulado» (Mata 26:266). Es decir, por primera vez los trabajadores, y más aún los comerciantes y empresarios, salían más favorecidos que los rentistas. Este nuevo hecho crea una esperanzada sensación de igualdad, que paradójicamente conduce de momento a intensos conflictos sociales. A un plazo más largo se estaba incubando una inédita valoración positiva del trabajo. Esta se refuerza, además, con el contraste de los emigrantes que empiezan a regresar. Se dan cuenta de que la clave del atraso de España estaba en el escaso aprecio por el trabajo (Bueno 35:38). La ilustración mínima de la nueva mentalidad hacia el trabajo la tenemos en el caso del empleado que ayuda en casa a su mujer a hacer encargos de coser a máquina. La familia tenía que alimentar a doce hijos (Juarros 27:38). Este es el anónimo protagonista de la Historia.

Véase también:

DINERO
HORARIO
MOVILIDAD SOCIAL
PROFESIONALES
SERVICIOS
TRABAJO DE LA MUJER

Trabajo de la mujer

Este es un caso ilustrativo para comprender la oposición entre la España oficial y la real. El sentido que ahora tiene está entre lo que oficialmente decían las estadísticas y la realidad que atestiguan las novelas. Es otra manifestación de la hipocresía general. No deja de ser paradoja que la realidad la refleje mejor la ficción, pero así es. Según las novelas consultadas, las mujeres de las clases humildes trabajaban normalmente fuera de casa en los más variados menesteres, algunos muy duros. Según las estadísticas era muy rara la participación femenina en el trabajo extradoméstico. Esa disonancia entre lo oficial y lo real obedece a que la norma tradicional, de clase media, era el estricto reparto de papeles: los hombres salían a trabajar y las mujeres se quedaban en casa. Por ejemplo, el marido tradicional le dice a la mujer, universitaria: «No quisiera que trabajaras; esa idea me humilla» (Espina 29:250). A veces, la mujer *no tiene más remedio* que trabajar, pero los usos sociales desaconsejan todo lo posible esa decisión. Una mujer, de una familia aristocrática venida a menos, encuentra un trabajo de dependienta en la tienda de un hotel. Sabe que esa decisión le rebaja «la posibilidad de un buen matrimonio» (Espina 26:226).

El hecho de que las mujeres se quedaran en casa no quería decir siempre que estuvieran ociosas. Esto no podía ser así en la economía rural, donde el hogar era muchas veces una unidad productiva. Véase el ritmo de obligaciones de una viuda en un pueblo vascongado: «La Juana-Mari trajina sin descanso. Dormía tres o cuatro horas, arreglaba la casa, vestía a los pequeños, hacía la comida, cogía leña en el monte, barría, cuidaba el cerdo, daba de comer a los patos y a las gallinas, lavaba, trabajaba en la huerta» (Baroja 31:24).

El trabajo femenino se intensifica en las provincias norteñas, donde se junta la economía agraria por cuenta propia con la ausencia de hombres por la emigración. En Galicia, por ejemplo, ante esa ausencia, las mujeres tenían que realizar las faenas usuales del campo más las de la casa (Pérez Lugín 28:60). Aunque las mujeres gallegas procedieran de «casas de verdadera hartura», no se abstenían de labrar o de mariscar

(Camba 23:8). La escena se repite en un pueblo de Santander; este es el ritmo laboral de una mujer: «Subía al monte a buscar gárabas [brezo] y turba, fue a la aceña con la macona [cesta grande] de maíz, bajó al río como lavandera asalariada y laboró en los campos y en las mieses para conseguir un jornal...; anduvo por los caminos del valle al trote bestial de las sardineras» (Espina 20:16). Impresiona todavía más el cuadro de las obreras en una fábrica minero-metalúrgica de Santander. Las obreras tenían que quitar la ganga a los pedruscos de mineral a martillazos (Espina 20:29).

Las descripciones de Blasco Ibáñez sobre la vida de los pescadores valencianos abundan en información sobre el trabajo agotador de las mujeres. Este es el retrato de la dura vida en la Albufera: «Eran las hembras de la miseria, con el rostro curtido y terroso, los ojos animados por el extraño fulgor de las tercianas y oliendo sus ropas... al tufo del légamo de las acequias, al barro infecto de la laguna» (Blasco Ibáñez 97:15). La mujer del pescador de la costa va y viene a pie a Valencia desde el puerto, «abrumada por el peso del pescado». La mujer se sentía feliz así que su marido trabajaba lo menos posible (p. 77). La escena se repite en *La barraca.* Pepeta, la mujer de Pimentó, «al amanecer ya estaba de vuelta del mercado [adonde había ido a vender hortalizas]. Levantábase a las tres». Así su marido podía descansar (Blasco Ibáñez 98:17). Una situación parecida era la de la huertana que se llevaba de madrugada a la vaca para repartir leche por las casas de Valencia (p. 91). En la Huerta hay también cigarreras o hilanderas de seda que se van a trabajar todas las mañanas a las fábricas (p. 19). Todavía es más dura la escena de las cargueras en el puerto de Bilbao. «Míseras mujeres de ropas sucias y de cara negra. Unas llevaban sobre la cabeza la cesta llena de carbón; otras descargaban los fardos de bacalao» (Blasco Ibáñez 04:60). La idea de que la mujer trabajaba intensamente fuera de casa para que el marido descansara la proyecta igualmente para La Coruña la novela *La piedra angular* (Pardo Bazán 91:68). En el campo gallego la mujer trabajaba resueltamente como porteadora *(propia)* de los bultos de los viajantes (Mas 28:216). El trabajo más característico de las mujeres fuera del hogar era el servicio doméstico y la costura. Es decir, se reproducían en otra casa las tradicionales faenas domésticas. Los salarios eran míseros, quizá por el exceso de oferta laboral. Las condiciones de estas tareas eran muy duras. Para coser, las *modistillas* se bajaban las ligas hasta los tobillos, «porque, sentadas largo tiempo, les cortaban los muslos» (Francés 11:141). *La Regenta* presenta una lista de oficios femeninos, antes de que se inaugurara la época de la Restauración: «costureras, chalequeras, planchadoras, ribeteadoras, cigarreras, fosforeras» (Alas 86:171).

Una carrera nueva y más digna para la mujer es la de maestra. Se consideraba un ascenso por encima de la posición tradicional de institutriz, la cual no dejaba de ser parte del servicio doméstico (López de Haro 08:124). Desde principios de siglo, el Magisterio es, por ejemplo, una buena salida para una viuda joven sin recursos (López de Haro 16:11). Más triste es el caso de una mujer que, al ser fea, no encuentra fácil acomodo matrimonial y se hace maestra (p. 133). Unos años más tarde, las mujeres empiezan a acceder a los puestos secretariales que iban creando las nuevas empresas de servicios; por ejemplo, los bancos (Mora 22).

Un curioso empleo femenino, mezcla de tradicional y moderno, era el de maniquíes vivas. Las llamaban «señoritas», trabajaban para una casa de confección de ropa elegante y tenían que ir poniéndose los trajes que compraban las clientas para ver el efecto (Toral 18:315).

Las ilustraciones podrían ser muchas más. Todas nos llevan a la conclusión de que, en la época que estamos tratando, las mujeres no estaban tan ociosas como pudiera parecer. Tampoco estaban recluidas en sus domicilios, fuera de la estricta capa de las burguesitas. Vamos, que nuestras abuelas trabajaron. Gracias a esa ingente acumulación de esfuerzo, nosotros estamos aquí.

Véase también:

CRIADOS
MUJER MODERNA
MUJER TRADICIONAL
PROSTITUCIÓN
TRABAJO

Tuteo

Como es sabido, la lengua española permite dos principales formas de dirigirse al otro: el tuteo y el usted. Hoy día se han acercado bastante, más bien con la generalización del tuteo. Para nuestros abuelos, y no digamos bisabuelos, el uso social era el contrario: les costaba tutearse. La norma era el tratamiento de usted. El tuteo era la excepción, que venía dada con reglas definidas. Los niños se hablaban de tú entre los de su misma edad. A finales del siglo XIX una ocasión para que se tutearan dos mujeres era que se hubieran conocido de niñas; al menos esto era así en los pueblos (Palacio Valdés 88:79). Aunque no se hubieran conocido desde la infancia, dos hombres se podían llegar a tutear si se hacían verdaderos amigos (Palacio Valdés 18:27).

El tuteo se deriva de un complicado juego de estos factores: edad, sexo, posición social y grado de intimidad. Desde luego, el tuteo es más fácil entre personas de parecida edad, pero a igualdad de los otros supuestos. Por ejemplo, las mujeres tenían más facilidad para tutearse entre ellas aunque hubiera diferencia de edad (Francés 14:187). Era difícil el tuteo entre padres e hijos, pero no entre primos o entre hermanos. La norma general era que el tuteo expresaba una relación de igualdad y de intenso conocimiento. Por eso, todavía a finales del siglo XIX, los condiscípulos de la Facultad de Medicina de Madrid se trataban al principio de usted. Luego, cuando se entablaban amistades, surge el tratamiento de tú (Baroja 91:11).

El tratamiento no tiene que ser simétrico. Es decir, el de arriba puede tratar de tú al de abajo, pero este último se ha de dirigir al de arriba con el usted por medio. «A la gente baja (chulos, mozas del partido, jugadores) se le podía hablar de tú» (Baroja 11:28).

Un caso muy sutil es el de la forma de tratarse entre dos adultos de distinto sexo, por ejemplo, cuando se cortejan. Antes de ello, desde luego, se impone el usted, por lo menos hasta muy entrado el siglo XX. El inicio del noviazgo supone acechar la posibilidad de que comience el tuteo. A veces se solicitaba formalmente esa posibilidad, lo que equivalía a una aceptación tácita de que el cortejo podía seguir (Acosta 20a:186). Otras veces, el tuteo se desprende automáticamente cuando el hombre se declara formalmente y esa declaración se acepta (Gómez de la Mata 19:134).

Hay un caso excepcional en el que dos amantes siguen tratándose de usted. Lo impone expresamente la mujer, que es viuda, y por esa razón insiste también en vestir de negro. La mujer es, además, de más edad que el varón (Gómez de la Serna 17:102). Se trata, sin duda, de una extravagancia propia del autor y del argumento. En efecto, Ramón Gómez de la Serna tuvo relaciones con una mujer viuda, nueve años mayor que él, precisamente otra novelista, Carmen de Burgos. Es muy posible que la trama de esa novela, *La viuda blanca y negra,* refleje esa experiencia biográfica. Todo el episodio es parte de la atmósfera surrealista, buscada de intento por el autor.

La verdad es que la regla del tuteo se va ampliando cada vez más, hasta vencer al usted durante la II República y no digamos a partir de la Guerra Civil. Se había iniciado una trayectoria irreversible.

Véase también:

AMISTAD
FAMILIA
TALANTE
USOS Y COSTUMBRES

La escena pudo ser de *Cañas y barro* de Blasco Ibáñez. (Foto: Vicente Barberá Masip)

Usos y costumbres

Todo este texto rezuma información sobre los usos y costumbres de la España de nuestros abuelos. Si recurrimos a un apartado propio es porque nos quedan por perfilar los modos y estilos de vida, los que dibujan mejor el ritmo de la vida cotidiana.

La vida de la España que estamos estudiando aparece dominada por la extroversión. Todo el mundo está a todas horas en la calle, o al menos así lo parece a la atenta mirada de nuestros observadores, los novelistas. Lo señala Emilia Pardo Bazán respecto a Madrid, que era, sin duda, la ciudad más extrovertida: «Las vías públicas [se hallaban] concurridas lo mismo a las cinco de la tarde que a medianoche [debido al] visiteo injustificado, el zanganeo y el zascandileo en que las horas se esfuman» (Pardo Bazán 05:387). Lo asombroso es que nuestros novelistas tuvieran tiempo para escribir.

La caricatura del varón español extrovertido la realiza con toda la ironía Manuel Bueno: «El [varón] español, teniendo un sitio donde opinar a gritos sobre lo que no entiende, una mesa de juego donde tentar a la suerte y una ventana para asomarse a la calle y ver pasar mujeres, se considera en la antesala del cielo» (Bueno 31:58). Sobre este último punto conviene recordar la estructura de las casas urbanas burguesas. Los pisos exteriores con balcón, y mejor aún, mirador, eran mucho más caros que los interiores. Por eso también se valoraba mucho el centro. Una función fundamental de la casa era la de poder ver a los transeúntes. El ruido no parecía molestar mucho.

Los españoles de entonces se apuntaban voluntarios a cualquier espectáculo gratuito que se diera en la calle, desde la salida del público de los toros hasta las procesiones y los tumultos políticos. Por fortuna ya no había autos de fe de la Inquisición, aunque duraron todavía muchos años las ejecuciones de los reos en la plaza pública. A pesar de la inseguridad de las calles por la noche, el paseo nocturno y las verbenas eran actividades favoritas de los madrileños. Por cierto, Felipe Trigo fue un decidido partidario de cerrar los espectáculos por la noche, una polémica que apasionó a los madrileños de principios de siglo (Abril 17:36).

Durante toda esta época el teléfono está ya inventado, pero todavía no se había difundido lo suficiente y las tarifas eran muy elevadas. Esta tardía incorporación del teléfono obliga a forzar el «visiteo» en las grandes ciudades. Se recurre con frecuencia al *continental* como medio eficaz de comunicación personal. Continental Exprés era una empresa privada de mensajes (que diríamos hoy) y de lista de correos. En el Madrid de 1930 había cerca de una treintena de oficinas de esa compañía (Mas 31:287). A través de ellas se enviaban recados, cartas personales (Vidal y Planas 31:59). Con esa manía de cortar las palabras que tienen los madrileños, los mensajeros que realizaban esas funciones eran los «chicos del *contine*» (Mora 22:44). Era una institución necesaria para asegurar el carácter confidencial de muchas comunicaciones interpersonales. De ahí que se recurriera mucho a ella en las tramas amorosas. Fue una institución que empezó a languidecer en los años treinta con la generalización (relativa) del teléfono. Era la misma clase la que demandaba ambos servicios. El teléfono, junto con el coche, empieza a ser el nuevo símbolo de distinción. «Para doña Jesusa [esposa de un funcionario, hacia 1930] la importancia social comenzaba con el teléfono, crecía con la pianola y culminaba con el auto» (Juarros 32:29). Era la anticipación de lo que bastante tiempo después daríamos en llamar «sociedad de consumo». De momento, la inesperada bonanza económica de los años veinte permite que las familias con posibles se asombren del nuevo estilo de vida de sus vástagos: «Estos niños *bien* de ahora no saben más que gastar dinero, jugar al *foot-ball* y emborracharse con *whisky* o con cocaína» (Bueno 24:92). Era una prefiguración de lo que iban a hacer sus nietos con una largueza infinitamente mayor. Pero, una vez más, la semilla de la España actual estaba ya en el comportamiento de la generación de los abuelos o bisabuelos.

Véase también:

FAMILIA
HOGAR
HORARIO
RELACIONES INTERPERSONALES
TALANTE

Usura

He aquí uno de los aspectos más sórdidos de la España de nuestros abuelos, por lo que tenía de explotación y de desigualdad: la persistencia de la institución del usurero. Para ser justos, hay que comprender también la función que representaban los prestamistas. La red bancaria era prácticamente inexistente, fuera de las grandes ciudades y más bien como banca industrial. El negocio agrario tenía un riesgo altísimo, los precios oscilaban con perfiles bruscos y el dinero circulaba poco en el campo. Ante esas circunstancias, el hecho de prestar dinero a altísimos réditos era a veces imprescindible. Pero sea cual sea el valor que podamos darle desde la consideración actual, el hecho es que esa institución estaba presente en las zonas agrarias. Era un motivo usual de queja, junto a la más general respecto de la justicia o los impuestos.

En el campo asturiano, a comienzos de la Restauración, se presenta la figura del «terrible usurero. Sin embargo, no era muy aborrecido en el concejo. ¿Por qué?, porque los paisanos [campesinos], más que nada en el mundo, temen al Juzgado». Sabiendo esto, el usurero no les llevaba al juez y los campesinos no tenían que pagar las costas al escribano, que era lo que más les molestaba. «Los paisanos le pagaban más o menos tarde, pero le pagaban siempre, porque no querían perder aquel recurso en los casos de apuro» (Palacio Valdés 31:187). Está explicado admirablemente. De otra forma no se podría entender por qué subsiste durante tanto tiempo una institución tan aparentemente injusta. No era la peor.

Para justificar su función, el usurero presentaba su acción «como un favor: hablaba siempre en nombre de *los otros,* de los ocultos dueños del dinero... Hombres sin entrañas que le *apretaban* a él, haciéndole responsable de las faltas de los deudores» (Blasco Ibáñez 00:22). Algunas veces esa historia sería verdad, pero siempre parecía verosímil al cuitado lugareño que pedía el préstamo.

Aranaz Castellanos presenta la odiosa figura de Garabezúa, el usurero beato, que pedía normalmente el 12 por 100 mensual. A una pobre viuda se lo rebajó hasta el 10 por 100 si le compensaba la diferencia con otros «favores» en especie, que el lector puede imaginar. Comenta, sarcástico, el narrador: «Como tiene dinero y va todos los días a misa, a nadie se le ocurre llamarle canalla ni meterlo en la cárcel» (Aranaz Castellanos 01:123).

Las condiciones y los intereses de los préstamos eran muy variables. Téngase en cuenta que hasta 1915 los precios apenas suben de año en año, e incluso bajan. Es decir, era una época donde la inflación era casi inexistente. Por tanto, un interés desmedido de los préstamos era algo insufrible. En un pueblo de pescadores de Almería (¿Adra?), el usurero presta dinero a los revendedores de frutas y hortalizas, a los corredores de pescado. El interés lo expresaba así: «un real diario por duro», lo que equivalía a decir que el interés era el 5 por 100 diario. Bien es verdad que el préstamo solía durar sólo un día, mientras se vendía el género. Pero el negocio no podía ser más pingüe. Al interés lo llamaba «la gabela» (De Acosta 22:165). Es decir, era tan inevitable como un impuesto.

Baroja detalla préstamos de hasta el 80 por 100 anual en el campo alavés. A pesar de la explotación, el prestamista rico tenía más consideración social que el hidalgo pobre (Baroja 02:130-167).

Los usureros también funcionaban en las ciudades. El modesto funcionario madrileño tiene que «empeñar la paga» para poder subsistir. La operación consistía en firmar un recibo por mil pesetas cuando el usurero sólo entregaba 400 (Díaz-Caneja 13:40).

La figura del usurero se convierte fácilmente en la del cacique que otorga protección a cambio del voto. Este es el caso del contrabandista del puerto de Valencia a finales del siglo pasado. «Su principal industria era hacer obras de caridad, prestando a los pescadores y sus mujeres al 50 por 100 mensual, lo que le valía la adhesión forzosa de un rebaño miserable que, después de despojado, hacía cuanto él le mandaba en las luchas políticas del pueblo» (Blasco Ibáñez 97:92).

Desde luego, se comprenden dos cosas que sin este trasfondo de la realidad de los usureros no serían tan inteligibles. Una, la continua crítica de los autores regeneracionistas contra la usura. Dos, la inminente expansión bancaria, que iba a encabezar el ulterior movimiento industrializador.

Véase también:

CACIQUISMO
CORRUPCIÓN
DINERO
HAMBRE

Vascos

Se ha dicho muchas veces que todo está en *El Quijote*. Recuérdese el famoso episodio del vizcaíno y se entenderá mejor la observación de Manuel Bueno: «El vasco carece de sentido pictórico para la conversación. Dice las cosas escuetamente» (Bueno 35:44). Diríamos que es el polo opuesto al hablar hiperbólico y colorista de los andaluces. El mismo autor (vasco él, pero nacido en la emigración) nos proporciona una excelente síntesis de los otros elementos del carácter nacional de los vascos: «La mujer vasca es apacible y poco romántica. La raza agota sus posibilidades poéticas en los zorcicos y reserva para la vida cotidiana un inalterable caudal de buen sentido. El hombre es ponderado, enérgico y emprendedor, adaptable a los oficios más humildes, con tal de que no le fuercen al servilismo, que le repugna; honesto, desconfiado y leal. Vasconia ha traído al mundo más hombres de acción que santos» (Bueno 35:15). La verdad es que hasta la figura epónima de San Ignacio es más la de un hombre de acción que la de un santo. No funda una *orden,* sino una *compañía.* Era una prefiguración de las compañías mercantiles.

Uno de los tópicos sobre el carácter nacional vasco es su capacidad de rememorar y conservar tradiciones. El iconoclasta Baroja destroza este mito, como otros muchos. Sostiene el de San Sebastián que los vascos «pierden pronto los recuerdos, las leyendas y los nombres antiguos» (Baroja 31:21). Al escritor no le decimos *donostiarra* porque él abominaba ese gentilicio. Dice que «donoschtiarra [*sic*] era una manera un tanto desdeñosa de llamar a una persona nacida en San Sebastián» (Baroja 36:13). La verdad es que *Donostia* no es tan *euskaldún* como parece, o por lo menos, no es el nombre pagano, anterior al cristianismo. Sería algo así como la corrupción vasca de la denominación latina «don Sebastián». (El «don» es el equivalente vasco de «san».) Hay que reconocer que lo donostiarra es, desde hace mucho tiempo, la almendra de la especificidad vasca. Precisamente un personaje de Baroja, su *alter ego* en la novela, calificaba al cura de *Monleón* [Mondragón] como «demasiado donoschtiarra» [*sic*]. Para él, como navarro, el ser de la capital de Guipúzcoa, provincia más suave y amable que la suya, le parecía algo decadente y blando» (Baroja 36:24). Se comprenderá que el nacionalismo vasco haya excluido de su santoral cultural la figura de Baroja. Es inútil, el novelista es el narrador más fabuloso que ha tenido nunca Vasconia y uno de los más grandes de la lengua española del siglo XX.

Es indiscutible el sentimiento de los vascos de ser diferentes. No tanto por ser *euskaldunes* o vascohablantes como por «ser de aquí», como se dice desde cada punto de la región. Bien es verdad que, para el movimiento nacionalista, el hecho de «ser de aquí» se une al de «tener dinero» para determinar una raza y una clase que domina (Aranaz Castellanos 99:260). No se olvide tampoco el paradójico hecho de que los primeros *bizcaitarras* o nacionalistas vascos, pero bilbaínos, evolucionan así a partir del antiguo carlismo (Blasco Ibáñez 04:78). Los carlistas eran los hiperespañoles y desde luego antiliberales. Baroja anota que «el *Guernicako Arbola* de Iparraguirre estaba proscrito entre los nacionalistas [vascos], quizá por su sabor un poco liberal» (Baroja 36:175).

Miguel Bueno (hijo de argentino y vasca) entiende muy bien el fenómeno de la emigración de los vascos. Su éxito consiste en que sólo se preocupan de su éxito material, de ahorrar para prosperar (Bueno 35:37). Lo notable es después el conflicto con los inmigrantes o *maketos* que llegan al País Vasco de todas las regiones españolas. Las novelas de Aranaz Castellanos (de origen vasco, pero nacido en Cuba) han tratado el asunto con particular relieve. Recordemos tan sólo la gentil escena en la que el párroco *euskaldún* advierte la presencia de inmigrantes castellanos en la parroquia y continúa con el sermón en castellano (Aranaz 19:134). Eran otros tiempos. Lo que no ha cambiado es la reacción de los vecinos de un pueblo de Vizcaya durante las fiestas: protestan porque se toque la *Marcha real* y se exhiba «la bandera amarilla y roja» junto a la Purísima (p. 136).

Podríamos aplicar otra vez el comentario iconoclasta de Baroja sobre la pretendida religiosidad de los vascos: para él no es más que «un conjunto de fórmulas protocolares», de prácticas externas, sin ningún contenido afectivo auténtico (Baroja 36:92). No pudo llegar a ver don Pío que, con el tiempo, el País Vasco llegaría a ser una de las regiones más secularizadas de España. Pero esa es otra historia, la nuestra.

Véase también:

CARACTERES REGIONALES
CASTELLANOS
ESPAÑOLES
NACIONALISMO VASCO

Vejez

Sabemos, por las estadísticas censales, que hace un siglo la población española contaba con menos viejos que ahora. Lo que hay que precisar es qué significaba entonces ser viejo, a qué edad se llegaba a la vejez. No son esos datos constantes, como vamos a ver a través de los textos novelados.

Para empezar, los censos de hace un siglo no eran muy fiables en cuanto a la cuestión de la edad. Por una potísima razón, porque muchos viejos no sabían muy bien en qué fecha habían nacido. En esa fecha, además, todavía no existía Registro Civil, que es una institución que sólo empieza a tener suficiente validez a partir de 1900. En una de las primeras novelas barojianas, cuya acción se sitúa hacia 1880, hay una abuela que no sabe la edad que tiene. Sólo sabe que es vieja, que tiene «más de setenta, más de ochenta años» (Baroja 01:119). En otro texto, un personaje de la ciudad comprueba que las personas rurales de su misma edad representan «doce o quince años más que yo» (Zamacois 23:245). Unas simplemente envejecían, otras se avejentaban. La vejez como hecho social es más bien una cuestión de apariencia.

Hay muchas expresiones para indicar que una persona asciende al último escalón de la pirámide etánea. Una mujer mayor se siente *quintañona,* literalmente centenaria, pero le faltan algunos años para llegar a esa marca (Zamacois 33:247).

Lo más corriente es que el límite de la senilidad caduca se sitúe en torno a los sesenta años. Don Romualdo tenía «cerca de sesenta inviernos», lo que le llevaba a rumiar que «aquella máquina amenazaba pararse el día menos pensado» (De Acosta 22:26). Un antiguo capataz de un cortijo se encuentra ya retirado por razones de salud y porque tiene sesenta años. Entiende que, gracias a que había tenido una buena colocación, «había llegado a viejo». Reconocía igualmente que «estaba peor que muchos *señores* [amos] de su misma edad, que parecían hijos suyos». Para consolarse, se compara con los «compañeros de miseria» de su misma edad y reconoce que «quedaban muy pocos». Casi todos habían muerto y los pocos supervivientes estaban «deformados y torpes» (Blasco Ibáñez 05:104). Pero incluso un campesino rico, que «bordeaba los sesenta años», aparecía envejecido, con un «aspecto insignificante, enfermizo y doliente» (Zamacois 30:57). Otra novela del mismo autor retrata un matrimonio de viejos «en los umbrales de la ancianidad»: él tiene cerca de los sesenta años y ella ronda los cincuenta (Zamacois 14:140). Esta otra descripción parecería hoy inverosímil: Se refiere a un hombre que «había doblado el cabo de los sesenta años» y era «un anciano senil» (Bueno 35:8).

Son muy frecuentes las alusiones a que la vejez asoma antes de los sesenta años. A un indiano de cincuenta y cinco años, sus paisanos le ven casi moribundo: «no puede tirar mucho». Sólo por ser rico se entiende que sobreviva. «Los ricos para todo encuentran bulas», incluso para largar la vida cuando viejos (Espina 27:146). Al cumplir cincuenta y cuatro años, un hombre siente que se desliza por la pendiente de la vida, la que le aproxima al final (Mata 13:7).

A los cincuenta años un viejo se siente tal, se le hace difícil ponerse a trabajar otra vez (Palacio Valdés 31:82). Para describir a un viejo, se dice que «lo menos tiene cincuenta años» (Trigo 09). El hecho de haber llegado al medio siglo, convierte a una persona en «un viejo muy simpático» (Zamacois 23:375). Esa edad representa «la cumbre de los años y asomarse a la pendiente de la vejez» (López de Haro 24:34). La amante de un hombre de cincuenta años se queja de que este es un viejo a todos los efectos (Mas 31:186). Se dibuja la silueta de un «viejo de cincuenta años, encorvado ya bajo el peso inexorable de la vida» con «blancos cabellos», en definitiva, «un anciano que se considera flor marchita» (Zamacois 02:268-300). La figura imperecedera de don Víctor, el marido de Ana Ozores en *La Regenta,* es un jubilado de las obligaciones laborales y sexuales. «Su bigote blanco, su perilla blanca, sus cejas grises, le daban venerable y hasta heroico aspecto de brigadier y aun de general» (Alas 86:57). En realidad tenía sólo cincuenta y tantos años.

Todos estos testimonios alarmarán, sin duda y con razón, a los nietos o biznietos de aquellos ancianos prematuros de principios de siglo. Pero no para ahí la cosa. Hay abundantes textos aún más alarmantes. A edades más tempranas, la gente de entonces se sentía envejecer. Con cuarenta y siete años ya empiezan a notarse los síntomas de envejecimiento (Zamacois 23:375). Se habla con naturalidad de un «viejo de cuarenta años», que lo es por haber vivido intensamente (Zamacois 96:110). A los cuarenta años, un hombre es «casi un viejo» (Mata 24:48). Los cónyuges, próximos a los cuarenta años, «presentían la vejez», cuando les llega un hijo, que parecía medio bobo por ser «hijo de viejos» (Juarros 27:41). El personaje de otra novela del mismo autor, al cumplir treinta y cinco años, se va a Madrid. Comenta: «¡Hay que vivir! Dentro de poco llegará la vejez» (Juarros 32:35). En un texto referido a los años anteriores a la Restauración se habla con naturalidad de «viejos», varones y mujeres, de treinta y cinco años (Palacio Valdés 87:28-67).

Aunque parezca increíble, una mujer de treinta y un años siente que se va haciendo vieja, que empieza a «pasarse» para la edad de matrimoniar (Ramírez Ángel 25a:101). La verdad es que nuestros próximos antepasados vivían angustiados por el hecho de envejecer. Era un hecho que nosotros consideraríamos exagerado por lo prematuro. Esa obsesión se traducía en un mito, que parcialmente todavía subsiste, lo que podríamos llamar el mito de Matusalén. Consiste en imaginar que, en un incierto pasado, los hombres vivían muchos años. Dice una campesina de Huesca: «Antiguamente todos morían de puro viejos y achacosos, y ahora apenas si hay quien llega a los sesenta años, porque todos acaban envenenados por las drogas y potingues de las farmacias» (López Allué 00:75). La obsesión era falsa entonces y más lo sería ahora. La realidad es que cada vez se vive más años. Esta mayor supervivencia se debe, entre otras razones, a la farmacopea y al resto de la atención sanitaria. Matusalén es un mito. Más ajustada a la realidad es la percepción de que, en la España de los años veinte, se han terminado las epidemias, hay más higiene y prevención, y, por consiguiente, «se vive más», más años. No sólo eso, se reconoce por algunos contemporáneos más perspicaces que la estatura media estaba creciendo (González Anaya 29:264).

Por encima de la definición objetiva de la ancianidad, lo que distingue a la época que nos interesa es la representación negativa que tenía lo viejo. Esta idea es muy característica del pesimismo de los escritores del 98. Aportemos una ilustración: «España es hoy un país ideal para los decrépitos, para los indianos, para los fracasados, para todos los que no tienen nada que hacer en la vida, porque lo han hecho ya, o porque su único plan es ir vegetando» (Baroja 08:18).

No se trata sólo de que nuestros abuelos o bisabuelos se sintieran viejos antes de tiempo, según los cánones actuales. Lo más notable es que prontamente experimentaran los síntomas que entonces y ahora se asocian con el estado senil. Por ejemplo, se detalla que una persona que «está bordeando la vejez» se encuentra resignada a la soledad, la misantropía. Está a la espera de los «primeros indicios de decrepitud, que se anuncian con perturbaciones de la digestión, breves eclipses de memoria e insomnios más o menos tenaces» (Bueno 35:76-80). Los geriatras reconocerían lo acertado de esa descripción, pero el sujeto al que se refiere el novelista acababa de cumplir los cincuenta años. Se repite que una característica definitiva de la vejez es el insomnio pertinaz (De Acosta 22:22).

Pedro Mata (uno de los novelistas más populares del momento) traza un magnífico retrato del «perfecto viejo», lo que podríamos llamar el tipo ideal. El viejo vive «para sí; fuera de él la sociedad no existe». Sus preocupaciones reducen cada vez más el radio de interés, hasta concentrarse en las más íntimas sensaciones orgánicas, dejando que «la vida resbale» (Mata 21a:125).

Como conclusión, el modo de sentir la ancianidad es hoy más o menos el mismo que hace un siglo. Lo que ha cambiado es la probabilidad de llegar al estadio de la vejez. La transformación definitiva es que la «última vuelta del camino», según la feliz expresión de Baroja, hoy se toma con más años. A los talludos actuales no nos parece que esta última curva se vaya a tomar con más soltura porque la llamen «tercera edad». A nuestros abuelos eso les habría parecido una cursilería, y con razón.

Véase también:

ADULTEZ
VIUDAS

Las campesinas repartían la leche, recién ordeñada, a domicilio. (Foto: Otto Wunderlich)

Viudas

Esta entrada se redacta en femenino porque la estadística nos dice, para la época estudiada, que comienza a haber más viudas que viudos. Entonces no era tanto porque las mujeres vivieran más que los varones, sino porque las viudas se volvían a casar menos que los viudos. La viuda joven era una *viudita;* el viudo no admitía el diminutivo.

Lo característico de la sociedad de nuestros abuelos era lo que podríamos llamar *viudedad precoz.* Es decir, los viudos, y sobre todo las viudas, lo eran a edades relativamente tempranas, dicho sea desde nuestro punto de vista. Considérese el episodio de un matrimonio que llega a Madrid. El clima no parece sentar bien al marido, diplomático, que fallece al poco tiempo de llegar, dejando embarazada a la mujer. El niño póstumo «nació muy delicado, víctima el pobrecito de la herencia morbosa que dejó su padre». El niño se muere, lo que aumenta el desconsuelo de la pobre viuda. La cual tenía sólo veinte años y el marido treinta y cinco (Mata 26:319).

Emilia Pardo Bazán, desde su feminismo militante, entiende que «la mujer no es dueña de sus acciones hasta que enviuda», más aún si es de buena posición, «porque la fortuna es libertad» (Pardo Bazán 05:123). Francamente, se trataba de una posición muy minoritaria y hasta personal de doña Emilia. Ella enviudó, ya mayor, y siempre consideró que el estado matrimonial era una servidumbre para la mujer.

Son muchas las novelas donde aparecen viudas. Casi siempre se trata de una situación dolorosa, no sólo por la pérdida de la relación afectiva, sino por la brusca disminución de medios económicos. Téngase en cuenta que, en la época a la que nos referimos, apenas existía la institución de las pensiones de viudedad y, de existir, estas eran francamente exiguas. Así vemos que la viuda de un coronel, a pesar de la pensión, se ve repentinamente en la miseria (Espina 26:11). Se acusa, desde luego, la necesidad de establecer pensiones para las viudas con hijos (Díaz-Caneja 27:25). Es muy ilustrativo el caso de la dueña de una próspera casa de huéspedes, que se queda viuda y tiene que pasar a otra casa de huéspedes como criada (Baroja 04:20).

El problema de las viudas era el de la escasa probabilidad de volver a casarse. Tenían que llevar lutos exagerados, lo que suponía «guardar la ausencia» del marido durante un largo período disuasorio. El luto era la prueba retrospectiva del amor. Dice una viuda: «Tengo su imagen [la del ex marido] tan dentro del alma, que nunca me quitaré este vestido de luto ni admitiré galanteos de ningún hombre» (Toral 18:71).

Curiosamente se aplica aquí la norma gitana de que las viudas no deben casarse otra vez; los viudos, sí (Blasco Ibáñez 05a:312). Para reforzar la norma, las viudas se ven sometidas a una fuerte presión social. Era como si su estado indicara que ellas habían tenido la culpa de la muerte de sus respectivos maridos. Los vecinos retiran el saludo a una joven viuda porque suponían que su vida de relación podía ser sospechosa (Díaz-Caneja 27:55). Realmente su relación con todos los hombres que conoce es de asedio constantemente. *La novela sin título* se llama la estupenda narración, que bien podría haberse titulado «La novela de la viuda asediada». Incluso se le mira mal cuando trata de alquilar un piso y se descubre que es una viuda con dos hijos (p. 102).

Cuando una persona viuda se volvía a casar, los mozos del lugar organizaban ruidosas *cencerradas*. Se trataba de una manifestación del castigo social contra los infractores de la norma. «Eran espectáculos bochornosos que duraban varios días, durante los cuales se entonaban, a todo pulmón, coplas picantes alusivas a los contrayentes y se organizaban nocturnos y atronadores conciertos. Hubo casamientos de estos en que los novios tuvieron que salir del templo parroquial rodeados de guardias civiles, para proteger a los recién casados de los insultos, de los dichos pornográficos, de los achuchones y hasta de los objetos arrojadizos, con que la ineducada plebe los maltrataba» (De Acosta 22:281). Era la España más cerril, la que respiraba por esos malos humores colectivos.

La viuda joven en Madrid se ve sometida a la continua «pedrea de piropos de más o menos buen gusto». Algunos piropeadores, para decírselos, «se echaban materialmente encima de ella». El acoso lo establecía un tipo muy característico de la villa y corte, el «perseguidor de mujeres», que «invadía Madrid por la mañana». No tenía nada que hacer y se dedicaba a seguir a las viudas (Díaz-Caneja 27:23). La verdad es que en Madrid había más viudas que en ningún otro sitio. Lo señala tempranamente Palacio Valdés. La razón que da es que, en Madrid, a las viudas de militares, que eran las que tenían derecho a pensión, les era más fácil cobrarla (Palacio Valdés 86, I: 225). Una vez más, la estadística nos refleja este hecho de la mayor presencia de viudas en Madrid. Observemos estos datos:

Viudas por cada 1.000 mujeres, de 40 a 49 años		
Fecha	Madrid	Barcelona
1887	255	199
1900	252	174
1910	240	173
1920	227	166
1930	214	168

Se observan dos relaciones interesantes. Para cualquier fecha, la proporción de viudas es mucho mayor en Madrid que en Barcelona. A lo largo del tiempo, disminuye la proporción de viudas. Este último dato significa que mejoran las condiciones materiales, de tal forma que aumenta la esperanza de vida. Es posible también que, con el paso del tiempo, fuera reduciéndose la presión social que aceptaba la «norma gitana». De todas formas, la situación de las viudas en la sociedad de entonces nos lleva a concluir que era aquella una España inmisericorde. Sólo la nostalgia del tiempo pasado nos lleva a idealizar el mundo de nuestros abuelos.

Véase también:

ADULTEZ
MUERTE
MUJER TRADICIONAL
VEJEZ

Novelas comentadas

Acosta, José María de: *Amor loco y amor cuerdo* (Madrid, Pueyo, 1920).

— *Entre faldas anda el juego* (Madrid: Renacimiento, 1922) (a).

— *Al cabo de los años mil...* (Madrid, Renacimiento, 1922) (b).

Aguilar Catena, Juan: *Los enigmas de María Luz* (Madrid, Ediciones Aguilar Catena, 1940), primera edición de 1919.

— *Herida en el vuelo* (Madrid, Ediciones Aguilar Catena, 1941), primera edición de 1921.

— *Nuestro amigo Juan* (Madrid, Marineda, 1924).

— *¡Va todo!* (Madrid, Pueyo, 1929).

Alas, Leopoldo (Clarín): *La Regenta* (Madrid, Alianza Editorial, 1971), primera edición de 1884.

Antón del Olmet, Luis: *Gobernación, Sánchez Mínguez* (Madrid, Renacimiento, 1921).

Aranaz Castellanos, Manuel: *Calabazatorre* (Madrid, Alejandro Pueyo, 1923), primera edición de 1899.

— *Carmenchu* (Madrid, Marineda, 1923), primera edición de 1901.

— *Begui-Eder, Nuestra Señora de los Ojos Hermosos* (Madrid, Pueyo, 1919).

Araquistain, Luis: *Las columnas de Hércules* (Madrid, Mundo Latino, 1921).

Arderíus, Joaquín: *La espuela* (Madrid, Imprenta de G. Hernández y Galo Sáez, 1927).

Baroja, Pío: *La casa de Aizgorri* (Madrid, Rafael Caro Raggio, 1920), primera edición de 1900.

— *El mayorazgo de Labraz* (Madrid, Caro Raggio, 1972), primera edición de 1902.

— *La Busca* (Madrid, Espasa Calpe, 1938), primera edición de 1904.

— *La mala hierba* (Madrid, Caro Raggio, 1972), primera edición de 1904 (a).

— *Aurora Roja* (Madrid, Rafael Caro Raggio, 1904) (b).

— *La dama errante* (Madrid, Espasa Calpe, 1931), primera edición de 1908.

BAROJA, PÍO: *Las ciudades: César o nada* (Madrid, Rafael Caro Raggio, 1920), primera edición de 1910.
— *El árbol de la ciencia* (Madrid, Caro Raggio, 1973), primera edición de 1911.
— *La familia de Errotacho* (Madrid, Espasa Calpe, 1932), primera edición de 1931.
— *Los visionarios* (Madrid, Espasa Calpe, 1937), primera edición de 1932.
— *El cura de Monleón* (Madrid, Espasa Calpe, 1936).
BELDA, JOAQUÍN: *¡Saldo de almas!* (Madrid, Biblioteca Hispania, 1910).
— *La diosa Razón* (Madrid, Biblioteca Hispania, 1918).
— *La cuñada de Tarquino* (Madrid, Renacimiento, 1931).
BLASCO IBÁÑEZ, VICENTE: *Arroz y tartana* (Valencia, Prometeo, 1919), primera edición de 1895.
— *Flor de Mayo* (Valencia, Prometeo, 1914), primera edición de 1897.
— *La barraca* (Valencia, Prometeo, 1919), primera edición de 1898.
— *Entre naranjos* (Valencia, Prometeo, 1919), primera edición de 1900.
— *Cañas y barro* (Valencia, Prometeo, 1919), primera edición de 1902.
— *El intruso* (Valencia, F. Sempere, 1904).
— *La Bodega* (Valencia, Prometeo, 1919), primera edición de 1905.
— *La horda* (Valencia, Prometeo, 1905) (a).
— *Los muertos mandan* (Valencia, F. Sempere, 1910), primera edición de 1909.
BUENO, MANUEL: *El dolor de vivir* (Madrid, Biblioteca Hispania, 1924).
— *Poniente solar* (Madrid, Compañía Ibero-Americana de Publicaciones, 1931).
— *El sabor del pecado* (Barcelona, Araluce, 1936), primera edición de 1935.
— *Los nietos de Dantón* (Barcelona, Araluce, 1936).
BURGOS, CARMEN DE (COLOMBINE): *Los espirituados* (Madrid, Rivadeneyra, 1923).
CAMBA, FRANCISCO: *El amigo Chirel* (Madrid, Librería de la Viuda de Pueyo, 1918).
— *La revolución de Laíño* (Madrid, Renacimiento, 1919).
— *El pecado de San Jesusito* (Madrid, Renacimiento, 1923).
— *El tributo de las siete doncellas* (Madrid, Atlántida, 1926).
— *Una morena y una rubia* (Madrid, Rivadeneyra, 1929).
CIGES APARICIO, MANUEL: *Del cautiverio. El libro de la vida trágica* (Alicante, Instituto de Estudios Juan Gil-Albert, 1985), primera edición de 1903.
— *Del hospital. El libro de la vida doliente* (Alicante, Instituto de Estudios Juan Gil-Albert, 1985), primera edición de 1906.

CIGES APARICIO, MANUEL: *Del cuartel y de la guerra. El libro de la crueldad* (Alicante, Instituto de Estudios Juan Gil-Albert, 1986), primera edición en 1906 (a).
— *El juez que perdió la conciencia* (Madrid, Mundo Latino, 1925).
COLOMA, LUIS: *Pequeñeces* (Madrid, Razón y Fe, s.f.), primera edición de 1890.
DÍAZ-CANEJA, GUILLERMO: *Escuela de humorismo* (Madrid, Pueyo, 1924), primera edición en 1913. Novela corta.
— «Lo que le faltaba al tío», en *Escuela de humorismo,* 57-108. Novela corta (a).
— *El sobre en blanco* (Madrid, Librería de los Sucesores de Hernando, 1921), primera edición en 1918.
— *Garras blancas* (Madrid, Pueyo, 1925).
— *La novela sin título* (Madrid, Imprenta de Julio Cosano, 1927).
ESPINA, CONCHA: *La niña de Luzmela* (Buenos Aires, Espasa Calpe, 1953), primera edición de 1909.
— *Despertar para morir* (Madrid, Renacimiento, 1910).
— *La esfinge maragata* (Madrid, Renacimiento, 1914).
— *El metal de los muertos* (Madrid, Afrodisio Aguado, 1941), primera edición de 1920.
— *Altar Mayor* (Madrid, Renacimiento, 1926).
— *Dulce nombre* (Madrid, Renacimiento, 1929), primera edición de 1927.
— *La virgen prudente* (Madrid, Renacimiento, 1929).
FERNÁNDEZ FLÓREZ, WENCESLAO: *Volvoreta* (Madrid, Pueyo, 1917).
— *Relato inmoral* (Madrid, Atlántida, 1927), primera edición de 1924.
— *El alma viajera* (Madrid, Compañía Ibero-Americana de Publicaciones, 1908).
— *Aventuras del caballero Rogelio de Amaral* (Madrid, Pueyo, 1933).
FRANCÉS, JOSÉ: *La guarida* (Madrid, Mundo Latino, 1921), primera edición de 1911.
— *La débil fortaleza* (Madrid, Renacimiento, 1912).
— *La danza del corazón* (Madrid, Mundo Latino, 1924), primera edición de 1914.
— *La mujer de nadie* (Madrid, Mundo Latino, 1923), primera edición de 1915.
— *El misterio del Kursaal* (Madrid, Mundo Latino, 1923), primera edición de 1916. Novelas cortas.
— «El misterio del Kursaal», en *El misterio del Kursaal,* 17-96. Novela corta (a).
— «El hombre que veía la muerte», en *El misterio del Kursaal,* 97-154. Novela corta (b).

FRANCÉS, JOSÉ: *Sortilegio* (Madrid, Mundo Latino, 1921). Novelas cortas.
— «Sortilegio», en *Sortilegio,* 9-80. Novela corta (a).
— «La telefonista», en *Sortilegio,* 81-156. Novela corta (b).
— «El estigma», en *Sortilegio,* 221-300. Novela corta (c).
— *La raíz flotante* (Madrid, Mundo Latino, 1922).
— *El café donde se ama* (Madrid, Mundo Latino, 1924). Novelas cortas.
— «El café donde se ama», en *El café donde se ama,* 13-64. Novela corta (a).
— «El delito de soñar», en *El café donde se ama,* 123-162. Novela corta (b).
GÓMEZ DE LA MATA, GERMÁN: *La que llegó tarde* (Valencia, Prometeo, 1921).
GÓMEZ DE LA SERNA, RAMÓN: *El doctor inverosímil* (Buenos Aires, Losada, 1941), primera edición de 1914.
— *La viuda blanca y negra* (Madrid, Cátedra, 1988), primera edición de 1917.
— *El novelista* (Valencia, F. Sempere, 1923).
— *El torero Caracho* (París, Agencia Mundial de Librería, 1926).
GONZÁLEZ ANAYA, SALVADOR: *La sangre de Abel* (Madrid, Renacimiento, 1915).
— *El castillo de irás y no volverás* (Madrid, Pueyo, 1921).
— *Las brujas de la ilusión* (Barcelona, Juventud, 1928), primera edición de 1923.
— *La oración de la tarde* (Barcelona, Editorial Juventud, 1932), primera edición de 1929.
HOYOS Y VINENT, ANTONIO: *Las lobas del arrabal* (Madrid, Biblioteca Hispania, s.f.).
— *Oro, seda, sangre y sol* (Madrid, Renacimiento, 1914).
— «La estocada de la tarde», en Hoyos y Vinent 14, 9-76 (a).
— «San Sebastián, coso taurino», en Hoyos y Vinent 14, 151-210 (b).
— «La torería», en Hoyos y Vinent 14, 211-290 (c).
— *Las playas de Citérea* (Madrid, Cosmópolis, 1927).
INSÚA, ALBERTO: *En tierra de santos* (Madrid, Renacimiento, 1907).
— *El demonio de la voluptuosidad* (Madrid, Renacimiento, 1920), primera edición de 1911.
— *Las flechas del amor* (Madrid, Renacimiento, 1912).
— *Juventina la bella* (Madrid, Biblioteca Nueva, 1921).
— «El cordero lobo», en *Juventina la bella,* pp. 81-164 (a).
— *Un enemigo del matrimonio* (Madrid, Renacimiento, 1925).
— *Ha llegado el día* (Madrid, Sociedad Española de Librería, 1932).
JARNÉS, BENJAMÍN: *Teoría del zumbel* (Madrid, Espasa Calpe, 1930).
— *Lo rojo y lo azul* (Madrid, Espasa Calpe, 1932).
— *El convidado de papel* (Madrid, Espasa Calpe, 1935).
JUARROS, CÉSAR: *El niño que no tuvo infancia* (Madrid, Mundo Latino, 1927).

JUARROS, CÉSAR: *El adulterio de un hombre feliz* (Madrid, J. M. Yagües, 1932).
LÓPEZ ALLUÉ, LUIS: *Capuletos y montescos* (Huesca, La Val de Onsera, 1993), primera edición de 1900.
LÓPEZ DE HARO, RAFAEL: *Dominadoras* (Madrid, Pueyo, 1907).
— *El salto de la novia* (Madrid, Sopena, s.f.), primera edición de 1908.
— *Floración* (Madrid, Sopena, s.f.), primera edición de 1909.
— *La imposible* (Madrid, Renacimiento, 1912).
— *¡Muera el señorito!* (Madrid, V. H. de Sanz Calleja, s.f.), primera edición de 1916.
— *Los nietos de los celtas* (Madrid, Biblioteca Nueva, s.f.), primera edición de 1917.
— *Un hombre visto por dentro* (Madrid, Atlántida, 1924).
— *Yo he sido casada* (Madrid, Estampa, 1930).
LÓPEZ PINILLOS, JOSÉ (PARMENO): *Doña Mesalina* (Madrid, Turner, 1975), primera edición de 1910.
— *El luchador* (Madrid, Renacimiento, 1916).
MARTÍNEZ OLMEDILLA, AUGUSTO: *El tormento de Sísifo* (Madrid, Pueyo, 1908).
MARTÍNEZ RUIZ, JOSÉ (AZORÍN): *La voluntad* (Madrid, Biblioteca Nueva, 1939), primera edición en 1902.
MARTÍNEZ SIERRA, GREGORIO: «Pascua Florida», en *Abril melancólico* (Madrid, Renacimiento, 1916), pp. 7-112, primera edición de 1903.
— *La humilde verdad* (Madrid, Saturnino Calleja, 1929), primera edición de 1905.
— *Tú eres la paz* (Madrid, Renacimiento, 1918), primera edición de 1906.
— «Aventura», en El diablo se ríe (Madrid, Renacimiento, 1916), pp. 7-62, primera edición de 1907.
— «Torre de marfil», en *Abril melancólico* (Madrid, Renacimiento, 1916), pp. 183-270, primera edición de 1908.
— «El agua dormida», en *Abril melancólico* (Madrid, Renacimiento, 1916), pp. 271-312, primera edición de 1909.
— «El amor catedrático», en *El diablo se ríe* (Madrid, Renacimiento, 1916), pp. 63-330, primera edición de 1910.
MAS, JOSÉ: *La bruja* (Madrid, Librería Fernando Fé, 1917).
— *La orgía* (Madrid, Administración de las Novelas Sevillanas, 1919).
— *Por las aguas del río* (Madrid, Renacimiento, 1927), primera edición de 1921.
— *Los sueños de un morfinómano* (Madrid, Fernando Fé, 1921) (a).
— *Hampa y miseria* (Madrid, Atlántida, 1923).
— *El rastrero* (Madrid, Pueyo, 1934), primera edición de 1923 (a).

MAS, JOSÉ: *La costa de la muerte* (Madrid, Renacimiento, 1928).
— *Luna y sol de marisma* (Madrid, Pueyo, 1930).
— *Yo soy honrada, caballero* (Madrid, Renacimiento, 1931).
— *El rebaño hambriento en la tierra feraz* (Madrid, Pueyo, 1935).
MATA, PEDRO: *Los cigarrillos del duque* (Madrid, Palomeque, s.f.), primera edición de 1913.
— *Corazones sin rumbo* (Madrid, Pueyo, 1929), primera edición de 1916.
— *Un grito en la noche. Novela de amor y dolor* (Madrid, Pueyo, 1930), primera edición de 1918.
— *La catorce* (Madrid, Pueyo, 1919).
— *Muñecos* (Madrid, Pueyo, 1921), primera edición de 1920.
— *El hombre de la rosa blanca: historia triste de una niña «bien»* (Madrid, Pueyo, 1929), primera edición de 1921.
— «La muchacha del ideal rosales», en *Irresponsables* (Madrid, Pueyo, 1921), pp. 17-197 (a).
— «En defensa propia», en *Irresponsables* (Madrid, Pueyo, 1921), pp. 199-288 (b).
— «El crimen de la calle de Ponzano», en *Irresponsables* (Madrid, Pueyo, 1921), pp. 289-344 (c).
— *Ganarás el pan...* (Madrid, Pueyo, 1923).
— *El hombre que se reía del amor* (Madrid, Ibero-Americana de Publicaciones, 1930), primera edición de 1924.
— *Más allá del amor y de la vida* (Madrid, Pueyo, 1926).
— *Chamberí* (Madrid, Pueyo, 1930).
— *El pájaro en la jaula* (Madrid, Pueyo, 1930) (a).
— *Sinvergüenzas. Tragicomedias de la vida vulgar* (Madrid, Pueyo, 1932).
— *Una mujer a la medida* (Madrid, Pueyo, 1935), primera edición de 1933.
MIRÓ, GABRIEL: *El abuelo del rey* (Madrid, Biblioteca Nueva, 1929), primera edición de 1915.
— *Nuestro padre San Daniel* (Madrid, Biblioteca Nueva, s.f.), primera edición de 1921.
— *El obispo leproso* (Madrid, Biblioteca Nueva, 1928) primera edición de 1926.
MORA, FERNANDO: *Los hombres de prensa* (Madrid, Biblioteca Hispania, 1922).
— *El amor pone cátedra* (Madrid, Biblioteca Hispania, 1924).
PALACIO VALDÉS, ARMANDO: *El señorito Octavio* (Madrid, Fax, 1949) primera edición de 1881.
— *Riverita* (Barcelona, Sociedad General de Publicaciones, s.f., dos tomos), primera edición de 1886.

PALACIO VALDÉS, ARMANDO: *Maximina* (Madrid, Victoriano Suárez, 1919), primera edición de 1887.
— *El cuarto poder* (Madrid, Victoriano Suárez, 1922), primera edición de 1888.
— *La espuma* (Madrid, Victoriano Suárez, 1922), primera edición de 1890.
— *Los majos de Cádiz* (Madrid, Victoriano Suárez, 1921), primera edición de 1896.
— *Papeles del doctor Angélico* (Madrid, Victoriano Suárez, 1921), primera edición de 1911.
— *Santa Rogelia* (Madrid, Imprenta Helénica, 1926), primera edición de 1916.
— *Años de juventud del doctor Angélico* (Madrid, Victoriano Suárez, 1943), primera edición de 1918.
— *Sinfonía pastoral* (Madrid, Victoriano Suárez, 1931).
PARDO BAZÁN, EMILIA: *Los pazos de Ulloa* (Madrid, Espasa Calpe, 1987), primera edición de 1886.
— *Insolación* (Madrid, Espasa Calpe, 1987), primera edición de 1889.
— *La piedra angular* (Madrid, Imprenta de A. Pérez Dubrull, 1891).
— *Doña Milagros* (Madrid, Agustín Avrial, s.f.), primera edición de 1894.
— *El tesoro de Gastón* (Barcelona, Juan Gili, 1897).
— *La Quimera* (Madrid, Idamor Moreno, s.f.), primera edición de 1905.
PÉREZ DE AYALA, RAMÓN: *A.M.D.G.* (Madrid, Renacimiento, 1911), primera edición de 1910.
— *Troteras y danzaderas* (Madrid, Pueyo, 1930), primera edición de 1912.
— «Luz de domingo», en F. C. Sainz de Robles (comp.), *La novela corta española* (Madrid, Aguilar, 1959), primera edición de 1916.
— *Belarmino y Apolonio* (Madrid, Saturnino Calleja, 1921).
— *Luna de miel, luna de hiel* (Madrid, Mundo Latino, 1923).
— *Los trabajos de Urbano y Simona* (Madrid, Mundo Latino, 1923) (a).
— *Tigre Juan* (Madrid, Pueyo, 1928), primera edición de 1926.
— *El curandero de su honra* (Madrid, Pueyo, 1926) (a).
PÉREZ LUGÍN, ALEJANDRO: *La casa de la Troya* (Santiago, Librería Galí, 1964), primera edición de 1915.
— *Currito de la Cruz* (Madrid, Pueyo, 1924).
— *Arminda Moscoso* (Madrid, Hernando, 1928).
RAMÍREZ ÁNGEL, EMILIANO: *Penumbra* (Valencia, Prometeo, 1911). Novelas cortas.
— «El rincón de los suspiros», en *Penumbra*, pp. 7-62. Novela corta (a).
— «Santiago el verde», en *Penumbra,* pp. 63-122. Novela corta (b).
— «La primavera y la política», en *Penumbra,* pp. 123-178. Novela corta (c).
— «El duende», en *Penumbra,* pp. 179-235. Novela corta (d).

RAMÍREZ ÁNGEL, EMILIANO: *Los ojos abiertos* (Madrid, Renacimiento, 1916).
— *Los ojos cerrados* (Madrid, Editora Internacional, 1924).
— *Vuelos de golondrina* (Madrid, Sáez Hermanos, 1925). Novelas cortas.
— «Trini, la de las Maravillas», en *Vuelos de golondrina,* pp. 67-136. Novela corta (a).
— «El amor enfermo», en *Vuelos de golondrina,* pp. 137-200. Novela corta (b).
RETANA, ÁLVARO: *El crepúsculo de las diosas. Escenas alocadas de la vida galante* (Madrid, Biblioteca Hispania, 1919).
SALAVERRÍA, JOSÉ MARÍA: *El oculto pecado* (Madrid, Biblioteca Nueva, 1924).
SENDER, RAMÓN: *Imán* (Barcelona, Destino, 1983), primera edición de 1930.
TORAL, JOSÉ: *La cadena* (Madrid, Renacimiento, 1918).
TRIGO, FELIPE: *Las ingenuas* (Madrid, Renacimiento, 1917). Dos volúmenes, primera edición de 1901.
— *La sed de amor: educación social* (Madrid, Renacimiento, s.f.), primera edición de 1903.
— *La Altísima* (Madrid, Renacimiento, s.f.), primera edición de 1907.
— *En la carrera: Un buen chico estudiante en Madrid* (Madrid, Renacimiento, s.f.), primera edición de 1909.
— *Así paga el diablo* (Madrid, Renacimiento, 1924), primera edición de 1909 (a).
— «Lo irreparable», en *La de los ojos color de uva,* pp. 175-241, primera edición de 1909 (b).
— «A prueba», en *Así paga el diablo,* pp. 95-172, primera edición de 1910.
— *Las Evas del Paraíso* (Madrid, Renacimiento, 1923), primera edición de 1910 (a).
— *La clave* (Madrid, Renacimiento, 1910) (b).
— *El médico rural* (Madrid, Turner, 1974), primera edición de 1912.
— *Jarrapellejos* (Madrid, Turner, 1975), primera edición de 1914.
— «El moralista», en *Así paga el diablo,* pp. 263-321, primera edición de 1916.
— *Sí sé por qué* (Madrid, Renacimiento, 1916) (a).
— *La de los ojos color de uva* (Madrid, Renacimiento, s.f.), primera edición de 1919.
— *Murió de un beso* (Madrid, Renacimiento, 1930). Obra póstuma escrita hacia 1910.
— «Los invencibles», en *El semental* (Madrid, Renacimiento, 1931).
UNAMUNO, MIGUEL DE: *Paz en la guerra* (Madrid, El Correo Español-El Pueblo Vasco, 1986), primera edición en 1897.
— *Niebla* (Madrid, Alianza, 1976), primera edición de 1914.

VIDAL Y PLANAS, ALFONSO: *La papelón* (Madrid, Biblioteca Hispania, 1923).
— *Las alas del sátiro* (Madrid, Renacimiento, 1931).
ZAMACOIS, EDUARDO: *La enferma* (Madrid, Renacimiento, 1896).
— *El seductor* (Madrid, Renacimiento, 1929), primera edición de 1902.
— *La cita* (Madrid, Renacimiento, 1910), primera edición de 1906.
— «El collar», en *La cita,* pp. 135-209 (1908).
— *El otro* (Barcelona, Maucci, 1910).
— *Europa se va...* (Barcelona, Biblioteca Iris, 1913).
— *La opinión ajena* (Madrid, Renacimiento, s.f.), primera edición de 1913 (a).
— *El misterio de un hombre pequeñito* (Madrid, Renacimiento, 1929), primera edición de 1914.
— *Una vida extraordinaria* (Madrid, Renacimiento, 1923).
— *Memorias de un vagón de ferrocarril* (Madrid, Renacimiento, s.f), primera edición de 1924.
— *Años de miseria y risa* (Madrid, Renacimiento, *circa* 1925).
— *Traición por traición* (Madrid, Renacimiento, 1925) (a).
— *Las raíces* (Madrid, Renacimiento, 1927).
— *Los vivos muertos* (Madrid, Renacimiento, 1929).
— *Los oídos del alma* (Madrid, Colección Emporio, *circa* 1930).
— *El delito de todos* (Madrid, Sociedad General Española de Librería, 1933).

Bibliografía

ABRIL, MANUEL: *Felipe Trigo* (Madrid, Renacimiento, 1917).

ALMAGRO, MELCHOR DE: *La pequeña historia. Cincuenta años de vida española (1880-1930)* (Madrid, Afrodisio Aguado, 1954).

AMORÓS, ANDRÉS: *Vida y literatura en «Troteras y danzaderas»* (Madrid, Castalia, 1973).

— *Introducción a la novela contemporánea* (Madrid, Cátedra, 1981).

— «La Plaza Vieja de Madrid (1874-1934)», en Comunidad de Madrid, *Los toros en Madrid* (Madrid, 1992), pp. 87-134.

— *La novela intelectual de Ramón Pérez de Ayala* (Madrid, Gredos, 1972).

BARBÉNS, FRANCISCO DE: *La moral en la calle, en el cinematógrafo y en el teatro* (Barcelona, Luis Gili, 1914).

BENNASSAR, BARTOLOMÉ: *Historia de los españoles* (Barcelona, Editorial Crítica, 1989), tomo 2, siglos XVIII-XX.

BEYRIE, JACQUES: «La España de la Restauración», en Bartolomé Bennassar, *Historia de los españoles* (Barcelona, Editorial Crítica, 1989), tomo 2, pp. 226-277.

BLASCO IBÁÑEZ, VICENTE: *Artículos sobre la guerra de Cuba* (Valencia, León Roca, 1978). Publicados originariamente en 1895.

BURGOS, CARMEN DE (CONDESA DE C***): *El arte de seducir* (Madrid, Sociedad Española de Librería, 1917).

CARO BAROJA, JULIO: *El mito del carácter nacional. Meditaciones a contrapelo* (Madrid, Seminarios y Ediciones, 1970).

CARRERAS, ALBERT, y otros: *Estadísticas históricas de España* (Madrid, Fundación del Banco Exterior, 1989).

CASTILLO MONSEGUR, MARCOS: *XXI viajes por el Aragón del siglo XIX* (Zaragoza, Diputación de Zaragoza, 1990).

CONTE, RAFAEL: «La revolución de las mujeres», *ABC* (7 de diciembre de 1993).

FERNÁNDEZ CIFUENTES, LUIS: *Teoría y mercado de la novela en España: del 98 a la República* (Madrid, Gredos, 1982).

FERNÁNDEZ GARCÍA, ANTONIO: «La enfermedad, indicador social. Consideraciones metodológicas», en Santiago Castillo (comp.), *La historia social de España* (Madrid, Siglo XXI), pp. 401-428.

GARCÍA DE LA CONCHA, VÍCTOR: *Época contemporánea (1914-1939),* tomo VII de la obra de Francisco Rico, *Historia y crítica de la literatura española* (Barcelona, Editorial Crítica, 1984).

GIL CALVO, ENRIQUE: *La mujer cuarteada* (Barcelona, Anagrama, 1991).

GRANJEL, LUIS S.: *Maestros y amigos de la generación del noventa y ocho* (Salamanca, Ediciones de la Universidad, 1981).

GULLÓN, RICARDO: *Diccionario de Literatura española e hispanoamericana* (Madrid, Alianza, 1993). Dos tomos.

HAUSSER, PHILIPH: *Madrid bajo el punto de vista médico-social* (Madrid, Editora Nacional, 1979). Dos tomos. Edición original de 1902.

LADRÓN DE GUEVARA, PABLO: S. J.: *Novelistas malos y buenos* (Bilbao, El Mensajero del Corazón de Jesús, 1910).

LITVAK, LILY: *España 1900. Modernismo, anarquismo y fin de siglo* (Barcelona, Anthropos, 1990).

LONGARES, MANUEL: *La novela del corsé* (Barcelona, Seix Barral, 1979).

MAINER, JOSÉ-CARLOS: *Modernismo y 98* (comp.), tomo VI de la obra de Francisco Rico, *Historia y crítica de la literatura española* (Barcelona, Editorial Crítica, 1980).

— *La edad de plata (1902-1939)* (Madrid, Cátedra, 1983).

— *Historia, literatura, sociedad* (Madrid, Instituto de España-Espasa Calpe, 1988).

— «Vida política y vida literaria»: inventario de 1902-1931», en *Espacio, Tiempo y Forma* (1993), pp. 37-54.

— «La novela (1898-1936)», en Pedro Laín Entralgo (comp.), *La edad de plata de la cultura española, 1898-1936,* vol. II del tomo XXXIX de la *Historia de España* [de Menéndez Pidal] dirigido por José M.ª Jover, pp. 149-176, 1994.

MARTÍNEZ BASELGA, PEDRO: *Patología social española* (Zaragoza, F. Villagrasa, 1903).

MARTÍNEZ CUADRADO, MIGUEL: *Restauración y crisis de la monarquía (1874-1931)* (Madrid, Alianza Editorial, 1991).

MARTÍNEZ Y GUTIÉRREZ PACHECO, MODESTO: *De las causas de carácter higiénico que puedan influir en la pequeña densidad de la población de España* (Madrid, Real Academia de Medicina, 1892).

MARTÍNEZ [LEJÁRRAGA DE], MARÍA: *Una mujer por los caminos de España* (Madrid, Castalia, 1989), primera edición de 1952.

MIGUEL, AMANDO DE: *Sociología de la vida cotidiana* (Madrid, Cuadernos para el Diálogo, 1969).

— *España cíclica* (Madrid, Fundación Banco Exterior, 1987).

MIGUEL, AMANDO DE: «La sociedad española en el último siglo. La visión desde el Sur», en Compañía Sevillana de Electricidad, *Cien años de historia* (Sevilla, Fundación Sevillana de Electricidad, 1994), pp. 42-66.
MÍNGUEZ, CONSTANTINO: *La vida del niño entre la familia y la escuela: Imágenes de familia, escuela e infancia reflejadas en las novelas españolas, publicadas entre 1875-1900* (Málaga, Ediciones Edinfor, 1992).
MONTOLIÚ, PEDRO: *Madrid 1900* (Madrid, Silex, 1994).
MURILLO, FRANCISCO: «La defensa de la salud pública», en Rodríguez Ocaña 87, pp. 113-159, publicado originariamente en 1918.
NORA, EUGENIO G. DE: *La novela española contemporánea* (Madrid, Gredos, 1958). Cuatro tomos.
RODRÍGUEZ OCAÑA, ESTEBAN: *La constitución de la Medicina Social como disciplina en España (1882-1923)* (Madrid, Ministerio de Sanidad y Consumo, 1987).
RUIZ AMADO, RAMÓN, S. I.: *Frivolidad y responsabilidad* (Barcelona, Librería Religiosa, 1921).
SAINZ DE ROBLES, FEDERICO CARLOS: *Ayer y hoy* (Madrid, Aguilar, 1960).
SALAÜN, SERGE, y SERRANO, CARLOS: *1900 en España* (Madrid, Espasa Calpe, 1991).
SALAÜN, SERGE: «Apogeo y decadencia de la sicalipsis», en Díaz-Diocaretz, Myriam, Zavala, Iris M. (comp.), *Discurso erótico y discurso transgresor en la cultura peninsular* (Madrid, Ediciones Tuero, 1992), pp. 129-153.
SALDAÑA, QUINTILIANO: *Siete ensayos de sociología sexual* (Madrid, Mundo Latino, 1929).
SANZ, ÁNGEL B.: *Sencilla historia de la media de seda* (Zaragoza, Librería General, 1946).
TERRÓN, ELOY: *España, encrucijada de culturas alimentarias* (Madrid, Ministerio de Agricultura, Pesca y Alimentación, 1992).
TRIGO, FELIPE: *El amor en la vida y en los libros. Mi ética y mi estética* (Madrid, Renacimiento, 1920).
ULECIA CARDONA, RAFAEL: «Mortalidad en la primera infancia», en Rodríguez Ocaña 87, pp. 161-176.
VALBUENA PRAT, ÁNGEL: *Historia de la Literatura Española. Del realismo al vanguardismo,* tomo V (Barcelona, Gustavo Gili, 1983).
VICENS VIVES, JAIME: *Historia social de España y América,* tomo V (Barcelona: Vicens Vives, 1961).
VILA-SAN-JUAN, JOSÉ: *La dictadura de Primo de Rivera* (Barcelona, Argos Vergara, 1984).
VILLACORTA, FRANCISCO: *Profesionales y burócratas* (Madrid, Siglo XXI, 1989).

ESPASA HOY

Títulos publicados:

Luis Rojas Marcos, *La ciudad y sus desafíos. Héroes y víctimas.*
Javier Tusell / Justino Sinova, *La década socialista. El ocaso de Felipe González.*
Lolo Rico, *TV fábrica de mentiras. La manipulación de nuestros hijos.*
Fernando Arrabal, *Carta a José María Aznar con copia a Felipe González.*
Ramón Tamames, *La España alternativa.* Premio Espasa Ensayo 1993.
Roman Gubern, *Espejo de Fantasmas. De John Travolta a Indiana Jones.*
Manuel Leguineche, *Apocalipsis Mao. El último emperador cumple 100 años.*
Fernando González Urbaneja, *Banca y poder. Mario Conde y la intervención de Banesto.*
Susana Pottecher, *Las aventuras del cuerpo.*
Xavier Rubert de Ventós, *Nacionalismos. El laberinto de la identidad.*
Luis Rojas Marcos, *La pareja rota. Familia, crisis y superación.*
César Alonso de los Ríos, *Si España cae... Asalto nacionalista al Estado.*
Lolo Rico, *El buen telespectador. Cómo ver y enseñar a ver televisión.*
Jared Diamond, *El tercer chimpancé. Evolución y futuro del animal humano.*
Mario Conde, *El Sistema. Mi experiencia del Poder.*
Misioneras de Jesús, María y José, *Esperanza en el infierno de Ruanda. Diario de una misión.*
Fernando Arrabal, *La dudosa luz del día.* Premio Espasa Ensayo 1994.
Alberto Moncada, *La zozobra del milenio.*
Francisco Medina, *Las sombras del poder. Los Servicios Secretos de Carrero a Roldán.*
Manuel Leguineche, *El precio del paraíso. De un campo de exterminio al Amazonas.*
Jesús Marchamalo, *La venganza. El placer de la justicia salvaje.*
Amando de Miguel, *La España de nuestros abuelos. Historia íntima de una época.*
Fernando Arrabal, *Carta al rey de España.*